마찰 없음

FRICTIONLESS

마찰 ——— 없음

속도, 유동화, 개인 맞춤 — 마찰 최소화 전략의 모든 것

크리스티안 르미유·더프 맥도널드 지음

강성실 옮김

라이팅하우스

마찰을 제거하고 되찾은 시간의 모든 순간을 함께하고 싶은
이자벨과 윌리엄에게 이 책을 바칩니다.

- 크리스티안

언제나 가장 큰 힘이 되어 주는
조이와 마거리트에게 이 책을 바칩니다.

- 더프

차례 ───

서문

2019년 후반 내가 이 책의 집필을 마무리할 즈음 주식시장은 사상 최고가를 경신하고 있었다. 특히 최근에 등장한 유니콘 기업들이 강세를 보였다. '유니콘unicorn'은 업계에서 사용하는 용어로, 10억 달러 이상의 기업 가치를 지닌 스타트업을 일컫는다. 불과 몇 개월 사이 리프트Lyft, 우버Uber, 핀터레스트Pinterest, 비욘드 미트Beyond Meat, 줌Zoom 등 여러 유니콘 기업이 주식 상장에 나섰다. 2019년 막바지에는 공유 오피스 기업인 위워크WeWork의 기업공개IPO가 임박해 있었지만 극적으로 무산되면서 신규 IPO 시장에 찬물을 끼얹기도 했다. 한 개별 기업에 문제가 발생했다고 해서 빠른 성장세를 보이는 건실한 스타트업에 대한 투자자들의 관심이 영영 사라지지는 않을 것이다. 즉, 유니콘의 시대가 막을 내리고 있는 것은 아니다. 다만 지금부터는 가능성만이 아니라 확실히 커다란 수익을 안겨 줄 진짜 사업을 일궈야 투자자들의 관심을 살 수 있을 것으로 보인다.

2018년 여름 나는 나의 두 번째 스타트업인 디인사이드The Inside를 창업했다. 단순히 10억 달러 이상의 가치를 지닌 사업체를 만들겠다는 목표로 창업한 것은 아니었다. 하지만 동료들이 높은 상장 가치로 수년 간의 노고를 인정받는 유니콘 창업자들을 경이로운 눈빛으로 바라보는 모습을 지켜볼 때면 솔직히 부럽기도 했다. 한마디로 그들의 그런 모습이 내게 아주 큰 동기부여가 되었다.

하지만 사실 나는 어느 정도 동기부여가 되어 있는 상태였다. 당신이 손에 들고 있는 이 책이 그 증거다. 이 책은 내가 살면서 나눴던 가장 흥미로운 대화들을 엮어 놓은 것이다. 새로운 사업을 시작하면서 나는 수십 명의 스타트업 창업자와 학자, 다양한 분야의 전문가를 만나서 인터뷰했다. 그 과정에서 그 누구보다도 폭넓은 경영자 수업을 받을 수 있었다. 나는 논지를 미리 정해 놓고 인터뷰를 진행하기보다는 대화를 통해 자연스럽게 논지에 도달하는 접근법을 택했기 때문에 그 과정에서 뜻밖의 깨달음과 만날 수 있었다. 그렇게 해서 나는 원래 내가 의도했던 것과는 약간 다른 성격의 책을 쓰게 되었다.

책을 쓰면서 그동안 만난 60여 명의 인사들과 장시간 인터뷰한 내용을 분석해 보니, 인물마다 또는 사업 분야마다 각기 다른 말을 하는 것처럼 보였지만, 그 기저에는 모두 '마찰을 제거한다'는 동일한 개념이 깔려 있었다. 어떻게 그럴 수 있을까? 내가 인터뷰한 모든 인물은 하나 같이 어딘가에서, 아니 더 나아가 모든 곳에서 마찰을 줄이기 위해 노력하고 있었다.

그들 중 일부는 경쟁 우위를 점하기 위해 자신의 비즈니스 모델에서 마찰을 줄이고 있었다. 또 어떤 이들은 고객 경험을 개선하고 매출을 올리기 위한 방편으로 마찰을 최소화하기 위해 노력하고 있었다. 그리고 또 다른 이들은 기업을 어떻게 조직화하며 어떻게 성장시키는지 등 기업 경영 노하우를 배우고자 노력했다. 그렇게 함으로써 스스로 자신의 성공을 가로막는 마찰이 일어나지 않도록 말이다. 이 책의 말미에 등장하는 두 그룹은 미시적 차원과 거시적 차원 모두에서 마찰을 줄이는 데 집중한다. 첫 번째 그룹은 우리 각자가 더 나은 삶을 살도록 돕는 데 집중하고, 두 번째 그룹은 우리의 삶이 교차하는 가장 중요한 영역에서 병목현상이 발생하지 않도록 제도적 차원에서 마찰을 제거하는 데 집중하고 있었다.

그렇다면 디인사이드는 무슨 일을 하고 있을까? 우리는 인테리어 디자인 공정을 디지털화하는 데 집중하고 있다. 그렇게 함으로써 과거에는 일부 재력가들에게만 제공되던 홈 인테리어 맞춤 서비스를 모든 고객에게 제공할 수 있도록 만들고 있다. 우리는 고객들의 핀터레스트 보드를 생활 속에서 실현시켜 주는 것에 사업 가능성이 있다고 보았다. 그것이 바로 디인사이드가 탄생한 배경이다. 우리는 인스타그램 세대의 홈 인테리어 브랜드가 되기를 희망한다. 당신이 꿈꾸던 대로 공간을 배치하고 디자인해서 세상에 공유할 수 있는데도 군이 우편으로 받은 커다란 카탈로그의 27페이지에 나와 있는 홈 인테리어 사진을 찍어 공유할 이유가 있을까? 나는 동업자인 브릿 번Britt Bunn과 우리의 개성 넘치는 작업 팀과 함께 인테리어 업계를 새롭게 재편하고자 한다. 특히 자연

친화적인 생산 방식에 관한 새로운 기준을 마련하고, 디지털화를 주저하고 있는 공급 사슬을 디지털화하고자 한다. 모든 종류의 소비가 아마존에서 이루어지는 시대에 고객 맞춤형 가구는 가장 저항이 적은 소비재 중 하나인 동시에 고객이 온라인으로 이동했다는 사실을 가장 받아들이려 하지 않는 업계 중 하나다. 그에 따라 여전히 디자인, 제품 생산, 고객 경험, 배송 등 디지털 시대가 제공할 수 있는 모든 이점을 충분히 활용하지 못하고 있다.

나는 2013년 내 첫 회사인 드웰스튜디오DwellStudio를 웨이페어Wayfair에 매각하고 두 번째 회사를 창업하기 전 2년 동안 웨이페어의 총괄 크리에이티브 디렉터로 근무했다. 기가 막히는 것은 바로 이 지점이다. 드웰스튜디오를 성공적인 기업으로 만들기 위해 거의 15년간 노력한 끝에 나는 나처럼 사업을 시작하고자 하는 이들을 위한 지침서를 쓸 수 있을 만큼 성장했다. 하지만 쓰지 않은 것이 천만다행이었다. 왜냐하면 앞으로 드웰스튜디오와 같은 비즈니스 모델을 고수할 수 있는 공간은 없을 테니까. 웨이페어에서 나는 깨달았다. 10년만 지나도 그런 기업들은 사라지고 말 것이다. 현 시점에서 해야 하는 일은 오직 행동에 나서도록 동기를 부여하는 일뿐이다.

그 이유는 무엇일까? 모든 것이 바뀌고 있기 때문이다. 이와 같은 변화들은 기술 발전(예를 들면 클라우드 컴퓨팅)과 관련이 있으며, 부분적으로는 문화나 대공황과 관련이 있다. 변화의 원천이 무엇이든 기업 체계와 신규 고객 유치, 커뮤니케이션(내부와 외부 커뮤니케이션 모두) 채널을 구축하고 공급 사슬을 관리하는 등 우리가 오늘날 기업을 운영하는 모든 활동 방식들이 끊임없이 새롭게 바뀌고 있다.

나는 이 책이 나와 내 기업에 관한 책이 되기를 원치 않는다. 진심이다! 그보다는 이 책이 담고 있는 핵심 메시지 자체로 독자들에게 다가가길 바란다. '마찰이 없는 기업을 만드는 방법'에 대해 내가 날마다 배우고 있는 바로 그 가르침들로 말이다. 나에 관한 책이 되지 않도록 한다는 목적을 이루기 위해 나는 나보다 훨씬 흥미로운 훌륭한 인물들의 이야기를 기반으로 이 책을 쓰기로 했다.

공동 저자인 더프 맥도널드Duff McDonald는 거의 30년 동안 알고 지낸 지인으로, 경제·경영 분야의 베스트셀러를 여러 권 집필한 바 있다. 그리고 나는 디자인 관련 책을 두 권 쓴 경험이 있다. 그러나 우리 두 사람 모두 이 책이 우리에게 놀라운 직관을 선사한다는 점에서 특별하다는데 의견을 같이하고 있다. 우리가 이 책을 즐겁게 집필했듯이 독자 여러분도 이 책을 읽는 즐거움을 만끽하길 바란다.

독자들의 마찰 없는 독서 경험을 위해 사족은 이 정도에서 마무리하고 바로 본론으로 들어가겠다.

크리스티안 르미유

1장

〜〜〜〜〜〜〜〜〜〜〜〜〜〜〜

마찰이 없다는 것은
무엇을 의미할까?

〜〜〜〜〜〜〜〜〜〜〜〜〜〜〜

'마찰이 없는frictionless 상태'에 대해 더 많이 알아보고 사람들과 의견을
나눌수록 그것이 오늘날 기업들의 선택 사항이 아니라는 사실을 깨닫
게 된다. 그것은 기업이 선택할 수도 있는 사항이 아니라 반드시 이루어
야만 하는 필수 사항이다.

물론 마찰이 없는 상태의 영향력은 스타트업의 세계에만 국한되지
않는다. 시장에서 이미 주도권을 쥐고 있는 기업들 또한 계속 생존하려

면 '마찰 없는 상태'에 도달하기 위해 노력해야 한다. 즉, 시장에서 경쟁하려는 모든 기업은 마찰을 줄일 필요가 있다.

이는 우리 한 사람 한 사람도 마찬가지다. 한 개인으로서 급변하는 외부 환경에 대응하고, 더 가치 있고 궁극적으로 행복한 삶을 살기 위해서는 마찰을 제거하기 위해 노력해야 한다.

우리는 지금 존재론적인 변화에 대해 이야기하고 있는 것이다. 이 시대는 새로운 길로 접어들었고, 마찰이 없는 상태는 개인이든 함께 일하는 팀이든 공동의 신념을 실현하기 위해 노력하는 기관이든 우리 모두가 목표로 삼아야 하는 상태라고 할 수 있다.

앞으로 소개할 인물들은 모두 디지털 시대에 일어나고 있는 이런 지각변동을 누구보다 앞서 인지하고, 그것이 '시간'과 관련 있다는 사실을 이해한 사람들이다.

인터넷이 우리 삶의 곳곳으로 침투하기 전에 우리는 일상적인 활동에 많은 시간을 사용했다. 특히 자녀가 있는 대부분의 여성들은 (직장 여성을 포함해) 가정에 얽매여 증가하는 가사에 더욱 많은 시간을 쏟아부을 수밖에 없었다. 장보기, 청구서 결제, 은행 업무, 일정 관리 등 무슨 일이든 하나라도 줄일 수 있는 방법을 찾아야 했다.

마찰을 제거하면 모두에게 혜택이 돌아가는 생태계를 조성할 수 있다. 그것은 일대일 소통 방식, 혹은 우리 삶의 모든 부분에 영향을 미치는 조직들과의 소통 방식을 바꿈으로써 가능해진다.

새로운 세계 시민들은 이처럼 일상에서 증가하는 지루한 활동들을 기술을 이용해 제거할 수 있게 되었다. 인터넷은 셀 수 없을 만큼 수많은 방식으로 시간의 개념을 바꿔 놓았다. 그 과정에서 우리는 이 세상에 존재하는 것 중 재생 불가능하면서 가장 중요한 자원인 '시간'의 가치를 새롭게 이해할 수 있게 되었다.

우리는 가능한 거의 모든 부문에서 마찰을 제거함으로써 그 일에 투입하던 시간을 되돌려 받아 다른 일에 배당할 수 있다. 그 결과 새로 '발견된 시간'들을 가족과 함께 보내거나 내면을 확장하는 등 인생에서 정말 중요한 일에 사용할 수 있게 되었다.

이 책의 첫 번째 수업은 바로 이것이다. 만일 당신이 누군가와의 비즈니스를 원한다면 그들의 시간을 다시 빼앗으려 하지 않는 것이 좋다. 어차피 그럴 수 없을 테니까. 당신의 웹사이트에 클릭해서 봐야 할 페이지 수가 너무 많거나, 고객에게 너무 많은 정보를 요구하거나, 인터페이스가 너무 조잡하거나 사용자 경험이 직관적이지 않다면, 고객들은 즉시 떠나 버릴 것이다.

따라서 마찰이 없는 경험으로 이행하는 것은 선호의 문제가 아니다. 반드시 달성해야 하는 일이다. 이는 시간 재분배로 가능해진 철학적 혁명이라 해도 과언이 아닐 것이다.

인터넷이 출현했을 때 이미 성인이었던 나와 같은 이들에게는 인터넷이 가져다준 시간 절약의 기회들이 조금은 낯설어 보인다. 예를 들면, 단 한 명의 직원과도 대화하지 않고 자동차 보험금을 신청할 수 있게 된 현재의 상황을 한번 생각해 보라. 우리가 그런 것을 생소하게 생각하는 마지막 세대가 될 것이다. 디지털 기술이 대중화된 후에 태어난 디지털 세대에게 마찰이 없는 상태는 그들이 무언가를 결정할 때 기본적으로 고려하는 사항이다. 그들은 '마찰 없음'이 충족되지 않은 세상은 알지 못한다.

이것이 의미하는 바가 무엇이겠는가? 그들은 합리적인 가격과 가장 빠른 서비스, 최소한의 마찰이 가장 적절하게 결합되어 있는 상품을 제공하는 업자에게만 구매 활동을 할 것이라는 의미다. 만약 구매 과정에서 어떤 마찰을 경험하게 된다면, 디지털 세대는 상품을 내려놓거나 카트를 팽개치고 구매를 취소하거나 홈페이지에서 나갈 것이다.

그저 그 순간만이 아니라 영원히 떠난 것이고, 그로써 관계는 끝난 것이다. 일단 마찰이 발생하면 두 번째 기회란 없다. 부분적인 이유는 (실제로 그렇든 아니든) 인터넷이 우리에게 무한한 선택지를 제공해 줄 것이라는 믿음 때문이다. 당신만이 유일한 선택지가 아니다. 또한 이것은 우리 사회가 요구하게 된 결과이기도 하다. 우리는 어디서든 무엇에 대해서나 원활한 소통을 원한다. 당신이 원활한 소통을 제공할 수 없다면, 결국 누구와도 소통하지 못하게 될 것이다.

애초에 디지털 세대에게 기회를 얻지 못할 수도 있다. 2019년 6월 내가 운영하는 회사에서 실제로 일어났던 일이다. 우리는 거의 6주 동안 통신량과 고객 유입률이 크게 하락했으나 그 원인을 찾지 못하고 있었다. 알고 보니 구글과 연결되어 있는 링크에 오류가 있었다. 우리 사이트의 자바스크립트가 구글이 사용하는 것보다 최신 버전이었기 때문에 발생한 오류였다. 문제는 비교적 쉽게 해결되었지만, 문제가 해결될 때까지는 마치 인터넷에서 우리 사이트가 존재하지 않는 것만 같았다. 구글과 연결되어 있지 않다면 당신은 존재하지 않는 것이나 마찬가지다. 당신이 운영하는 온라인 상점에 마찰 없이 연결될 수 있는 경로를 제공하지 못한다면 당신은 존재하지 않는 것이다.

이는 전자상거래에만 국한된 이야기가 아니다. 디지털 세대는 노사관계와 관련해 가장 근본적인 변화를 이해하는 기업에서만 일하려 할 것이다. 과거 노사 간의 거래는 '노동자의 시간'에 대해 '돈'을 지불하는 것이었다. 즉, 당신이 직원들에게 비용을 지불하면 그들은 자신의 시간을 당신에게 주었다. 그러나 그런 시대는 이미 오래전에 지나갔다. 새로운 시대는 당신이 비용을 지불하고 그들은 당신에게 그에 합당한 노동의 결과를 제공한다. 직원들의 시간은 직원들의 것이므로 당신은 그들에게 시간은 요구하지 않는 편이 좋을 것이다.

대부분의 시간을 인터넷 상에서 보내는 이들에게 시간은 아주 다른 개념으로 인식될 것이다. 디지털 세대는 이전 세대들에 비해 시간의 진정한 가치를 깨닫고 더 이상 자신의 시간을 함부로 내어 주지 않으려 한다. 우리 중 40대인 사람들은 디지털 시대의 지각변동과 관련해 그 전후를 모두 경험한 우위를 점하고 있다. 하지만 여전히 일부 40대들은 디지털 세대의 자기 관리 개념에 대해 "도대체 누가 그런 한가한 소리를 해?" "누가 그럴 시간이 있대?"라며 다소 어이없어하기도 한다. 알고 보면 사실 자신을 제외한 모두가 이미 그렇게 행동하고 있는데도 말이다. 이제 사람들은 일생 동안 자신의 시간을 가져간 사람들로부터 다시 시간을 돌려받으려 하고 있다.

그런 이유로 내가 운영하는 회사도 줄곧 '마찰 없는 상태'를 조성하기 위해 모든 관심을 집중하고 있다. 우리가 함께 일하는 방식과 고객 경험, (바라건대) 회사의 성장, 그리고 (당신과 나, 그리고) 우리 모두의 삶에서 마찰을 줄이기 위해 노력하고 있다. 길은 단 하나밖에 없으며, 종착지에 도달했을 때 그동안 잘못된 길을 걸어왔다는 생각이 드는 것을 원하는 사람은 없다.

디인사이드에서 집 단장을 디지털화하려고 한다는 것은 인테리어 과정에서 발생할 수 있는 마찰을 제거하기 위해 노력하고 있다는 의미다. 바로 그게 핵심이며, 간단히 표현하자면 마찰을 제거하고 주어진 시간 이상을 요구하지 않는다는 것이다. 집 단장은 수고스럽고 시간이 많이 걸리는 일이므로 마찰이 일어날 지점이 아주 많다. 마찰을 제거함으로써 우리는 문제를 일으키는 것이 아니라 '부족한 시간'이라는 문제를 해결할 수 있기를 바란다.

우리는 회사의 업무 방식에서도 마찰을 제거하려고 노력한다. 그 일환으로, 사무실을 뉴욕에 있는 소호의 공동 오피스로 옮겼다. 그런데 이사하는 과정에서는 거의 마찰이 없었지만, 건물 소유주와의 사이에 마찰 요소가 남아 있었음이 드러났다. 그들은 음악을 너무 많이 틀었고, 회의실 수는 충분치 못했으며 창문도 하나밖에 없었다. 우리 회사의 직원들은 자신이 원하는 것을 요구할 줄 안다. 이제는 더 이상 "여기서 일할 수 있는 것만으로도 감사해요"라는 분위기가 아니다. 오히려 입사 지원자가 "여기서 근무한다면 제가 요구하는 근무시간을 지킬 수 있도록 얼마나 많이 지원해 주실 수 있나요?"라고 묻는 분위기다. 그래서 우리는 다시 이사했다. 물론 회사 성장에 따른 결과이기도 했다. 하지만 다시 이사하게 된 주된 이유는 기존의 사무 공간에 마찰 요소가 너무 많다는 것이었다.

마찰이 없는 곳으로 옮겨 가는 것이 단지 일시적인 문제가 아님은 아무리 강조해도 지나치지 않다. 밀레니얼 세대(1980년대 초반에서 2000년대 초반 사이에 출생한 세대-옮긴이)가 많은 일을 처리하던 옛날 방식을 대체할 시간 절약 기술과 시스템 자체를 발명해 낸 것은 아니지만, 그들은 전 세대보다 앞서 그 변화의 엄청난 영향을 확실히 내면화했다. 고용주가 고용인의 시간에 대한 소유권을 주장하는 '시간의 노예' 개념은 이제 사라졌다. 그 족쇄들은 마찰이 없는 상태를 지향하는 시대의 요구로 폐기된 것이다. 어리석은 사람들만이 다시 예전으로 돌아가게 될 것이라고 생각한다. 사실상 사장부터 건물 관리인에 이르기까지 모든 사람은 상대의 시간이 상대에게 중요한 만큼 자신의 시간도 자신에게 중요하다는 사실을 알고 있다. 그러니 당신의 시간으로 원하는 일을 하되, 감히 상대의 시간을 낭비하게 하지 마라.

일상에서 마찰을 제거함으로써 우리는 이론적으로 우리가 원하는 일을 할 수 있는 시간을 번다. 기술은 적절히 관리한다면 우리 삶에 혁신을 가져다줄 수 있다. 마찰은 시간을 잡아먹는다. 의료 분야든 교육이나 레저, 혹은 다른 어떤 비즈니스든 말이다. 삶의 모든 분야에서 어떤 마찰도 없이 한 번에 모든 것을 해결하기는 불가능할지 모르지만, 마찰을 제거함으로써 시간을 돌려받을 수 있는 분야라면 적극적으로 시도해 봐야 하지 않을까.

우리보다 이미 한 발짝 앞선 사람들이 있다. 이 책에 나오는 인물들은 한결같이 시간과 마찰 없는 상태 사이의 상호작용을 우리보다 먼저 깨달았다. 그래서 그들의 이야기는 우리 모두에게 교훈을 준다.

- 약국에서 줄을 서는 시간을 돌려받고 싶다는 생각을 한 적이 있는가? 그렇다면 캡슐Capsule의 직원들이 당신에게 그 시간을 되돌려 줄 것이다.
- 가족들과 함께 먹을 식사를 준비할 시간이 없는가? 로버트 왕Robert Wang의 인스턴트 포트Instant Pot는 아마존의 전폭적인 지원을 받아 이미 수백만 명의 사람들에게 그 문제를 해결해 주고 있다.
- 건강하게 나이 들고 싶지만 그럴 수 없을 것 같은가? 길 블랜더Gil Blander는 평생 그것을 목표로 노력해 왔으며, 그의 사업체인 인사이드트래커InsideTracker가 당신도 그렇게 할 수 있도록 도와줄 것이다.

이 책은 이처럼 행복한 삶에 필수적인 중요한 부분들을 다루고 있다. 나는 아메리칸 드림의 2.0 버전이라 할 수 있는 '기업가로서의 삶'으로 향하는 두 번째 여행을 시작하면서 이 책이 당신이나 당신의 아이들이 미래의 행로를 용감하게 찾아가는 데 도움이 되기를 바란다. 이 책보다 효율적으로 도움을 줄 수 있는 다른 방법이 없으니까. 그렇다면 나는? 나는 끝없이 올라가는 엘리베이터를 타고 있는 것 같은 기분이다.

기업가로서의 여정 속에서 변화의 원천과 원인에 집중하게 되었다는 점에서 나는 이 여행이 아주 큰 의미가 있다고 생각한다. 비록 오래된 것들을 무너뜨리기도 하겠지만, 그럼으로써 새로운 기회의 문을 여는 것이 바로 변화의 동력이기 때문이다. 앞으로 이 책에서 만나게 될 일부 기업가들은 현 시장 경쟁자들의 사업 모델을 혁신하기 위해 변화를 도모한다. 또 다른 기업가들은 전체 업계를 혁신하기 위해 변화를 도모하기도 한다. 마지막 범주에서는 전체 제도를 혁신하기 위해 변화를 모색한다. 그 제도가 의료 보건 분야든 식품 분야든, 또는 가부장제든 말이다. 그러니까 앞으로 당신은 '혁명가'들을 만나게 될 것이다.

내가 보기에 미래의 혁신은 자본에의 접근으로 가능해지는 것이 분명하다. 두 번째 사업을 시작할 때 나는 운이 좋게도 벤처 투자자의 투자를 받을 수 있었고, 그것은 디인사이드가 (누구나 원하듯) 경쟁에서 우위를 점할 수 있는 기회를 잡게 해 주었다. 우리는 사업가를 제도적으로 탄생시키는 시대의 한가운데 있는 것이다. 이런 상황은 내가 첫 사업을 시작했을 때만 해도 상상할 수 없었다. 과거 2000년에 우리는 인터넷이 무엇인지 안다고 생각했지만, 그것이 정말 무슨 일까지 가능하게 만들지는 아는 사람이 거의 없었다. 그 시절에는 진정한 혁신의 분위기 또한 존재하지 않았다.

한 가지 신선한 변화는 월스트리트가 더 이상 우리 사회에 지속 가능한 진정한 부를 창출하지 못하고 있다는 것이다. 부는 벤처 투자자들이 우후죽순처럼 키워 낸 기업들과 그 기업들을 성장시키는 기업가들에게서 창출되고 있다. 그리고 '새 천년'의 현실에 적응하는 법을 아는 이들이 결국은 성공하게 될 것이다. 이것이 이전 세대가 겪은 것과는 아주 크게 다른 변화다. 당신은 어떤 개념을 이해할 수도 있고 이해하지 못할 수도 있다. 변화의 버스를 타고 동참할 수도 있고 동참하지 않을 수도 있다. 마찰이 없는 경험을 제공할 수도 있고 아니면…… 하지만 이 경우는 그러지 못한다면 존재 자체를 포기하는 것이나 마찬가지다.

일부 젊은 독자들은 '버스에 탄다on the bus'라는 비유적 표현이 어디에서 유래했는지 잘 모를 것이다. 1960년대에 소설가 켄 키지Ken Kesey(《뻐꾸기 둥지 위로 날아간 새》 등의 소설로 1960년대 미국 히피 문화에 큰 영향을 미친 작가-옮긴이)가 친구들과 함께 환각제에 취한 채 버스를 타고 미국 전역을 돌았던 기행에서 유래한 표현으로, 환각제의 힘에 자아를 내어 주려는 이들(즉 버스를 탄 사람들)과 그렇지 않은 이들 사이의 경계선이 곧 버스였던 것이다. 소설가 톰 울프Tom Wolfe는 자신의 베스트셀러 《짜릿한 쿨에이드 마약 테스트The Electric Kool-Aid Acid Test》에 당시의 시대정신을 담아냈다.

다시 2018년으로 돌아와 보자. 〈뉴욕 타임스〉 선정 베스트셀러 작가 마이클 폴란은 《마음을 바꾸는 방법》에서 환각제의 '신과학'이 우리에게 자각과 초월을 가르쳐 줄 수 있다는 내용의 보고서를 제출했다. 실리

콘밸리의 이상주의도 환각제 문화에 영향을 받았다. 세상이 아무리 변해도 되풀이되는 것들이 있는 법이다.

그러나 밀레니얼 세대는 부모 세대와는 확실히 다른 방식으로 (그리고 다른 이유에서) 살아가고 있는 것처럼 보인다. 그리고 성공하기 위한 유일한 길은 그 변화의 숨겨진 원인과 방식을 이해하는 것이다. 그러니 그들에게 버스 승차권을 팔려고 하지 마라.

~~~~~~~~~~~~~~~~~~~~~~~~~~~~~~

2장

마찰 제로로 향하는 여정

~~~~~~~~~~~~~~~~~~~~~~~~~~~~~~

첫 번째 마찰

이 책의 공동 저자인 더프가 자신의 여자 친구 조이와 서로 자주 상기시켜 준다는 경구가 있다. "항상 궁금해하라." 열린 마음을 유지하라는 의미의 격언 "항상 호기심을 가져라"를 그들 방식대로 바꾼 것이다. 대안을 받아들이겠다는 의미에서 '열린 마음'을 갖자는 것이 아니라(물론 그런 노력도 하겠지만), 새로운 생각에 닫혀 있지 말고 항상 배우고자 하는 자세로 살자는 의미일 것이다.

나 또한 그런 자세를 가지려고 노력한다. 내가 13년 동안 꾸려 온 회사를 2013년 온라인 가구 시장의 거대 기업인 웨이페어에 매각하기로 결정한 것도 바로 그런 이유에서였다. 맨주먹으로 사업을 시작해 번듯한 회사로 성장시킨 사람들에게 물어본다면 모두 그렇게 일군 회사를 자신의 손에서 떠나보내는 일만큼 어려운 일도 없을 거라고 답할 것이다. 2013년 7월 매각이 확정됐을 때 내 마음 깊숙한 곳에서 온갖 감정이 물밀듯 올라왔다. 그것은 마치 10년 넘게 살아온 아름다운 세상을 뒤로한 채 내 정체성의 가장 큰 부분을 떠나보내는 것 같은 느낌이었다.

하지만 한편으로는 인생의 다음 장에 대한 기대로 흥분되기도 했다. 우리 업계에서 가장 잘나가는 브랜드와의 사업 기회는 그렇게 자주 오는 것이 아니었기 때문이다. 웨이페어는 아마존과 함께 온라인 소매업의 미래를 이끄는 기업이었다. 가구와 가구 디자인 업종을 온라인 시장으로 끌어들인 장본인이었기에 나는 그들과 함께 일하고 싶었다. 함께 일하면서 많은 것을 배울 수 있을 것이 분명했다.

회사를 처분할 때가 되었다는 생각도 들었다. 금융 위기 때부터 소매업은 역사적인 경기 침체로 어려움을 겪고 있었다. 게다가 전자상거래의 폭발이 불러온 대변혁이 겹쳐, 재정적 어려움 속에서 구제해 줄 인수 기업을 찾는 것은 둘째 치고 살아남는 것만으로도 운이 좋다고 생각해야 할 상황이었다.

나는 회사를 팔고 싶지 않았다. 하지만 어쩔 수 없이 그렇게 해야만 했다. 드웰스튜디오는 10년 남짓 된 회사였음에도 불구하고 분명 구식이었다. 대부분의 거래가 오프라인으로 이루어졌고, 여전히 자본 집약적이며, 사무실과 점포, 카탈로그와 많은 직원들이 존재하는 세상에서 잘 작동하도록 설계되어 있었다. 그 틀에서 벗어나야 할 때였지만 그 결정이 쉬운 것은 아니었다. 나는 자금을 구해서 내 궤도 위에서 경영을 유지하려고 노력했다. 하지만 드웰스튜디오의 문제점은 사업 모델이 구식이라는 점이었다. 성장이 둔화하고 장기적 잠재력이 감소하고 있는 사업을 위해 자금을 조달할 수는 없었다. 드웰스튜디오의 사업 모델에는 거의 매 단계마다 마찰 요소가 존재했다.

잠시 나의 과거로 거슬러 올라가 창업 초기부터 다시 이야기를 시작해 보자. 나는 뉴욕에 있는 파슨스 디자인 스쿨을 졸업한 후 얼마 지나지 않아 드웰스튜디오를 창업했다.

졸업 직후 첫 직장 생활은 소호에 있는 가구 콘셉트 매장 포르티코에서 디자이너로 시작했다. 그곳에서 일할 때 깨달음의 순간이 찾아왔다. 매장에서 내 디자인 작품들을 시험대에 올릴 수 있는 기회가 주어진 것이다(나는 미드센추리 모던 디자인이 인기를 끌기 훨씬 전부터 그것에 흠뻑 빠져 있었다). 내 디자인은 즉각 고객들에게 큰 반향을 불러일으켰다.

그 후 나는 어떻게든 용기를 내 내 힘으로 사업을 시작해 보기로 했다. 시장의 틈새를 공략해 기존의 유명 브랜드들에 맞서 보기로 했다. 디자인 일도 즐겁게 하면서 말이다.

나는 내 아파트에서 혼자 사업을 시작했다. 내 성향과 열정의 연장선에서 사업을 시작했다는 점에서 나는 전형적인 유형의 사업가였다. 그와 동시에 그들처럼 낙관적이고 심지어 망상에 빠져 있기도 했다. 나는 사업에 대해서는 무지했다. 디자인 스쿨 출신이었고 사업 계획이나 엑셀 스프레드시트, 에비타EBITDA(이자, 세금, 감가상각비 등을 차감하기 전의 영업이익) 같은 것에 대해서는 하나도 아는 것이 없었다.

그 모든 것을 하나하나 알아 가는 것이 재미있었을까? 대부분은 그랬지만 항상 그렇지는 않았다. 우선 내게는 멘토로 삼을 만한 사람이 없었다. 모든 일을 직접 부딪치면서 배워 나가야 했다. 처음에는 PO(구매 주문서)가 무슨 뜻인지조차 몰랐다. 그래서 나는 빨리 배워야만 했다. 2000년 3월 마침내 우리의 제품이 (베타 테스트를 거쳐) 시장에 출시되었고, 이내 주문이 폭주하기 시작했다. 나는 날마다 '이건 어떻게 하는 거지?'라고 자문하며 어떻게든 일을 처리하려고 노력했다. 파트너인 제니퍼의 도움으로 우리는 현장에서 주문 처리부터 회계와 배송에 이르기까지 모든 일을 배웠다. 제니퍼는 내게 사업 운영에 대해 많은 것을 아주 짧은 시간 내에 가르쳐 주었다.

사업은 내 생활 전체를 삼켜 버렸다. 자신을 혹사하거나 훌륭한 팀을 조직하지 않고서는 온 국민의 인정과 존경을 받는 브랜드를 탄생시킬 수 없는 법이다. 그리고 그것이 바로 우리가 한 일이었다. 2013년 가구 및 조명, 침구 분야에서 돋보이는 강점으로 드웰스튜디오는 미국과 캐나다 전역에 걸쳐 800개 이상의 전문 소매점에서 판매되고 있었다. 타깃Target(미국에서 여덟 번째로 큰 규모의 종합 유통 업체-옮긴이)과의 5년 간의 파트너십 계약에 더해 카탈로그 및 온라인 광고, 라이선싱 계약 등으로 명실상부 세계적인 도매업체로 거듭나고 있었다.

우리의 업종은 자본 집약적인 사업이었다. 내가 웨이페어에 회사를 매각하기로 결정했을 때 우리는 재고도 충분했고 사무 공간도 넓었으며 직원도 많았다. 하지만 선택의 기로에 설 수밖에 없었다. 드웰스튜디오가 다음 단계로 올라서려면, 작은 부티크 브랜드에서 전국 단위의 대규모 브랜드로 거듭나기 위해서는, 아주 큰 금액을 투자받거나(드웰스튜디오는 처음부터 자력으로 경영했기 때문에 내게는 이것이 가장 시급했다) 회사를 매각해야 했다.

다른 많은 사업체가 온라인으로 전환하는 데 어려움을 겪고 있었고, 우리도 앞으로 온라인 판매를 위해 운영체제를 마련해야 하는 상황이었다. 하루라도 빨리 운영체제를 갖출수록 생존 가능성은 더 높아질 것이었다. 그러나 13년 동안 공들여 꾸려 온 사업체를 단지 사업 모델 개편을 위해 해체한다고 생각하니 그다지 유쾌하진 않았다.

우리의 기존 사업 모델이 더 이상 고객들에게 통하지 않는다는 것을 나도 직감적으로 알고 있었다. 가능성 있어 보이는 사업 분야에 큰돈을 쏟아부을 수도 있었다. 하지만 사업 모델이 정비되지 않는 한 그 접근법도 결국은 효과를 보지 못할 것이다. 아마존은 이미 소매업의 마진 프로필을 조정하고 있었고, 우리의 자본 수요는 언젠가 우리를 잠식할 것이었다. 드웰스튜디오는 재고량, 카탈로그, 인력에 이르기까지 무거운 짐을 조금 덜 필요가 있었다. 변화 과정은 고통스러울 테고, 그럼에도 우리의 생존을 장담할 수 없는 상황이었다. 나는 우리가 자체적으로 변화를 도모하기보다 차라리 자본력이 충분한 인수자의 그늘 아래서 개편하는 편이 더 안전할 것이라는 결론에 이르렀다. 그래서 회사를 팔기로 결정한 것이었다.

금전적인 관점에서 말하자면, 웨이페어가 우리에게 아주 흡족한 계약 조건을 제시한 것은 아니었다. 그러나 회사와 직원들, 그리고 나를 위한 전략적 관점에서 보자면, 최선의 상대였다. 물론 스타트업이었지만 웨이페어는 온라인 홈 인테리어 분야에서 이미 타의 추종을 불허하는 선두 주자였다. 2012년에는 6억 달러의 매출을 기록해 오프라인 선두 브랜드인 크레이트앤드배럴Crate&Barrel, 윌리엄스 소노마Williams Sonoma, 레스토레이션 하드웨어Restoration Hardware를 크게 앞질렀다.

웨이페어를 추격하고 있는 온라인 경쟁자 원 킹스 레인One Kings Lane은 방트 프리베Vente-Privee와 길트Gilt 같은 거대 온라인 기업들의 반짝 세일 모델을 본떠서 사업을 진행했고, 사람들이 홈 인테리어 제품을 온라인으로 구매할 의사가 있음을 증명해 보였다. 하지만 원 킹스 레인은 웨이페어의 세심한 사후 처리를 따라가지 못했다. 그리고 그것이 내게는 가장 중요한 요건이었다(내 생각은 옳았다. 3년 후 원 킹스 레인은 베드 배스 앤드 비욘드Bed Bath&Beyond에 겨우 1,200만 달러에 매각되었다. 반면 웨이페어의 시가총액은 이 책의 집필 시점을 기준으로 120억 달러에 달한다).

내가 보기에 웨이페어에 매각하는 것은 드웰스튜디오의 브랜드와 우리 직원들을 최고 전문가의 손에 맡기는 것이고, 나 또한 전자상거래 부문의 선지자 중 한 사람인 웨이페어의 CEO 니라지 샤Niraj Shah에게 많은 것을 배울 수 있다는 의미였다. 항상 궁금해하는 자세를 지니려고 노력하는 사람이라면 니라지같이 전문적이고 숙달된 '인간 아이디어 제조기'와 가깝게 지내는 것도 나쁘지 않을 것이다.

드웰스튜디오가 10억 달러 이상의 가치를 지닌 스타트업, 즉 유니콘이었는지 궁금한가? 유감스럽게도 전혀 그렇지 않았다. 하지만 나는 매각 결정을 내렸고 구매가의 일부는 IPO(기업공개) 전 주식의 형태로 받았다. 나는 10년이 넘도록 나의 유니콘을 쫓고 있었고, 결국 다른 누군가의 유니콘에 올라타는 것도 그렇게 나쁜 보상은 아닌 것처럼 보였다.

마찰 제로 마인드

나는 2013년 8월부터 2015년 12월까지 2년 반 동안 웨이페어 경영진의 일원으로 일했다. 매우 흥미로운 시간이었다. 웨이페어가 기업공개를 했을 당시 나는 그곳에서 재직 중이었다. 내 입장에서는 그들도 내게 뭔가 작은 것이라도 배웠을 거라고 생각하고 싶지만, 현실은 내가 이 세상에서 가장 진보적으로 사고하는 기업 중 한 곳에서 전자상거래에 관한 엘리트 교육을 받은 셈이었다.

나는 홈 인테리어 분야에서 어느 정도 이름을 알리게 되었다. 그리고 온라인 거대 기업에 내 회사를 매각했다. 클라크슨 포터 출판사와는 내 전문성을 발휘해서 두 번째 책《더 섬세한 것들The Finer Things》을 집필하기로 이미 계약해 놓은 상태였다. 하지만 나는 그 과정에서 내가 모르고 있는 것이 무엇인지 몰랐다는 사실도 알게 되었다. 내가 웨이페어에서 근무한 이유 중 하나는 금전적인 것이었다. 내 소유의 스톡옵션이 필요했다. 하지만 조금 더 중요한 이유는 내가 다음 단계로 나아갈 준비가 아직 안 되어 있다는 것을 알았기 때문이다. 다음 단계로 나아갈 준비를 할 뿐만 아니라 새로운 길을 모색할 수 있는 곳으로 이보다 더 좋은 중간 기착지는 없었다.

좋은 멘토를 찾는 것이 중요하다는 말은 이제는 진부하게 들리겠지만 그래도 어쩔 수 없다. 자기 사업을 하고자 하는 사람에게 내가 해 줄 수 있는 가장 중요한 조언 중 하나가 바로 그것이다. 당신이 인생에서 어느 단계에 놓여 있든, 현재의 상사나 동료들을 얼마나 좋아하거나 미워하든, 항상 그들에게서 뭔가를 배울 수 있을 것이다. 나는 운이 좋았다. 니라지는 가장 적절한 타이밍에 내게 완벽한 멘토가 되어 주었다.

그뿐만이 아니었다. 웨이페어의 운영 팀은 너무나 유능해서 우리의 웹사이트를 그들의 웹사이트에 탑재해서 가동할 준비를 하는 데 채 한 달도 걸리지 않았다. 예전에 웨이페어의 경쟁사들 중 한 기업의 대표는 내게 그 일을 하는 데 2년이 걸릴 거라고 말했었다. 다른 기업에 매각했다면 엄청난 손실을 입을 뻔한 것이었고, 그에 따라 웨이페어가 온라인 홈 인테리어 분야에서 승자가 될 것이라는 내 결론이 확실해졌다. 내 생각은 옳았다. 웨이페어의 매출은 크게 상승했다. 2012년 6억 달러에서 2013년에는 9억 1,500만 달러로 치솟았고, 2014년에는 13억 달러로 상승했다.

니라지의 계산에 따르면, 웨이페어의 상품을 구매할 수 있는 소득 수준의 가구 수는 2억 7,500만 가구였다. 시장 규모는 약 2,000억 달러였고 그중 단 20퍼센트만이 온라인 시장을 움직였다. 무려 1,600억 달러 규모의 공백이 있었고, 누구도 그 부분은 건드리지 못하고 있었다. 당시에는 웨이페어가 하는 일을 누구도 눈여겨보지 않았다. 그 어느 누구도.

2013년 홈 인테리어 분야는 전체 시장이 온라인으로 옮겨 갔음에도 완전히 혁신하지 못한 몇 안 되는 소비재 카테고리들 중 하나였다. 당시 웨이페어는 여전히 여러 업체에 자신들과 거래하자고 설득해야만 했다. 가구 업계는 인터넷으로 소파를 구입할 사람은 없을 것이라는 터무니없는 선입견에 빠져 있었기 때문이다. 웨이페어는 아마존과 같이 가급적 마찰을 최소화해 모든 상품을 쉽게 판매하는 것을 추구하고 있었다. 그러나 그들의 거래 처리 과정은 검색 알고리즘에 의존하고 있었고, 다른 모든 검색 알고리즘들과 마찬가지로 사용 후기와 과거 판매율, 사이트에서 보낸 시간 등을 기반으로 상품 옵션이 정렬되었다. 이런 조건에서라면 소비자들이 불리하다. 이런 방식으로 작동하는 알고리즘은 상품을 판매하는 데는 유리할 수 있지만, 소비자들에게 영감을 주고 자기만의 개인적인 소유품을 창조할 수 있는 도구를 제공하기에는 미흡하다. 더구나 자신의 집을 단장할 때는 소비자들이 그 이상의 것을 원할 때가 많다. 더 많은 영감과 더 높은 품질, 그리고 가장 중요한 요소로 더 다양한 디자인을 원한다.

하지만 나는 여전히 배워야 할 것이 많았다. 내가 우리의 디지털 자산을 업그레이드한다는 취지에서 웨이페어의 사이트에 올라가 있는 모든 상품을 재촬영하자고 제안했을 때, 그들은 1,300~1,400만 건에 달하는 상품들을 재촬영하려면 비용이 얼마나 드는지 아느냐고 물으며 코웃음을 쳤다. 그들의 말이 옳았다. 나는 그때까지 디자인 분야에서는 경험이 많았지만 오늘날 소위 '벤처 규모'라고 부르는 정도의 경영에는 참여해 본 적이 없었다.

나는 영원히 웨이페어에서 일할 생각은 없었다. 웨이페어의 미래가 밝지 않아서가 아니었다. 그들의 미래는 밝았고 지금도 여전히 그렇다. 그들은 내부의 시각 디자인 역량을 강화하기 위해 드웰스튜디오를 인수했지만, 관계자들이 볼 때 웨이페어는 기술 본위에서 절대로 크게 벗어나지 않을 것임이 분명했다. 디자인은 그들에게 항상 차선의 고려 사항일 것이었다. 결코 우선순위는 될 수 없을 것이었다. 반면 나는 뼛속까지 디자이너다. 그리고 사업가다. 한번 자신의 사업을 시작하고 나면 자신 외의 다른 이에게 보고하는 것이 쉽지 않아진다는 사실을 사업가라면 누구나 인정할 수밖에 없을 것이다.

내가 창업한 첫 번째 회사를 매각할 때 그 회사는 이미 내가 감당하기 어려운 공룡이 되어 있었다는 사실을 나의 내면 깊숙한 곳에서는 알고 있었다. 하지만 내가 만든 브랜드의 경영권을 넘겨줘야 한다는 사실 때문에 자기 연민 속에서 몸부림치느니, 그 시간에 나는 그렇게 된 이유를 알아내기 위해 웨이페어에서 일하고 배우는 데 집중했다. 그렇게 된 것이 내 잘못만도 아니고 드웰스튜디오의 문제만도 아니라는 사실을 알고 있었기 때문이다.

성공적인 브랜드건 아니건, 모든 기업은 이런 종류의 어려운 선택을 할 수밖에 없다. 웨이페어에서 근무한 기간은 내게는 과거를 돌아보며 '호기심을 가지고' 주변 사람들로부터 배울 수 있는 시간이었다. 나는 내가 무엇을 할 수 있고 무엇을 할 수 없는지, 그리고 무엇을 할 수 있을 것 같은지 알아보고 싶었다. 오랜 습관의 족쇄에서 벗어나 장래성 있는 영역에서 자유롭게 경험해 보기를 원했다.

사업의 쓴맛을 경험해 본 기업가로서 품고 있던 질문은 항상 내 마음 한구석에 도사리고 있었다. '이전 사업에서 맞닥뜨린 마찰 요소를 제거하고 새로운 사업을 시작할 수 있는 방법은 없을까?' 나는 드웰스튜디오의 사업 모델에서 더 이상의 사업 확장을 어렵게 만든 바람직하지 못했던 모든 마찰 지점의 리스트를 만들어 보았다. 모든 마찰 요소를 해결(혹은 제거)하고 내가 사랑하는 디자인 업무에만 몰두해 모든 집을 더 아름답게 만드는 데 기여할 수는 없는 걸까?

어디에서 마찰이 발생하고 있었을까? ─────

마찰 지점 1 : 재고관리

남아도는 재고의 위험성은 충분히 보고되어 있다. 2013년에 재고를 직접 관리하는 재고 기반 모델의 홈 인테리어 사업에서 이윤을 충분히 남길 수 있는 유일한 방법은 제품의 대부분을 중국에서 생산하는 것이었다. 문제는 중국 공장들이 일반적으로 최소 발주 수량을 아주 높은 단위로 요구한다는 점이었다. 그 정도의 수량을 주문하려면 당신의 디자인이 소비자들에게 아주 반응이 좋을 것을 전제로 과감한 승부수를 두어야만 한다. 성공하는 상품들에는 대량생산이 아주 유리하지만 실패하는 상품들의 경우 존속하기 힘들어진다. 그리고 당신이 아주 능력 있는 재고관리자가 아닌 이상 성공하는 상품들은 드물고(손해를 감수할 수밖에 없고) 실패하는 상품들만 많아질(그 실패를 흡수할 수 있어야 한다) 공산이 아주 크다. 또한 재고 처리를 위해 상품들(시장에서 실패한 상품들)을 할인점으로 유통해야 할 것이므로 브랜드 가치의 하락 또한 불가피해진다. 이는 매우 고통스러운 악순환이다.

마찰 지점 2 : 생산 시간

재고 기반의 사업 모델은 시장에 적극적으로 반응하기 어렵다. 전통적인 상품 개발 주기는 보통 18개월이다. 오늘날과 같이 급속도로 변화하는 소비 환경에서는 특히 빠른 트렌드 형성을 겨냥해 단일 상품으로 출시되는 새로운 인기 소셜미디어 브랜드와 경쟁해야 할 경우 트렌드 파악이 어렵다. 소셜미디어 마케팅을 활용하는 브랜드의 예로는 고비Goby나 퀴프Quip 같은 칫솔 회사들이 있다.

최근에는 트렌드가 초급속도로 바뀌는 것을 우리도 지켜봐 왔다. 추지Choosy 같은 기업들은 인공지능과 알고리즘을 이용해 (인스타그램과 핀터레스트 같은) 수많은 플랫폼들 상에서 가장 핫한 트렌드를 파악해 몇 주 내로 관련 상품을 제작해 낸다. 추지는 자신들의 패션 상품들이 '사랑받을 수밖에 없다'고 큰소리친다. 소셜미디어를 통해 탄생했고 소셜미디어에 최적화되어 만들어졌기 때문이다. 이제는 배보다 배꼽이 더 커진 상황이다. 디자인과 생산에 시간이 오래 걸리던 시대는 끝났다. 패스트 패션 업계보다 더 빨라진 것이다. 기반 시설(점포, 카탈로그, 광고)의 부족과 기술 발전(온라인 직거래 모델)의 결과 지각변동이 가능해진 것이다.

마찰 지점 3 : 도매 판매

도매업을 유지하기 위한 비용 구조는 복잡하다. 매년 네 차례 이상 산업 박람회에 참석해야 한다. 사무 업무를 처리할 직원들이 필요하며, 점포 방문과 신상품 출시 시 외부에서 홍보 활동을 할 영업 사원들도 필요하다. 우리는 미국 전역에 걸쳐 810개 점포에 상품을 판매했다. 그 매출을 모두 합산하면 아주 큰 규모다. 그래서 가구의 가격을 3.5배까지 올리고 요구에 따라 할인을 제공하는 것이다. 도매업을 운영하려면 이윤 폭이 아주 커야 하는데, 소비자들은 이제 그것에 대해 자신들이 비용을 지불하고 있다는 사실을 안다. 5년간 유지한 타깃과의 거래는 훨씬 쉬웠다. 하나의 고객을 상대로 1년에 두세 개의 가구 컬렉션만 판매하면 되는 매끄럽고 수익성 높은 관계였다. 타깃을 통해 올린 매출이 나머지 도매 매출보다 무려 10배나 높았다.

마찰 지점 4 : 사진

홈 인테리어와 패션 업계에서 가장 비용이 많이 드는 항목 중 하나가 사진 촬영이다. 그 금액은 천문학적이다. 회사 규모가 클수록 이 비용도 더 높아진다. 드웰스튜디오에서는 사진 촬영 비용이 전체 비용의 20퍼센트까지 차지했다. 사진 중심적인 소매업체인 레스토레이션 하드웨어 같은 곳에서는 사진 촬영에 어느 정도의 비용을 들이는지 짐작만 할 뿐이다. 사업 규모가 확장될수록 사진 관련 비용 지출은 눈덩이처럼 불어날 수 있다.

마찰 지점 5 : 배송

아마존 덕분에 이제 소비자는 신속한 무료 배송을 기대하고, 그로 인해 모든 소매업체가 이윤 축소의 압박을 받고 있다. 그렇다고 당신이 달리 할 수 있는 일은 없다. 배송에 들어가는 비용은 전자상거래 업계에서는 '판돈'이라 볼 수 있다. 결제 과정에서 배송비를 추가하려고 한다면 마찰을 불러일으킬 것이 분명하다. 그러면 궁극적으로 매출에 손실을 끼치게 될 것이다.

마찰 지점 6 : 독점권

자사 상품을 직접 생산하지 않고 재고를 확보해야 하는 상황이라면 경쟁 업체들과 똑같은 종류의 상품들을 취급하게 될 것이다. 주요 온라인 소매업체들은 동일한 업체에서 상품을 공급받기 때문에 이는 결국 바닥을 향한 경주가 될 수 있다.

마찰이 없는 기업을 향하여

당신도 알다시피 최근 15년 동안 모든 것이 바뀌었다. 인터넷의 발전은 비즈니스 세계를, 아니 온 세상을 산업혁명 수준으로 탈바꿈시켰다. 우리 일상의 거의 모든 면을 크게 바꾸고 재설정했다. 인류학자들은 인류의 역사 속에서 이 시기를 모든 것이 예전과 다르게 급속히 바뀐 중대한 시점으로 기록하게 될 것이다.

지금은 모든 CEO에게도 어려운 시기다. 기술이 우리가 지금까지 비즈니스를 해 오던 모든 방식을 무너뜨리고 있기 때문이다. 그러나 그와 동시에 야심찬 기업가들은 똑같은 사업을 처음부터 새롭게 재건하는 데 기술을 이용하고 있다. 이는 혁명과도 다를 바 없으며, 나 또한 그 속에 존재하기를 원한다. 나도 그들 중 한 사람이고 싶다. 그런 일들이 일어나는 것을 그저 지켜만 보는 것이 아니라 미래를 창조하는 용기 있는 기업가이고 싶다. 그들은 호기심으로 가득 차 있다. 점점 줄어드는 남아 있는 파이 조각을 차지하기 위해 싸우기보다는 새로운 범주를 창조해 내는 사람들이다. 우리 업계에서는 렌트 더 런웨이Rent the Runway의 제니퍼 하이먼Jennifer Hyman과 제니 플레이스Jenny Fleiss, 에어비앤비의 조 게비아Joe Gebbia와 브라이언 체스키Brian Chesky, 혹은 굳이 언급하지 않아도 이미 알려져 있는 우버의 트래비스 캘러닉Travis Kalanick이 그런 인물들이다.

하지만 내가 그렇게 하기를 원한다면 혁신가처럼 사고하는 법을 배워야 한다는 것을 알고 있었다. 나는 웨이페어에 그리 오래 머물지 않았다. 2년 반 근무했을 뿐이다. 하지만 사업가로서의 재기를 위해 나 자신을 준비시키기에 충분한 시간이었다. 정체성의 위기 대신 정체성의 변화를 겪었다고 하는 편이 맞을 것이다. 웨이페어에서 일하기 전에는 나 자신을 직물, 인테리어, 패션 디자이너로 바라보았다. 하지만 디지털 혁명이 내게 놀라운 기회를 주었다는 사실을 갑자기 깨닫게 되었다.

뛰어난 문제 해결 능력은 대다수 기업가들의 특징이지만, 그에 비해 내가 지금까지 해결하기 위해 노력해 온 문제들은 주로 디자인에 한정된 것들이었다. 하지만 나 자신을 다른 종류의 '문제 해결자'로 개조할 수 있음을 깨달았다. 나는 작동하지 않는 사업 모델을 개조하기 위해 도전하기로 했다. 디자인 영역에서뿐만 아니라 사업의 모든 영역, 즉 디자인, 제조, 지속 가능성, 주문 처리의 전 과정, 고용, 기업 문화 등을 개선하기 위해 처음부터 다시 시작하기로 작정한 것이다.

'가능한 최상의 결과를 얻어 내기 위해 어떤 증상이나 문제를 가장 먼저 공략하겠는가?'

이는 많은 에너지가 필요한 도전이었다. 말하자면 고질병을 앞에 두고 의사가 진단을 내리는 것과 비슷하다. 하지만 나는 그렇게 하는 편이 그저 내가 훈련받아 온 디자인 업무만 고수하는 것보다 훨씬 흥미로울 것이라고 생각했다.

2015년 12월 나는 웨이페어를 떠났다. 내가 받은 모든 스톡옵션에 기득권이 있었던 것은 아니었기 때문에 얼마간의 손해를 감수해야 했지만, 스스로 독립해야 할 시기가 왔다고 생각했다. 나는 재충전을 위해 여행을 떠나 내 계획에 대해 생각하면서 5주를 보냈다. 그리고 돌아와 전화를 걸기 시작했다.

첫 번째 통화 상대는 드웰스튜디오 시절 거래했던 몇몇 주요 공급 업체였다. "사람들이 맞춤 가구를 구입하는 방식을 바꾸려고 합니다. 우리와 함께 일해 보시겠어요?" 나는 그들 중 몇몇 업체와 15년 가까이 일해 오고 있었으므로 몇 개 업체는 우리와 함께 도전하기로 했다. 내가 하고자 하는 일이 무엇인지 확실히 이해하고, 그 일을 하기 위해 필요한 자금을 조달할 수 있다면 말이다.

나의 계획은 이러했다. 나는 새로운 회사를 창업하기로 결심했다. 후에 회사명을 디인사이드로 붙였다. 디인사이드를 훌륭한 디자인의 고급 홈 인테리어 상품을 밀레니얼 세대를 비롯한 디지털 지상주의 고객들을 대상으로 판매하는 기업으로 성장시킬 생각이었다. 겉으로 보기에는 드웰스튜디오와 아주 비슷하게 들릴 것이다. 드웰스튜디오 또한 훌륭한 디자인의 고급 상품을 판매하는 기업이었으니까. 하지만 드웰스튜디오의 경우 디자인 지식이 풍부하고 미드센추리 모던 디자인을 아주 좋아하는 소수의 여유 소득이 많은 집단을 고객 대상으로 삼았었다. 그러나 밀레니얼 세대는 전 세대인 우리와는 다르다. 인터넷은 모든 비즈니스 모델을 바꾼 것과 동시에 모든 직업 모델을 바꿨고, 삶의 모델 또한 바꿨다.

미래의 직업들은 과거의 직업들과는 사뭇 다른 모습일 것이다. 대부분의 사람들이 그 사실을 알고 있다. 딜로이트의 최근 조사 보고서에 따르면, 19퍼센트의 기업들만이 여전히 전통적인 직업 모델을 유지하고 있다. 과거 세대들은 전형적으로 평생 4~5개 기업에서 경력을 쌓았던 데 반해, 오늘날의 대학 졸업자들은 졸업 후 처음 10년 동안 4~5개 기업에서 일하게 될 것이다. 게다가 세계경제포럼은 65퍼센트의 현재 어린이들이 아직 존재하지도 않는 직업을 갖게 될 것이라고 전망했다.

이제 4년제 대학은 더 이상 쓸모가 없어진 걸까? 이 질문에 대한 대답은 대학의 교육 방식이 어떠한가에 따라 달라질 수 있다. 하지만 이것만큼은 확실하다. 1980년대와 90년대에 대학에서 가르치던 방식은 오늘날 비즈니스와 삶의 소용돌이 속에서 직업의 방향타를 조종할 수 있도록 준비시켜 주지는 못한다.

따라서 다음의 내용도 놀랄 일이 아니다. 시러큐스 대학교의 교수이자 대중문화 전문가인 로버트 톰프슨Robert Thompson은 스타트업 창업이 "성공 지향적인 우리의 삶에서 점점 더 큰 비중을 차지해 가고 있다"고 말한다. 실제로 밀레니얼 세대의 70퍼센트는 궁극적으로 자신의 회사를 창업하고 싶어 한다. 2017년 한 연구에서는 자영업자의 수가 2020년까지 3배 증가해 4,200만 명에 이를 것이며, 그중 42퍼센트는 밀레니얼 세대가 차지할 것이라고 전망했다. 이는 다른 연구 결과들과 꼭 맞아떨어진다. 다른 한 연구에서는 직장에서 행복해질 수 있는 가장 중요한 요소가 돈이 아니라 '자율성'인 것으로 드러나기도 했다.

자율성은 다르게 표현하면 '유연성'이다. 밀레니얼 세대는 삶의 모든 측면에서 유연성을 원한다. 아니, 요구한다. 직원으로서든 고객으로서든 데이트 상대로서든 그렇다. 밀레니얼 세대는 영구적으로 고정되는 것을 단순히 회피하는 것이 아니다. 그들은 하나의 미덕이자 필요에 따라 비영구성을 수용한 것이다. 그들이 보기에 이전 세대인 우리는 다른 사람들과 나누려고 하지 않는 어린아이 같을지도 모른다. 그들은 택시 승차, 아파트, 가구에 이르기까지 거의 모든 것을 공유한다(혹은 빌린다). 자율주행 자동차는 차량의 통제권을 다른 사람이 아닌 기계에게 양도(공유)하려 한다는 점에서 가장 궁극적인 형태의 공유라 할 수 있을 것이다. 디인사이드의 CEO로서 자율주행 운송 차량은 생각만으로도 흥분된다. 공급 사슬 관리에서 비용 절감이란 얼마나 중요한가!

'임대와 소유'라는 말은 '거주지'에만 국한되어 적용되는 말이었다. 하지만 요즘에는 의류, 자동차, 음악 등 어디에나 적용된다. 그 결과 여기저기서 구매 결정이 번복되기 십상이다. 과거에 추구하던 영구적인 소유권은 더 이상 유효하지 않다. X세대는 플렉스 세대에게 자리를 내주었다.

디인사이드에게 이 모든 것은 무엇을 의미할까? 우리가 방랑자 기질의 고객들을 상대로 사업을 하고 있다는 것을 의미한다. 이들은 5,000달러짜리 소파나 3,000달러짜리 침대를 구매할 입장이 아니라고 느낄 가능성이 높다. 이 고객들은 우리가 사업을 운영하는 방식에도 영향을 미친다. 디인사이드가 생존하려면 우리가 직원들에게 제공하는 일자리와 기회들이 새로운 패러다임을 잘 따라가야 할 것이다. 직원들에게 자영업을 할 기회는 제공하지 못하더라도 이 세대가 요구하는 다른 것들은 확실히 제공하는 게 좋을 것이다. 그것은 바로 자율성과 유연성 그리고 존중이다.

웨이페어에서 근무하던 시절, 하루는 사무실에서 코너를 돌아가다가 대낮이었던 근무시간에 두어 명의 엔지니어가 소파에 누워 자고 있는 광경을 보고는 깜짝 놀랐다. 오늘날의 일꾼들은 더 이상 과거의 사무 문화에 순응하려 하지 않는다. 사무 문화가 그들에게 순응하는 형세다. 우리 기술 팀장은 콜롬비아 메데인 출신이다. 유능하고 유연하며 우리의 비전에 동의하는 인물이기 때문에 함께 일하기로 한 것이다. 그는 그런 기풍 덕분에 한때 미국의 이류 도시로 불리는 곳으로 이주할 수 있었다. 텍사스주 오스틴이나 조지아주 애선스, 메인주의 (또 다른) 포틀랜드에서는 샌프란시스코나 뉴욕에서보다 훨씬 생활비를 절약할 수 있다. 그리고 지역민을 고용할 때 디인사이드 같은 스타트업은 페이스북이나 구글과 같은 인재를 확보하기 위해 경쟁해야 하는데, 그들이 지역민들에게 제공하는 재정 지원책을 따라가기는 어렵다.

인터넷으로 연결되어 있는 글로벌 세계에서는 재능 있는 인재를 찾기 위해 굳이 사람들을 모집하지 않고도 인재가 있는 곳으로 회사가 찾아갈 수 있다. 또 다른 예도 있다. 나는 내가 동유럽에서 발굴한 3D 모델링 팀과 비슷한 역량의 팀을 미국에서 채용하기는 불가능하다고 생각한다. 과거 소련의 영향력 아래 있었던 동유럽에서는 지금까지도 엄격한 수학 교육 커리큘럼의 이득을 톡톡히 보고 있기 때문이다.

드웰스튜디오와 디인사이드 설립의 차이에 대해 말할 때 가장 중요한 것은 무엇일까? 아무것도 그대로일 수 없다는 것이다. 그게 무엇이든 말이다. 홈 인테리어뿐만 아니라, 모든 분야가 다 그렇다.

1. 시작하기 위해 해야 하는 모든 일

2. 경쟁의 본질적 특징

3. 고객과의 관계

4. 마케팅의 새로운 세계

5. 고용의 새로운 세계

6. 현대 기업의 사회적 책임

이 모든 것을 고려했을 때 좋은 소식을 전하고 싶다. '새로운 사업을 시작하기가 어느 때보다 쉬워졌다'는 것이다.

예전에는 25명의 직원을 채용해야만 가능했던 일을 지금은 5명으로 구성된 팀이 할 수 있게 되었다. 나머지 업무는 외주로 처리한다. 한번 생각해 보라. 2018년 7월 어느 더운 여름날, 벤처 투자를 유치하기 위해 최종적으로 노력을 쏟아붓는 동안 디인사이드는 운영을 중단하지 않은 채 트라이베카에 있는 첫 번째 사무실에서 소호의 공동 오피스로 이사했다. 이사하는 데는 단 하루가 걸렸을 뿐이다. 2005년이었다면 시간이 얼마나 걸렸을지 상상도 하기 싫다. 사무실 물색과 임대 계약, 보증금 지불, 수도·전기·가스 등의 시설 정비, IT 기반 시설 운반과 설치까지 얼마나 신경 쓸 일이 많은가. 하지만 지금은 운영 경비에 전혀 부담이 없다. 월세는 내지만 별도의 공과금은 없으며 전기료도 없고 다른 추가 비용도 전혀 없다. 단 한 가지 고정비용이 있었다(이미 언급한 것처럼 우리는 1년 후 다시 이사했다. 하지만 문제는 해소되지 않았다. 우리는 마찰이 적은 곳이 필요했고, 그런 곳을 찾았다. 하지만 우리는 그보다 더 마찰이 적은 곳을 원했고, 결국 그런 곳을 또 찾아냈다).

우리는 노트북 컴퓨터와 휴대폰 외에 다른 기술 장비들을 사용하지 않는다. 서버도 없고 기술 장비들을 관리하는 IT 담당 직원도 없다. 전자상거래 플랫폼부터 고객 서비스 챗봇에 이르기까지 모든 것이 클라우드에 있다. 기업 소프트웨어와 웹사이트 개발같이 10여 년 전에 아주 고가였던 것들은 이제 기업 운영에 있어 가장 비용이 싼 부분이 되어 버렸다. 우리는 쇼피파이Shopify 플랫폼에서 채 두 달도 안 걸려서 정교한 웹사이트를 만들어 최대한 신속하게 그쪽으로 이전했다.

그러나 안 좋은 소식도 있다. '새로운 사업을 궤도 위에서 유지하기는 항상 어렵다.'

거의 대부분의 업종에 해당하는 말일 것이다. 하지만 나는 소매업의 틈새시장인 내 경우에 대해 이야기하겠다. 소매업자들이 스스로를 운명의 주인으로 여길 수 있었던 시대가 있었다. 하지만 요즘에는 극히 일부만 그렇다. 오늘날에는 우리 모두가 알고리즘의 혜택을 입고 있기 때문이다. 더 정확히 말하자면, 모든 알고리즘, 즉 구글 검색과 페이스북, 인스타그램, 트위터의 피드 그리고 아마존이 플랫폼 안에서 내리는 모든 판단에 신세를 지고 있는 것이다.

구글이나 페이스북에서 알고리즘을 약간 수정하는 것만으로도 회사 매출이 하룻밤 사이에 증발하는 경험을 해 본 회사가 한둘이 아닐 것이다. 그야말로 '획' 하고 온데간데없이 사라져 버린다. 2019년 4월에는 애플이 17개의 최고 인기 감시 앱과 부모 통제 앱 중 11개의 서비스를 중단했다. 사회의 공익을 위해서라기보다는 경영상의 손익계산에 따른 결정이었다.

간단히 말해서, 이제는 경쟁의 성격이 아주 크게 변했다. 적어도 소매업에서는 규모가 중요했던 시기가 있었다. 그렇다면 이제 당신은 새로운 기업을 만들어 월마트와 경쟁해 보겠는가? 부디 행운을 빈다. 요즘에는 누가 마케팅과 고객 유치 비용을 가장 효과적으로 최대한 잘 활용하는가가 관건이다. 이것이 예전에 규모만이 중요시되었던 영역에서 일어나고 있는 일이다. 이제는 마찰을 없애는 기업이 승자다.

그래서 가장 영민한 기업가들은 완전히 새로운 사업을 시작하기보다는 기존의 사업을 혁신하는 방식으로 사업을 한다. 고객이 마찰을 느끼는 지점을 찾아 그들이 온라인 상에서 문제점을 토로하도록 만들고, 공격적인 마케팅을 통해 시장에서 이미 지위를 가지고 있는 기업들의 지분을 가져오는 것이다.

이들이 거대한 질문만을 던지는 것은 아니다. 질문에 대한 대답도 내놓는다.

'이 새로운 세상에서 어떻게 살아가는 것이 좋을까?'

'새로운 아메리칸 드림을 실현하기 위해서는 어떻게 해야 할까?'

이에 대한 답을 모두 아는 사람은 없지만, 앞으로 이 책에서 가능한 많은 답을 찾게 될 것이다.

가치사슬을 점검하라 ────────

디인사이드의 목표는 인테리어 업종을 디지털화하는 것이다. 하지만 그 말의 진정한 속뜻은 우리 사업의 표면과 겉으로 드러나지 않는 이면에 존재하는 모든 마찰을 제거한다는 뜻이다. 이면이 우리의 사업 모델이다. 표면은 소비자를 마주 대하는 상점의 전면부라고 할 수 있다.

처음에는 B2B 영업이나 도매 쪽으로 방향을 잡으려 했지만, 도매를 하면 효율성을 잃게 된다는 것을 깨닫고 그 생각을 버렸다. 나는 공급 사슬을 개선해 최대한의 수익을 끌어낼 수 있기를 바랐다. 그러기 위해서는 직접 소비자들에게 판매해야만 했다. 그래서 우리는 도매 계정이 없다. 외부에서 근무하는 영업사원도 없다. 산업 박람회에도 참여하지 않는다.

사업 모델 측면에서도 우리는 가능한 한 모든 마찰을 제거했다.

디자인 : 우리는 모든 것을 '가상으로' 디자인한다. 디자인 팀은 분산되어 있고 상품 디자인 과정은 클라우드 상에서 진행된다. 우리는 판매가 이루어질 때까지 실제 상품을 제작하지 않는다.

재고 : 우리는 웹사이트에 수천 건의 상품을 올려 두고 있지만, 소비자가 '구매' 버튼을 누르기 전까지는 우리에게 발생하는 비용이 거의 없다. 우리에게는 재고 수량이 '제로(0)'다. 구매가 이루어진 가구만 생산하는 것이다. 이런 방식은 고객에게도 좋고 환경에는 더욱 좋다.

생산 : 고객의 요구에 맞춘 특화된 디자인을 생산하게 되면 재고 관리 문제와 상품 선정 문제를 동시에 해결할 수 있다. 고객 맞춤 생산을 하면 재고가 아예 없기 때문에 재고관리 문제 또한 없다. 하지만 그렇다고 해서 상품이 다양하지 않은 것은 아니다. 고객 맞춤 제작이기 때문에 재고관리 상의 필요에 맞춰 상품 종류를 줄이지 않고도, 복잡하지만 발 빠른 공급 사슬을 통해 직접 선정한 다양한 종류의 상품들을 선보일 수 있다. 상품 선정 시 겪는 어려움은 상품의 종류가 다양하지 않아서가 아니다. 판단 마비를 불러올 만큼 너무 많은 상품을 제공하려 노력하기 때문이다. 우리는 머신 러닝을 이용해 고객들이 어떤 상품을 선택하고 언제 그것을 구매하는지 파악함으로써 상품 선정 문제를 해결한다.

고정비용 : 우리 회사에는 일반전화나 전산망, 혹은 다른 IT 기반 시설이 없다. 우리 사무실에 직접 와 보면 그냥 버려져 있는 종이 다발 하나도 찾기 어려울 것이다. 종이를 찾기 위해 굳이 프린터가 어디 있는지 찾아보는 수고를 할 필요도 없다. 프린터도 없으니까.

물류 : 모두 생산자 직배송으로 진행한다. 우리는 재고도 없고 생산자에게 바로 주문 내용이 전달되므로 그들이 직접 고객에게 배송한다.

그렇다면 '소비자를 마주 대하는 상점의 전면부'라는 말은 무슨 뜻이었단 말인가? 내가 공급 사슬을 개선해 최대한의 수익을 끌어내기 위해 노력한다고 말한 것은 고객 맞춤형 가구 구입과 관련해 생산과 배송을 제외하고는 거의 모든 마찰을 제거했다는 의미다. 그리고 맞춤형 가구 업계에서는 당신이 생각하는 것보다 그렇게 할 수 있는 여지가 훨씬 많다.

맞춤형 가구 주문이 진행되던 기존의 방식을 살펴보자.

- 맞춤형 소파를 원한다.
- 인테리어 디자이너를 채용한다.
- 디자이너와 함께 뉴욕의 D&D 빌딩Decoration&Design Building 같은 곳에 가서 수천 개의 제조사와 수십 개의 개인 전시장을 둘러본다.
- 25개 정도의 전시장을 둘러본 후 마음에 쏙 드는 소파와 직물을 발견한다.
- 원단을 주문한다. 고객이 직접 주문한 재료로 작업하는 것을 업계 용어로는 COMcustomer's own material이라고 부른다. 당신은 그 원단의 재고가 있기를 간절히 바란다. 만약 재고가 없다면 14주 정도 기다려야 할 것이다.

잠깐! 여기서 참고로 말해 두자면, 드웰스튜디오에서 판매가 완료되지 못한 채 진행 중인 건이 얼마나 많았는지 모른다. 이유는 우리의 가죽 제조 업체가 보유한 원자재가 모두 소진된 상태였기 때문이다. 그 한 업체에서만도 약 10만 달러의 판매 손실이 난 것이었다.

- 원단 제조 업체에서 고객이 주문한 원단을 소파 작업실로 보내면 작업자들이 소파에 원단을 씌우고 디자이너는 당신에게 소파를 배송할 방법을 결정한다. 일반적으로는 특별 무균 배송을 한다. 전체 공정은 최소 14주가 걸린다. 운이 좋은 경우 그렇다.

요약하자면 디자이너 섭외, 전시장 둘러보기, 원단 택배로 받기, 제조, 페덱스 또는 특별 무균 배송 등의 과정을 거쳐 고객에게 전달되는 것이다. 이 가치 사슬에서 50퍼센트 이하로 이윤을 가져가는 주체는 없다. 그리고 상품은 페덱스의 손을 두세 번은 거쳐 갈 것이다. 그뿐만 아니다. 원단이 미터당 125달러라면 여기에 인테리어 디자이너의 인건비도 추가된다. 그렇게 해서 1,500달러짜리 소파가 5,000달러가 되는 것이다.

이번에는 디인사이드가 주문을 진행하는 방식을 살펴보자.
우리는 고객의 디자이너 역할을 한다. 주문에 따라 원단과 가구를 동시에 만든다. 그리고 당신에게 페덱스로 한 번만 발송한다. 재고

면에서 어떤 낭비도 없다. 우리는 배송이 가능한 최소량을 설정해 두고 있다. 그 결과 온실가스 배출량을 크게 줄이는 효과를 기대할 수 있다.

종합해 보면, 그렇게 해서 우리는 많은 이들이 이전에는 경험해 보지 못한 것을 고객들에게 제공할 수 있게 되었다. 역사적으로 고급 장식 전문가를 채용할 수 있는 사람들만이 누려 온 서비스와 상품을 제공하고 있는 것이다. 우리는 모든 추가 비용을 없앴고, 그로 인해 절약된 비용을 고객들에게 되돌려 주는 방향을 택했다. 그 과정에서 고객들의 돈만 절약해 준 것이 아니라, 고객 응대의 전면부(선택과 디자인)와 후면(배송) 모두에서 그들의 시간도 절약해 준 셈이다.

보다시피 나는 마찰과 장애물을 집요하게 제거하고 나 자신이 마찰이나 장애물이 되는 것도 거부했다. 최적의 팀을 구축하는 것이 기업가가 해야 하는 가장 중요한 일이라는 뜻이다. 공동 창업자인 브렛은 전설적인 벤처 투자자 비노드 코슬라Vinod Khosla의 논평을 즐겨 언급한다. 그는 "당신이 건설하는 팀이 궁극적으로 당신이 건설하는 기업이다"라고 말한 바 있다. 전적으로 동의한다. 대개의 경우 처음부터 정말 좋은 사람들을 요직에 채용하는 것이 빠른 성공과 실패를 좌우한다.

업종에 따라 특정 직책은 다르게 불리겠지만, 다음은 디인사이드가 도약하는 데 중요한 역할을 한 직책들이다.

능력 있는 공동 창업자 : 현대에는 훌륭한 공동 창업자를 두는 것도 나쁘지 않다. 두 사람이 머리를 맞대는 것이 언제나 혼자인 것보다 낫다. 거기다 공동 창업자가 당신의 부족한 점을 보완해 주는 다양한 능력을 지니고 있다면 사업의 판도를 바꿀 수도 있다. 나의 경우 브릿 번이 공동 창업자이며 함께 회사를 운영하고 있다. 그녀는 스탠퍼드 대학교에서 경영학을 전공하고, 베인 앤드 컴퍼니Bain&Company와 원 킹스 레인에서 근무한 경력을 가진 전문가이며, 조직의 전력을 배가시키는 인재로, 내가 마지막까지 함께 일하고 싶은 파트너다.

크리에이티브 디렉터 : 디자인 업계에서 사업을 한다면 능력 있는 크리에이티브 디렉터를 영입하는 것은 당연히 필수적인 일이다. 디인사이드의 크리에이티브 디렉터는 대니엘 월리시Danielle Walish다. 대니엘과 나는 오랫동안 함께 일해서 내가 그녀를 쳐다만 봐도 그녀는 내가 원하는 게 무엇인지 알아차린다.

그렇다면 MBA 취득자를 채용해야만 할까? 이 책을 공동 집필한 더프에게 물어보면 좋을 질문이다. 더프는 자신의 책《더 펌 : 매킨지가 미국 산업계에 미친 은밀한 영향력》과《골든 패스포트 : 하버드 경영대학원, 자본주의의 한계 그리고 MBA 엘리트들의 도덕적 해이》에서 경영 컨설팅 기업과 MBA 프로그램에 대해 비판했다(제목에서 보다시피, 그는 직접적인 화법을 좋아한다). 나도 더프와 같은 생각이다. 지금도 수많은 훌륭한 인재들이 컨설팅, MBA, 금융 분야에서 자격증과 보너스를 좇으며 시간을 허비할 것이다. 하지만 더프와 나는 MBA 프로그램(훌륭한 프로그램인 경우)과 경영 컨설팅 기업이 스타트업 경영에 필수라고 할 수 있는 조직적이며 비판적인 사고력을 길러 준다는 데에는 동의한다. (현재와 미래의) 문제를 신속히 알아볼 줄 알고, 그 문제에 대해 경력이 많은 관리자들조차 일찍이 경험해 보지 못한 해결책을 내놓을 수 있는 인재를 가능한 한 많이 보유하는 것이 스타트업에는 좋기 때문이다. 전자상거래 3.0 시대에는 우리가 처음 보는 문제들을 해결하는 능력이 가장 핵심이다. 그리고 그런 능력을 가진 인력을 더 많이 보유할수록 당신의 사업은 더욱 번창할 것이다.

우리 회사의 직원 수는 계속 늘어나고 있다. 이 책이 출간될 즈음에는 까다롭게 선발한 20명가량의 동료들과 함께 일하고 있을 것이다. 사내 마찰과 같은 것이 우리의 성장을 방해하지 못하도록 우리는 끊임없이 조직에 변화를 모색하고 있다.

물론 마찰 제거의 여정은 이제 시작 단계에 불과하니, 이미 실수한 일도 많다. 우리의 첫 사무실은 트라이베카의 워커 스트리트에 위치한 낡은 개조 건물의 멋스러운 로프트였다. 임대 계약을 한 당시만 해도 나는 디자인 사업에는 실재하는 공간, 이를테면 고객들이 방문할 전시장 등이 필요하다는 생각에 사로잡혀 있었다. 그래서 공사하는 데 15,000달러, 그리고 월세로 9,000달러를 들이는 실수를 저지르고 말았다.

사람들은 가구를 구입할 때 여전히 원단 견본을 보기를 원하는 반면,

대다수가 직접 매장을 방문하는 것은 원치 않는다. 심지어 전시장도 인터넷을 통해 둘러볼 수 있게 되어 있는 곳도 있다. 브릿은 내게 전시장은 매몰 비용이라고 말했는데, 그것이 가장 적절한 표현이었다. 우리는 전시장을 두는 것이 고객 유인에 효과가 있는지 지켜봐야만 했고, 그 결과 그렇지 않다는 사실을 알게 되었다. 따라서 우리는 원단 견본을 발송한다. 그렇게 함으로써 고객 유입이 18퍼센트나 증가했지만, 그것 외에는 휴대폰과 컴퓨터를 사용할 수 있는 곳이라면 어디서든 가구를 주문할 수 있다. 모든 것은 클라우드에 올라가 있다. 팝업 전시장을 만들 수도 있고, 아니면 길가에 오프라인 매장을 낼 수도 있을 것이다. 하지만 지금으로서는 가능한 한 온라인 방식을 유지해 볼 생각이다.

마찰이 없는 미래

스타트업 경영은 어려운 일이다. 그러나 새로운 현실이 그 일을 더 어렵게 만들고 있다. '사업을 시작하지 않고 〈건축 다이제스트〉에 입사해 매달 디자인에 관한 칼럼을 썼다면 어땠을까?' 하고 생각할 때도 많다. 당연히 그 일이 사업보다 쉬웠을 것임은 분명하다. 더구나 그 일은 즐거웠을 것이다.

통계 결과 또한 스타트업에 유리하지 않다. 통계에 따르면 스타트업의 25퍼센트가 1년 내에 폐업하고, 절반 이상이 5년을 버티지 못하며,

80퍼센트 이상이 10년을 생존하지 못한다고 한다. 성공 확률은 절망적이다. 하지만 꿈을 포기할 만큼 가능성이 아예 없는 것도 아니다. 2013년 세계적으로 실시한 한 설문조사에 따르면, 성공적인 기업가들이야말로 세상에서 가장 행복한 사람들이라는 결과가 나왔다.

하지만 잠시 우리 고객들의 이야기로 돌아가서, 이 세대가 가장 꺼리는 주제를 꺼내 보자. 그것은 바로 '빚'이다.

〈뉴욕 타임스〉는 2018년 8월 놀라운 통계 결과를 발표했다. 20~30대 미국인 중 주택 소유자의 비율은 거의 30년 전 수준으로 하락했다. 2017년 세대주가 35세 이하인 가정의 35퍼센트만이 주택을 소유했으며, 이는 42퍼센트였던 2003년에 비해 가파르게 하락한 수치다. 오늘날에는 그들이 부모와 동거하는 경우가 훨씬 많아진 것이다.

그 이유는 무엇일까? 한 가지는 평균적인 학생들은 이제 22,000달러의 빚을 지고 졸업하기 때문이다. 그리고 그들은 그 부채를 갚느라 어려움을 겪는다. 사립대학 졸업생들 중 44퍼센트의 대출자들이 대출금을 상환하기 위해 5년 동안 고충을 겪으며, 그들 중 25퍼센트는 채무 상환을 하지 못하고 있는 것으로 나타났다.

그런 중에 안정적이고 만족스러운 취업으로 이어지던 미국 대학 교육의 아메리칸 드림은 셰익스피어의 희곡 〈베니스의 상인〉에 등장하는 인정사정없는 고리대금업자 샤일록의 악몽으로 바뀌었다. 미국의 학생 대출금은 1조 4,000억 달러로, 신용카드 사용액을 크게 앞질러 최근 개인 부채 중 주택 담보 대출을 제외하고 가장 큰 비중을 차지하는 것으로 나타났다. 2003년과 비교했을 때 5배가 넘는 수준이다. 이런 상황은 정말 말이 안 된다. 더 이상 그 무엇도 보장해 줄 수 없는 제도로 인해 세대 전체가 부채의 노예가 된 것이다.

다시 한번 말하자면, 현대사회의 이런 변화는 모든 곳에서 일어나고 있다. 산업계만 급변하고 있는 것이 아니라 직장 생활, 부채, 주택 소유 등에서 모든 것이 변화하고 있다. 사업가로서는 그 모든 이슈 하나하나가 중요하다. 우리는 가구를 판매한다. 평생 동안 완전히 새로운 형태의 직업 변경과 이동을 수차례 경험하게 될 밀레니얼 세대에게 말이다. 그들의 일시적인 성향은 우리 사업에 아주 큰 영향을 미칠 것이다. 언뜻 보기에는 그런 성향의 고객이 우리에겐 아주 불리해 보인다. 아무도 집을 사지 않는다면 누가 가구를 사겠는가? 하지만 자세히 들여다보면 공략할 만한 틈새가 있다. 과거에 사람들은 가구를 정기적으로 구입하지는 않았다. 가장 먼저 집을 장만하고 나면, 그다음에 고가의 살림살이인 소파, 침대, 식탁, 의자 등을 구입했다. 그래서 소파 가격이 그렇게 오랫동안 고가를 유지해 온 것이다.

하지만 이제 고가의 집안 살림을 구입하는 시기가 따로 없다면 어떻겠는가? 밀레니얼 세대의 삶이 값비싼 가구 대신 더 작고 합리적인 가격의 가구들로 채워진다면 어떻겠는가? 소파의 평균 가격은 당연히 하락할 수밖에 없을 것이다. 그리고 추측컨대 아마도 가격이 덜 비싼 소파들의 시장 비중이 높아질 것이다. 따라서 우리는 다시 '좋은 디자인' 이야기로 돌아가게 되는 것이고, 그것이 디인사이드가 추구하는 바다. 모든 것은 하나로 연결되어 있다.

우리의 미래가 어떻게 될지 다른 이들과 함께 예측해 볼 수는 있지만, 실상은 우리 주변의 세계가 끊임없이 변화하고 있을 때 대부분의 사람들은 내일은 고사하고 오늘 무슨 일이 일어나고 있는지조차 더 이상 알지 못한다. 나는 미래를 알 수는 없지만 구세대(인터넷 전 세대) 기업가가 신세대 기업가가 되기 위해 스스로 변화하려고 노력하는 기분이 어떤지는 잘 안다. 자신을 완전히 변모시키는 데는 많은 마찰이 따른다. 우리 중 가장 뛰어난 사람들은 그 마찰을 제거할 방법을 찾게 될 것이다. 그래서 우리가 세상을 바라보는 방식을 바꿔 줄 것이고 모두 그 세상에 동참하게 만들 것이다.

그런 의미에서 나는 이 책《마찰 없음》이 용감무쌍한 사업가 지망생들뿐만 아니라 그 밖의 모든 이를 위해서도 좋은 지침서가 될 수 있기를 희망한다. 당신 스스로도 세상을 잘 따라가지 못한다면 어떻게 당신의 자녀들이 이 세상을 잘 살아갈 수 있도록 준비시키겠는가? 지금부터라도 세상을 알아 가기를 원한다면 항상 호기심을 갖는 것으로 시작할 수 있다. 나 자신의 경험이 그 자체로 흥미로운 예시가 될 수 있기를 바라지만, 현재 최전선에서 분투 중인 누군가의 경험과 직관이 더해진다면 그야말로 마법이 일어날 수도 있을 것이다. 그런 차원에서 실제로 이 책의 나머지 부분은 나보다 훨씬 성공적인 사람들에 관한 이야기와 그들의 강력한 메시지로 가득 채워져 있다.

3장

~~~~~~~~~~~~~~~~~~~~~~~~

마찰을 제거한 빅테크들
아마존, 애플, 페이스북 그리고 구글

~~~~~~~~~~~~~~~~~~~~~~~~

아마존, 애플, 페이스북, 구글이 역사상 가장 중요한 네 기업이라는 말을 하려고 하는 것이 아니다. 그건 이미 모두 알고 있는 사실이고, 그들의 시장 가치가 그것을 확실하게 증명해 주고 있다.

그럼에도 내가 이 이야기를 꺼내는 이유는 새로운 맥락에서 그들에 대해 생각해 볼 것을 권하고 싶어서다. 그들은 마찰이 없는 미래 산업의 모범적 사례로, (개인 혹은 집단적으로) 시간과의 관계를 가장 강력하게 재편하고 있는 장본인들이다.

복잡한 이야기처럼 들리는가? 그렇지 않다.

아마존과 애플은 우리에게 물건을 판다.

페이스북과 구글은 우리에게 정보를 준다.

그들이 하는 일들은 모두 마찰을 줄임으로써 우리의 시간을 절약해 주는 일이다.

아마존은 소매업과 그 이상의 부문에서 모든 마찰을 제거했다. 뭔가를 사려면 문을 열고 나가 그것을 어디서 파는지 찾아 구입한 후 집으로 가지고 와야만 했다. 요즘에는 집 밖으로 나갈 필요조차 없다. 당신이 원하는 물건을 하루 뒤에 문 앞으로 가져다준다. 온라인으로 상품을 판매하는 거의 모든 업체가 어떤 방식으로든 아마존을 쫓아가려고 노력하고 있다. 그 결과 우리가 원하거나 필요로 하는 것을 찾고 구입하는 데 사용하던 시간을 이제는 우리가 원하는 다른 일을 하는 데 사용할 수 있게 되었다. 이는 대단히 의미 있는 변화다.

그렇다면 애플은 어떻게 마찰을 줄였을까? 이제 우리는 스스로를 굳이 세상 속으로 끌어들이지 않아도 주머니 속에 세상을 넣어 가지고 다닐 수 있게 되었다. 그들은 심지어 우리가 그 세상에 접근할 때의 마찰도 제거했다. 버튼을 누르는 것이 아니라 손가락으로 화면을 미는 것으로 바꾼 것이다. 애플은 카드 크기 정도의 작은 하드웨어로 우리의 생활을 정복하고 모든 장애물을 제거하고 우리가 매일 하는 수많은 일들을 쉽게 할 수 있도록 만들어 주었다. 스포티파이를 생각해 보라. 우리 모두는 음악을 CD에 담아 다녀야 했던 시절의 번거로움 없이 지금까지

만들어진 수많은 음악을 주머니에 넣고 다닌다. 스마트폰이 있기에 가능해진 일이다.

페이스북과 인스타그램은 어떤가? 그들은 마찰이 없는 사회적 소통을 실현했다. 생일 파티를 열고, 자녀들의 사진을 게시하고, 할머니께 문안 인사를 하기 위해 직접 방문하지 않아도 된다. 모든 사람이 페이스북과 인스타그램 덕분에 이미 서로의 안부를 알고 있다. 이는 인간관계에서 많은 시간을 절약해 주는 셈이다.

그렇다면 구글은 어떤가? (확실히 따지자면 모회사인 '알파벳'이라고 해야겠다.) 구글은 우리의 존재를 디지털화하고 정보의 전달을 마찰이 없는 과정으로 만드는 데 일조했다. 더프의 직업인 언론인을 생각해 보자. 그가 무언가에 대해 자세히 알아보고 싶을 때 그는 도서관에 가서 듀이 십진 분류법에 따라 책을 찾아야 했다. 그렇게 해도 그가 원하는 정보를 찾지 못할 가능성이 높았다. 하지만 요즘에는 세계적으로 이동 가능한 많은 정보가 우리가 원할 때면 항상 우리 앞에 있다.

물론 이 각각의 기업들도 책임져야 할 부분이 있다. 아마존은 많은 신생 업체들이 생겨나게 한 만큼 기존 사업체들을 도산하게 만들었고, 또 노사 관계 점수도 그리 높지 못하다. 애플은 우리를 고개를 숙인 채 손에 쥔 스마트폰을 들여다보며 걸어 다니는 스몸비족으로 만들었다. 페이스북은 우리 등 뒤에서 우리의 개인 정보를 팔았다. 구글은 세계의 모든 정보를 볼모로 잡고 있다. 만약 당신이 사람들을 이해시켜야 할 부분이 있다면 반드시 구글을 통해서 해야 한다. 가짜 뉴스와 증오 발언을 퍼뜨리는 사람들조차도 모두 구글과 유튜브를 사용해 험악한 정보를 퍼뜨린다.

무엇으로도 이 네 빅테크들이 인간의 행동 패턴을 영원히 바꿔 놓았다는 사실을 바꾸지는 못한다. 빅테크들이 마찰을 줄이겠다는 분명한 사명을 가지고 사업을 시작했다고는 생각하지 않지만, 그들은 우리에게 시간을 되돌려 주면서 우리의 행동을 영원히 변화시켰다. 태어나면서부터 디지털에 익숙한 세대들은 손가락으로 밀어서 넘길 수 없는 화면은 뭔가 잘못된 것으로 생각한다. 15년 전만 해도 그런 터치스크린은 존재하지 않았다. 2001년 아이팟이 출시되었고 2007년에 아이폰이 출시되었다. 그것도 이젠 옛날이 되어 버렸다.

이 길로 들어선 이상 우리가 돌아갈 수 있는 길은 없다. 오늘날 인류는 사실상 일상의 많은 부분에서 마찰을 완전히 제거하지는 못하더라도 마찰이 줄어들기를 요구하고 있다. 그래서 가장 진보적인 기업가들은 마찰을 줄임으로써 사람들의 시간을 되찾아 주겠다는 야망을 재확인하게 된 것이다.

나 자신의 이야기를 예로 들어 보겠다. 나에게는 두 명의 아이가 있다. 나는 연례행사인 아이들의 생일 파티를 준비하고 진행하는 과정에서 제프 베이조스Jeff Bezos 덕분에 절약한 시간을 다시 반납해야 한다면, 나의 하루가 어떠할지 상상조차 할 수 없다. 생각만 해도 끔찍하다.

당신은 별다른 어려움 없이 거의 모든 곳에서 '마찰 요소'를 찾아낼 수 있을 것이다. 그것은 소비자가 제품을 구매할 때의 용이성, 비용 및 가격, 배송 시간과 관련이 있다. 우리는 이제 아마존 덕분에 무엇이든 배송이 가능하다고 생각한다. 내가 디인사이드를 시작했을 때도 아마존이 정해 놓은 기본 원칙을 따라야만 했다. 아마존은 문자 그대로 인류의 소비 원칙을 바꿔 놓았다. 이제 소매업에서 성공의 기회를 발견하기 위해서는 아마존이 할 수 없는 일들 중 당신이 더 마찰 없이 열성적이고 계획적으로 그리고 브랜드 가치를 키울 수 있는 방식으로 잘할 수 있는 일이 무엇인지 알아내야 한다. 그것이 니라지가 웨이페어에서 한 일이다. 그는 가구라는 커다란 범주 내에서 마찰을 제거하는 방법을 알아냈고, 그것은 실제로 먹혔다.

오해는 하지 마시라. 작은 기업들이 기존의 독점 기업들에게 도전장을 던지는 오늘날과 같은 시대는 일찍이 없었다. 하지만 그 주장에는 다음과 같은 이면이 존재한다. 과거의 유력 기업들이 아래로부터의 공격에 자신들이 취약하다는 사실을 갑자기 깨닫게 된 것처럼, 이제는 성장하는 어떤 기업의 앞길에도 항상 새로운 유력 기업이 나타나 막아설 것이라는 사실이다. 그리고 그들은 과거의 유력 기업들보다 훨씬 강력할 것이다.

오늘날에는 광고를 하려면 새로운 빅테크들과 무엇을 할지 판단하는 것이 가장 중요하다. 아마존, 페이스북, 인스타그램, 구글 애즈에서 거의 모든 온라인 마케팅이 이루어지고 있다. 과거 소비자 대상 브랜드들은 잡지 〈피플〉에 광고비를 들이곤 했다. 하지만 그것은 이제 옛말이다. 2018년 구글의 온라인 광고 지분은 41퍼센트였고, 페이스북은 21퍼센트, 아마존은 4퍼센트였다.

하고자 하는 일이 커피숍 오픈이든 새로운 암 치료제 개발이든 대기업들을 대상으로 한 지속 가능성 컨설팅이든, 그것이 무엇인지는 중요하지 않다. 모두 스스로에게 이 질문을 던져 보아야 한다. "이 기업들에 대한 나의 전략은 무엇인가? 그들은 친구인가, 적인가, 아니면 친구도 적도 아닌가?"

특히 아마존에 대해서는 조금 더 이야기해 보자. 소매업에서 아마존은 항상 신경 써야 하는 상대이고, 아마존과 경쟁하거나 협력하는 것을 고려해 우리가 내리는 모든 결정이 우리의 성장과 생존에 아주 중대한 영향을 미칠 것이기 때문이다.

온라인 소매업이 양분화됨에 따라 미래 시장은 최근 몇 년 동안보다 더 뚜렷한 양상을 보이고 있다. 아마존은 생활필수품 라인을 보유하고 있으므로, 만약 당신이 온라인에서 무언가를 판매하고자 한다면 그것이 생필품이 아니기를 바란다. 당신이 무엇을 만들건 그것은 중요하지 않다. 의류, 가구, 가정용품, 전자제품, 구두, 캠핑 장비 등 무엇이든 상관없다. 사람들이 구글에서 상품을 찾아보고 가격 비교를 한다면 아마존이 거의 항상 가장 낮은 가격을 제공할 것이기 때문이다. 그리고 당신이 딱히 제공할 부가가치가 없다면 아마존이 결국에는 당신을 삼켜 버릴 것이다. 아마존은 공룡 기업이다. 그들과 직접적으로 경쟁하려고 하는 기업은 바보다. 그들은 다음과 같은 사실로 경쟁자들의 숨통을 조여 온다. 부자들뿐만 아니라 대부분의 가입자가 프라임 회원이라는 사실 말이다. 연 소득 10만 달러 이하인 사람들의 68퍼센트가 프라임 회원이다(2019년 4월 말 아마존이 프라임 고객들을 대상으로 무료 익일 배송 서비스를 시작한다는 계획을 발표함에 따라 이 수치는 더 상승할 것으로 보인다).

당신이 무엇을 판매하든, 당신의 사업체는 아마존에 대항할 방도를 마련하는 데 가장 많은 시간을 소비해야 한다. 아마존의 위협에도 불구하고 인터넷 상에는 새로 등장한 마이크로브랜드들이 넘쳐나고 있으며, 디인사이드는 그 무리 속에서 벗어나고자 분투하고 있다.

하지만 우리도 가만히 지켜보고만 있을 수는 없다. 이 시애틀의 공룡 기업은 조만간 드론으로 무엇이든 생산자 직배송으로 문 앞까지 배송해 줄 것이다. 2017년 아마존은 미국 전자상거래 전체 성장률의 70퍼센트를 차지했고, 전체 소매업 성장률의 거의 35퍼센트를 차지했다. 거기다 다른 기업들보다 더 저비용으로 그 모든 일을 이루어 냈다. 아마존 때문에 이제는 모든 기업이 속도에 대한 요구에 끈질기게 집중하게 되었다.

과거에는 배달 속도에 신경 쓰는 사람들은 피자 회사와 그 고객들뿐이었다. 하지만 지금은 고객이 원하는 곳으로 원하는 시간에 상품을 가져다주지 못하면 아마도 그 기업은 더 이상 상품을 판매하지 못할 것이다.

그래도 희망은 있다. 프라임 회원의 5퍼센트만이 아마존에서만 온라인 쇼핑을 하는 것으로 나타났다. (5퍼센트의 회원들이 오직 아마존만을 이용한다는 것이 놀랍긴 하지만, 어쨌든 그것은 또 다른 차원의 이야기이다.)

이 분야에 진출하는 신출내기 사업가들이 듣는 가장 중요한 충고는 너무나 단순하고 분명해서 나를 포함해서 많은 창업자들이 흘려듣는 실수를 범하고 만다.

"절대로 아마존을 과소평가하지 마라."

당신은 매출을 올려 돈을 벌 필요가 없는 기업을 상대로 싸울 수 있겠는가? 경쟁자가 돈을 벌 필요가 없는 세계에서 어떻게 혁신하겠는가? 드웰스튜디오에서는 그런 도전을 마주하지 않아도 되었다. 웨이페어에서도 마찬가지로 딱히 그럴 일은 없었다. 왜냐하면 나는 승자 쪽에 서 있었기 때문이다. 그리고 이제는 그 두 기업이 할 수 없는 일을 하는 스타트업을 경영하고 있지만, 결국은 우리 모두 가구를 판매하고 있다는 점은 동일하다.

동시에 나는 다른 소비자들만큼이나 아마존을 좋아한다. 오프라인 상점에 다시 가지 못한다 해도 나는 상관없다. 제프 베이조스가 우리의 시간 경험을 훌륭하게 바꿔 놓았다는 사실을 부정할 수는 없다. 그는 우리가 크리스마스 쇼핑을 위해 식료품점이나 장난감 가게에서 보내던 시간을 되돌려 주었다. 그래서 우리가 아마존을 그토록 사랑하는 것이다. 아니라면 적어도 그래서 그렇게 자주 이용하는 것이다.

가장 중요한 것을 말했으니, 이젠 본격적으로 아마존과 페이스북, 구글과 함께 경쟁하며 일하기 위해서 우리가 어떻게 해야 할지 생각해 보자. 이 부분을 생각해 보지 않는다면 실패할 수밖에 없다. 오늘날 D2Cdirect-to-consumer(소비자 직접 판매 방식) 소매업자는 고객 유치를 위해 페이스북과 구글을 반드시 이용해야 한다는 부담감을 느끼고 있다. 우리는 고객에게 다가가기 위해 그 두 채널에 모두 광고를 한다. 그들은 온라인 광고를 지배한다. 그리고 광고도 더 이상 그냥 즉흥적으로 할 수 없다. 전문가가 필요하다. 디인사이드에서도 온라인 광고의 모든 복잡한 사항을 처리하기 위해 '검색 엔진 최적화SEO' 전문가를 채용했다. SEO 전문가는 우리 사업에 아주 커다란 변화를 일으켰다. 그래서 우리는 풀타임으로 근무할 SEO 전문가를 찾아 나섰다.

새 직무가 생겨나기 전부터 일하고 있던 사람들은 여전히 그 직무의 필요성을 받아들이기가 어려울 때도 있다. 10년 전 우리는 소셜미디어 코디네이터라는 직업에 대해 듣기 시작했고, 대다수의 사람들은 그건 실제로 존재하는 직업이 아니라고 생각했다. 하지만 지금은 확실히 존재하는 직업이다. 2019년 9월 우리가 로레알에서 소셜미디어 코디네이터를 한 명 스카우트했으니까.

소셜미디어 코디네이터와 SEO 전문가가 10년 전에 존재하지 않는 직업이었다는 사실이 우리가 이 책을 집필하고 있는 이유 중 하나다. 우리 업계에서는 둘 다 몇 년 전까지만 해도 생각조차 할 수 없었던 하이브리드 직업이다. 디자이너들도 이제 기술과 관련된 일이나 데이터 분석 업무를 병행해야 하는 것이다. 다시 말해서 좌뇌와 우뇌를 오가며 일해야 한다. 이 문장을 반복해서 읽어라. 이는 앞으로 모든 사장이 필요로 하게 될 직무의 조합이다. 즉, 창조적이면서도 공동의 문제 해결 능력을 갖추고 있으며 우뇌와 좌뇌를 마찰 없이 오가면서 일할 수 있는 인재를 찾게 될 것이다. 당신의 자녀들이 그런 성향을 가졌다면, 앞으로 꼭 필요한 능력이 될 것이므로 그 성향을 개발하도록 도와야 한다.

설사 페이스북이나 인스타그램, 핀터레스트에 광고하기를 원하지 않는다 해도 적어도 구글에서만큼은 당신의 광고를 볼 수 있어야 한다. 이런 온라인 마케팅 활동을 하지 않고 자연스럽게 성장하는 쪽을 선택할 수도 있겠지만, 그렇게 한다면 성장은 매우 더딜 수밖에 없다. 벤처 규모에 도달하기를 원한다면 페이스북, 인스타그램, 핀터레스트 등 모든 곳에서 광고 활동을 해야 한다.

그럼 우리는 아마존에서 판매하는가? 하고 있지 않다. 지금으로서는 아마존의 기술이 우리가 고객들에게 약속한 맞춤 서비스를 제공할 수 있을 만큼 섬세하지 못하다. 뿐만 아니라 우리는 소비자에게 직접 판매하는 방식이고, 아마존에 판매 수익을 떼어 줄 만큼 충분한 이윤을 남기지 않기 때문이다. 아마존과의 거래는 당신이 소매와 도매 양쪽 채널에 모두 판매할 때 효과가 있다. 디인사이드에서는 절감된 비용을 모두 고객들에게 되돌려 준다.

우리는 지금 아마존에 광고하고 있지 않지만 결국 하게 될지도 모른다. 가장 최근에 들은 바로는 약 55퍼센트의 사람들이 아마존에서 상품 검색을 한다고 한다. 그리고 그 고객들은 당신이 말하는 '높은 구매 동기'를 가진 고객들이다. 지금으로서는 페이스북과 구글에 광고비를 투자하고 아마존에 대해서는 좀 더 지켜보는 접근법을 취하는 것이 우리에게는 더 적합해 보인다. 셋 중 둘과는 거래하고 있으니, 이 정도면 양호한 셈이다.

장기적인 관점에서는 아마존 프라임의 생태계에 동참할 방법을 찾을 필요가 있다는 것도 알고 있다. 아마존은 내가 봐 온 사업 모델들 중 가장 우아한 사업 모델을 가지고 있다. 그들은 고객을 유치하는 데 비용이 한 푼도 들지 않는다! 하지만 그들과 일부 수익을 나눌 수 있을 만큼 규모의 효율이 생길 때까지는 아마존과 거래할 수 없을 것이다. 그러는 동안 우리는 앞으로도 아마존을 사무용품 창고로 이용할 것이고, 무슨 일이 일어나는지 우리가 깨닫기도 전에 아마존이 우리를 집어삼키지 말아 주기를 바랄 뿐이다.

4장

~~~~~~~~~~~~~~~

마찰 제로의 경험

~~~~~~~~~~~~~~~

디인사이드에서 일하면서 배운 것 중 하나는 사업가가 열정적으로 신경 쓰는 부분이 정작 고객들에게는 아무런 의미가 없을 수도 있다는 것이다. 사업에 헌신하기 위해 당신에게 동기부여가 필요하듯, 당신의 고객들을 움직이는 동기가 무엇인지 파악하는 것이 무엇보다 중요하다.

더 구체적으로 이야기해 보자. 나는 전체 공급망에 모든 관심이 쏠려 있다. 나는 내 고객 또한 그럴 것이라고 생각했다. 하지만 그들은 전혀 관심이 없었다. 그들은 그저 아무런 불편(마찰) 없이 좋은 상품을 저렴하게 구입해서 빨리 배송받기를 원할 뿐이다. 내게는 공급망의 투명성과 지속 가능성이 중요하지만 그것에 신경을 쓰는 고객은 거의 없다. (우리 고객들이 지속 가능성에 관심이 없다는 말이 아니다. 물론 관심을 갖는다. 하지만 디인사이드에 대해 이야기할 때 고객들은 우리가 제품이 판매되고 난 뒤 생산에 들어감으로써 폐기물을 줄이고 있다는 사실보다 제품의 가격 대비 품질과 배송 속도에 보통 더 관심이 많다.)

요즘 고객들의 관심사는 무엇일까? 방금 언급했듯이 과거에도 현재에도 고객들의 관심사는 늘 같다. '가격', '품질', '속도'다. 그럼에도 그 외의 새로운 고려 사항들이 많이 있기는 하다. 요즘은 대다수의 고객들이 개인 맞춤을 원한다. 그들은 회원 가입 옵션을 바란다. 집단의 일원임을 느끼고 싶어 한다. 또한 당신에게 직접 말하기를 원한다. 그들은 보통 문자 메시지나 이메일을 통해 회사와 직접적으로 소통할 수 있기를 바란다(전화 통화는 이제 멸종 위기종이나 다름없다). 이 모든 것은 소비자 직접 서비스Direct-to-Consumer 라는 하나의 주제로 귀결된다.

오프라인 매장의 시대도 이제는 한물갔다. 2017년 로드 앤드 테일러Lord & Taylor 가 뉴욕시에 위치한 이탈리아 르네상스 양식의 본점 건물을 위워크에 매각한 사실이 그에 대한 충분한 근거가 될 것이다. 5번가에서 가장 아름다운 건물 중 하나인 그곳은 백화점으로서의 가치보다도 임대 사무실 건물로서의 가치가 더 높았다.

오늘날의 고객들이 특정 브랜드에 더 이상 동질감을 느끼지 않는다는 말은 아니다. 그들도 당연히 브랜드에 애착을 보인다. 최근 대중적으로 많이 쓰이는 유행어 중에는 특정 기업의 고객들이 활동하는 커뮤니티를 중심으로 만들어진 말들도 있다(새로운 현상은 아니지만 그와 관련된 용어가 유행한 것은 최근의 일이다).

여기에는 기묘한 모순이 존재한다. 우리는 나쁜 기업 주체들에게 그 어느 때보다도 더 높은 윤리적 기준을 준수할 것을 요구하고 있다. 그럼에도 우리는 기업이 단순히 준법 조직체가 아니라 실제 인간을 닮은 조직체라는 생각으로 우리를 유혹하게 내버려 두는 것이다. 당신은 '그들'에게 문자 메시지를 보낼 수 있다. 여기서 '그들'은 과연 누구인가? 당신이 사랑하는 대상은 도대체 누구란 말인가?

돌발 퀴즈 : 다음의 말을 한 사람은 누구일까?

"사람들이 기업을 이해하고 사랑하게 만들 필요가 있다. 단순히 의식적으로 기업에 의지하게 하고 꼭 필요한 것으로 여기게 하고 당연하게 받아들이게 하는 수준이 아니라 기업을 사랑하게 해야 한다. 진정으로 좋아하는 마음을 갖게 해야 한다."

ⓐ 어느 온라인 마케터

ⓑ 여행 가방 업체인 어웨이Away의 홍보팀 직원

ⓒ 파이어 페스티벌Fyre Festival의 PR 부서 직원

ⓓ 100년도 훨씬 전 '새로운 자본주의'가 태동할 때 AT&T의 직원

정답 : ⓓ

"많은 것들이 변할수록 많은 것들은 그대로 남아 있다.Plus ça change, plus c'est la meme chose."

〈뉴욕 타임스〉의 최근 기사는 "모든 종류의 기업은 소비자와의 관계를 형성하고 그들에게 더 많은 상품을 판매하기 위해 '감정'과 '공유 가치'를 이용하는 전략을 시도하고 있다"고 보도했다.

위워크의 애덤 노이만Adam Neumann은 그의 사무 공간 임대 사업이 자살률을 낮출 것이라고 생각했다. '아무도 외롭다고 느끼지 않을 테니까.' 위워크의 IPO 투자 설명서에서도 '커뮤니티'라는 단어가 150번 넘게 언급되었다.

미국의 멕시코 음식 전문 레스토랑 회사 치폴레Chipotle의 최고 마케팅 책임자CMO 크리스토퍼 브랜트Christopher Brandt는 얼마 전 수익 결산 중 다음과 같이 말했다. "우리의 궁극적 마케팅 미션은 치폴레를 단순한 식품 브랜드가 아닌 목적 지향적인 라이프스타일 브랜드로 자리매김하는 것이다." 맞는 말이다. 치폴레는 목적 지향적인 라이프스타일 브랜드가 되었다.

마찬가지로 밀키트 기업인 블루 에이프런Blue Apron의 CEO 브래드 디커슨Brad Dickerson은 "소비자와의 더 깊은 관계"를 모색하고 있으며, 그들 기업을 "단순한 전자상거래 기업이 아닌 우리의 정체성을 강화해 주는 강력한 소비자 라이프스타일 브랜드로서 고객들의 삶에서 더욱 의미 있는 역할을 하는 기업"으로 묘사한다.

마지막으로 룰루레몬Lululemon Athletica은 "운동과 성장, 연결을 통해 땀 흘리는(땀 흘려 운동하는) 삶을 사는 사람들의 커뮤니티를 만드는 실험주의 브랜드가 되겠다는 비전"을 가지고 있다. 당신도 땀 흘리는 삶을 살아 보는 것은 어떤가?

역시 내가 너무 앞서가고 있는 것 같다. 왜냐하면 커뮤니티를 만들려면 먼저 고객이 있어야 하기 때문이다. 지상 최대의 과제는 그렇게 유치한 고객을 유지할 방법을 생각해 내는 것이다. 소매업에서 가장 중요한 동전의 양면, 즉 고객 유치와 고객 유지에 대한 이야기다.

드웰스튜디오에서 나는 고객들에게 거의 보이지 않는 존재였다. 그리고 사실 웨이페어에서 알게 된 가장 놀라운 사실 중 하나는 내가 고객들에 대해 얼마나 몰랐는가 하는 점이다. 고객들에 대해 전부를 알지는 못한다고 생각하고는 있었지만, 도매업을 주로 하게 되면서 소매업 고객들을 잃게 되었고, 그럼에도 나는 매일 출근해 그들을 위해 디자인을 할 만큼 고객들에 대해 충분히 알고 있다고 자만했다. 하지만 그때 웨이페어와 모든 데이터가 내 앞에 나타났다.

당시 웨이페어의 알고리즘 및 분석을 담당하고 있던 총괄 책임자는 데이터가 3D, 즉 3차원으로 어떻게 나타날 수 있는지 내게 처음으로 보여 주었다. 그 팀은 모두 MIT 출신의 데이터 과학자였으므로 선회하는 데이터 큐브가 그들에게는 완벽히 이해되었을 것이다. 그렇다면 나는 어땠을까? 나는 그때 엑셀 스프레드시트도 겨우 이해할 수 있는 수준이었다. 그래도 나는 빨리 배우는 편이어서 오래지 않아 그 데이터에서 웨이페어의 다른 사람들은 관심을 두지 않는 것들까지 볼 수 있게 되었다.

웨이페어는 시장이다(당신은 거기서 무언가를 보고 상품을 구입한다). 그리고 그들은 상품이 온라인에서 어떻게 판매되는지 잘 알고 있는 고수들이다. 그럼에도 디자인 요소들까지 감안하기 시작하면 상품이 잘 팔리는 이유를 파악하기가 점점 더 어려워진다. 디자인이 좋아서 팔린 것일까? 아니면 상품 연출 사진 때문이었을까? 아니면 가격? 그리고 밀레니얼 세대 구매자들이 시장 전면으로 나서기 시작했다. 나는 홈 인테리어 분야에서 다음 세대의 소비 습관을 알고 싶을 때 구할 수 있는 최고의 데이터에 접근했다는 사실을 문득 깨달았다. 그 데이터 큐브는 내게 미래를 보여 주는 창이었던 것이다.

미래의 모습은 아마도 이럴 것이다. 기술이 발전하고 전자상거래 서비스가 더욱 섬세해짐에 따라 증강현실과 가상현실 모두 고객 경험의 큰 부분을 차지하게 될 것이다. 기업들은 고객들에게 많은 영감을 불어넣어 주고 아주 색다르면서도 더 안정적인 방식으로 콘텐츠와 거래를 제공할 것이다. 고객들은 웹사이트에서 개인 맞춤형 디자인과 주문을 할 수 있다. 기업들은 고객들에게 영감을 주기 위해서 끊임없이 노력한다.

고객들은 마찰이 적은 구매 경험만을 원하는 것이 아니라, 자신이 무엇을 원하는지 일일이 설명하지 않아도 당신이 그것을 알아주기를 원한다. 이제부터 우리가 만나 볼 기업들은 그 숙제를 풀기 위해 모든 고객 경험을 간소화하며 마찰 제로에 도전하고 있다.

먼저 약국 방문의 번거로움을 덜어 주겠다는 사명으로 캡슐을 창업한 에릭 키나리왈라_{Eric Kinariwala}를 만나 보자. 데이비드 그린버그_{David Greenberg} 역시 이사의 번거로움을 덜어 주기 위해 노력하고 있다. 이제부터 우리는 중개인의 역할을 제거하고 고객이 원하는 것이 여성 면도기(빌리)가 되었든, 애슬레저 웨어(일상에서 입는 가벼운 운동복-옮긴이)(부오리)나 고객 맞춤 샴푸(프로즈), 혹은 남성 스킨케어(지올로지)가 되었든, 고객들이 원할 때 원하는 상품을 제공하는 몇몇 기업가들의 발자취를 따라가 보려 한다. 그다음으로는 아마존의 그늘 아래서 이룬 가장 훌륭한 성공 사례 중 하나로 로버트 왕의 인스턴트 포트를 만나고, 마지막으로 온라인 상거래가 일반화되기 전에는 가능할 수 없었던 일을 하고 있는 두 기업 폴리시지니어스_{Policygenius}와 블루코어_{Bluecore}를 살펴볼 것이다.

의료 산업의 비효율을 공격하는 '캡슐'
약국에서 대기하기는 이제 그만!

누가 의사-처방전-환자-약국으로 이어지는 공급 사슬 속에서 마찰의 고통을 피해 갈 수 있을까? 아무도 그럴 수 없을 것이다. 에릭 키나리왈라가 그 속에서 마찰의 고통을 제거해 주기 위해 나섰다.

2015년 1월 에릭 키나리왈라는 맨해튼의 로어 이스트 사이드에 위치한 자신의 아파트에서 머리가 깨질 듯한 두통을 느끼며 잠에서 깨어났다. 그는 의사에게 전화해 머리가 터질 것만 같다고 말했다. 몇 가지 물어본 후 의사는 축농증일 가능성이 가장 높다고 진단하고는 가장 가까운 두에인 리드 약국에 항생제 지팩Z-Pak 5일치의 처방전을 전달하겠다고 키나리왈라에게 말했다. 그렇게 문제는 해결되었다.

하지만 이게 전부가 아니었다. "내가 약국에 갔을 때, 말 그대로 약국과 관련된 모든 일이 틀어져 버렸다"고 그는 말한다. 에스컬레이터가 고장 나 어둡고 습한 지하에 있는 약국 매장까지 걸어 내려가야 했는데,

그곳에서는 휴대폰 수신도 안 되었다. 키나리왈라는 거의 한 시간 가까이 줄을 서서 기다려야만 했다. 그리고 기다림 끝에 들은 말은 지팩이 없다는 것이었다. 더구나 그때는 1월이었다. 맥이 빠지긴 했지만 기운을 내 의사에게 다시 전화해서 다른 약국에 처방전을 전달해 달라고 요청해야겠다고 생각했다. 그러나 그의 휴대폰은 두에인 리드 약국 지하에서 신호가 잡히지 않아 먹통이 되어 있었다. 문제는 아직도 해결되지 않은 것이다.

키나리왈라는 결국 처방전을 받아 냈다. 하지만 그 경험은 아주 신경 거슬리는 일로 기억에 남아 있다. 일찍이 그는 기관 투자, 소매업 분석, 보건, 기술 분야 등에서 일했다. 당시에는 깨닫지 못했지만 그 모든 특별한 경력이 이 사업을 하는 데 큰 도움이 되었다.

"저는 다음 날 아침 일어나 생각했어요. '어쩌다가 내가 필요한 약은 구하지도 못하고 한 시간 반이나 허비했을까?' 미국의 거리 구석구석에 약국이 있는데도 어떻게 그럴 수 있죠?"

그의 분석가 기질이 발동하기 시작했다. 정보를 검색해 보고 그는 놀라지 않을 수 없었다. 미국에는 7만 개의 약국이 있었고, 연간 매출 3,500억 달러로 국내 소매업종 가운데 두 번째로 큰 비중을 차지하고 있었다. "저도 이렇게 조사해 보긴 처음이었어요."라고 그는 말한다. "하지만 약국은 사람들이 의료 산업과 관련해 소통할 때 가장 자주 드나드는 곳이죠. 병원에 가고 의사에게 진료를 받고 보험회사를 상대하는 것보다도 자주 약국에 가잖아요. 한마디로 말해 약국은 의료 보건의 심장

부입니다.”

우리는 모두 시스템이 어떻게 작동하는지 알고 있다. 제약회사가 약을 만들고 의사가 처방전을 써 주면 약사가 약을 조제한다. 보험회사가 약값의 일부를 지불하고 당신이 나머지 비용을 지불한 후 약을 받아 온다. 위의 모든 관계자가 모여 '약국'이 작동하도록 만드는 것이다. 그러나 키나리왈라 자신의 경험은 그 시스템이 우리가 원하는 만큼 항상 순조롭게 작동하지는 않는다는 것을 보여 준다. “뿐만 아니라 더 나은 의료 결과를 내기 위해 그들이 데이터를 공유하며 함께 일사분란하게 일할 수 있도록 만들 더 좋은 방법을 누구도 고민한 적이 없었어요.” 그래서 그는 스스로 문제를 해결하기 위해 캡슐Capsule을 창업하기로 했다.

캡슐은 뉴욕 시민들의 집 앞까지 바로 처방된 약을 배달해 주는 온라인 약국이다. 의사는 동네 약국으로 처방전을 보내듯이 손쉽게 캡슐로 처방전을 전송할 수 있다. 캡슐은 실제 약사들을 채용해 고객들이 처방전에 대해 상담할 수 있도록 했다. 그들은 사 갔던 약을 다시 조제하는 것도 자동으로 처리해 준다. 그리고 인터넷을 샅샅이 뒤져 제약회사에서 제공하는 할인 쿠폰과 다른 혜택들을 찾아 가장 저렴한 가격을 알려준다. 다시 말해서 동네 약국에 줄을 서서 기다린 끝에 지불하는 가격보다 더 싸거나 동일한 가격에 약을 살 수 있는 것이다.

게다가 오랜 기다림 끝에 오프라인 약국에서 당신에게 필요한 약이 품절되었다는 답변을 들을 필요가 없다. 키나리왈라의 말에 따르면, 약국 방문의 40퍼센트가 시간 낭비인 것으로 나타났다. 해당 약이 없기 때문이다. 골목마다 약국이 있는 상황이라면 모든 약국에 모든 약이 구비되어 있을 수 없다는 것도 부분적인 이유다. 따라서 약국 체인의 사업 모델은 사실상 많은 약이 많은 약국에서 품절일 수밖에 없는 상황을 야기한다. 그러나 또 다른 이유는 약국 체인이 오늘날 많은 기술 지향적 소비재 기업들이 하고 있는 일을 전혀 하지 않으려 하기 때문이기도 하다. 즉, 고객들이 다음 달에 반드시 다시 필요로 할 약을 예측 재고관리로 비축해 두지 않는 것이다. "얼마나 많은 당뇨병 환자들이 매달 똑같은 날 인슐린이 떨어져(매일 동일한 양의 인슐린을 맞고 있기 때문에) 약국에 다시 사러 가는지 알게 되면 놀라실 거예요. 하지만 약국에는 항상 재고가 없어요"라고 키나리왈라는 말한다. "정말 기가 막힐 노릇이죠."

더욱이 예측 재고관리를 함으로써 캡슐은 경쟁사들보다 더 용이한 운영이 가능해졌다. 다음의 상황을 생각해 보라. CVS(미국의 약국 체인-옮긴이)는 2018년 에트나Aetna를 약 700억 달러에 인수했다. 하지만 합병 기업의 매출은 2018년 4사분기에 전년 대비 32억 9,000만 달러의 수익이 감소해 4억 2,100만 달러의 적자로 돌아서고 말았다. 그 기업에서 무슨 일이 있었건 어떤 결과에는 변동성과 예측 불가능성이 존재하기 마련이다. 키나리왈라가 제거하고자 하는 것이 바로 이것이다.

체인 약국들은 새로이 급부상한 이 경쟁자에게 관심이 있을까? 2019년 초 캡슐이 등장하고 2주가 지나자 CVS는 향후 배달 서비스를 제공할 것이며 인터넷에서 쿠폰과 혜택을 찾아서 제공할 것을 약속한다고 선언했다. 문제가 해결되어 가고 있는 것이다.

키나리왈라에게는 약을 사기 위해 줄 서서 기다릴 필요가 없게 만드는 것보다 더 큰 계획이 있다. 약국이 의료 산업과 소통할 수 있는 일차적인 기관이라면 약국을 업계의 다양한 이해 관계자들 사이의 '연결 조직'으로 봐도 될 것이다. 그는 이렇게 덧붙인다. "정확한 데이터를 가지고 있다면 약국은 의료 정보에 관한 모든 진실을 보유하고 있는 유일한 정보원이 되는 것입니다."

어떤 한 회사가 이렇게 할 수 있을까? 1조 달러 규모의 업계에서 모든 이해 당사자들에게 약국을 중앙 정보원으로 이용해 달라고 설득할 수 있겠는가? 물론 어려울 것이다. 하지만 키나리왈라는 그럴 필요가 없었다고 말한다. 캡슐을 구글이나 드롭박스 등의 업체들과 통합 운영하는 슬랙Slack 과 같은 방식으로 운영하기만 하면 된다. 슬랙은 수많은 직장인들의 생활 속에 자리 잡기 시작한 플랫폼이다. 키나리왈라는 캡슐을 의료 분야의 슬랙이라고 부르려 하지 않겠지만, 우리는 그럴 것이다.

"감춰져 있던 모든 정보를 끄집어내야 합니다"라고 키나리왈라는 말한다. "제약회사들은 공유하는 정보가 있고 공유하지 않는 정보가 있어요. 병원도 그렇고 의사들도 마찬가지죠. 그 모든 구성원이 각자 가지고 있는 데이터를 통합하기로 한다고 상상해 보세요. 의료 서비스 차원에서 모두를 위해 더 나은 엄청난 일들이 가능해지지 않을까요?"

약국의 경우로 돌아가 보자. 키나리왈라는 캡슐을 '빙산' 사업이라고 부른다. 빙산 사업이란 그 기업의 앱을 사용하는 소비자들이 사용법이 쉬운 것을 기술이 단순한 것으로 혼동하는 것을 말한다. 사실은 그 모든 기능을 구현하기 위해 물밑에서는 다양한 기술들이 작동하고 있는 것이다. "저는 웨이페어가 큰 가구를 판매하는 물류를 관리하기 위해 백엔드에 전용 시스템을 구축해 놓았다는 것이 아주 존경스럽습니다"라고 그는 말한다.

캡슐이나 웨이페어, 디인사이드 등은 기술 기업으로 생각하는 것이 가장 적절하다. 그것이 바로 기술 중심의 건강보험 기업 오스카Oscar를 후원하고 있는 벤처 투자 기업 스라이브 캐피털Thrive Capital이 캡슐을 후원하고 있는 이유다. 두 기업 모두 의료 서비스 부문의 비효율적인 측면을 공격하고 있고, 그 일을 하는 데 기술을 이용하고 있다.

아마존이 캡슐을 위협하게 될까? 키나리왈라 자신도 아직 모른다고 말한다. 하지만 2018년 통신 판매 약국인 필팩PillPack 인수를 지켜보면서 우리는 제프 베이조스가 캡슐이 뉴욕에서 한 것처럼 전체 의료 산업에 대해 경고 사격을 했음을 이미 확실히 알고 있다. 지금으로서는 당일 처방전의 약을 직접 배송해 준다는 점에서 캡슐이 우위를 점하고 있다. 많은 약은 여전히 구매자들이 의무적으로 신분증을 보여 주게 되어 있어, 캡슐의 배송팀 직원들은 아마존이 아직 하지 못하는 방식으로 신분증을 확인하고 서명을 받도록 훈련받고 있다.

이것이 캡슐의 가장 두드러진 강점 중 하나다. 캡슐은 배송팀 외에도 약사들을 고용해 고객들이 실시간으로 문자 메시지로 처방전에 대해 질문하거나 그 밖의 상담을 할 수 있게 하고 있다. 이것이 바로 키나리왈라가 말하는 전자상거래의 제3의 물결인 것이다.

첫 번째 물결은 생활필수품 판매였고 승자는 아마존이었다. 아마존은 일상적인 상품들의 배송을 완벽하게 개선했다. 게다가 소비자는 상품을 받기까지 누구와도 소통할 필요가 없다.

두 번째 물결은 매트리스 쇼핑몰 캐스퍼Casper와 안경 쇼핑몰 와비 파커Warby Parker 같은 기업들이 해당된다. 비교적 브랜드 인지도가 낮은 상품들을 감성을 사로잡는 브랜드로 탈바꿈시킨 기업들이다. 여기서도 역시 판매가 이루어지는 데 사람의 개입이 그다지 필요치 않다.

세 번째 물결은 온라인 사업 모델에 사람의 서비스나 인간적인 요소를 도입하는 기업들이 해당될 것이다. 다음에 성공할 기업들은 캡슐이 한 것처럼 실시간 상담이 가능한 약사를 당신의 휴대폰을 통해 만날 수 있게 하는 등의 일을 해야 할 것이다.

키나리왈라는 "아마존에서 파는 머그잔이나 마킹 펜, 또는 화이트보드 지우개 같은 사무용품을 팔고 싶지는 않으시겠죠?"라고 운을 떼고는 "당신은 사람이 필요한 분야에서 사업을 하기를 원할 거예요. 그리고 그에 해당하는 가장 큰 세 가지 분야는 의료, 부동산, 금융 서비스입니다"라고 말했다.

캡슐의 선임 약사는 키나리왈라의 오랜 친구인 소니아 파텔Sonia Patel로, 그녀는 키나리왈라와 함께 이 콘셉트를 구축하기 위해 일찍이 사업에 동참했다. 2016년 5월 뉴욕에서 사업을 시작한 지 2~3개월이 되기도 전에 두 사람은 자신들이 뭔가를 제대로 시작했음을 깨달았다. 언젠가는 저녁 8시쯤 한 고객이 다음과 같은 문자 메시지를 보내왔다. "안녕

하세요, 소니아 선생님! 임신했을 때 철분 보충제를 먹어도 되나요?" 몇 마디를 주고받은 뒤 그 고객은 이렇게 덧붙였다. "그런데 제가 임신했다는 사실을 처음으로 말한 사람이 선생님이라는 게 이상하네요. 제 남편도 아직 모르거든요." 사람들이 보통 전자상거래 업체에 기대하는 모습과는 반대로 캡슐은 상거래에서 인간적인 요소를 '제거'하지 않았다. 오히려 그것을 전면에 부각시켰고, 보안을 유지해 주는 방식으로 아주 사적인 상담을 할 수 있는 기회를 고객들에게 제공한 것이다. "그것이 저희에겐 가장 중요한 전략이었죠"라고 그는 말한다. 그리고 아마도 그것이 캡슐이 앞으로 보여 줄 새로운 모습의 첫걸음인지도 모르겠다.

이사 과정의 모든 난관을 대신하는 '업데이터'
클릭 한 번이면 이사 끝!

이사하는 것을 좋아하는 사람은 없다. 이사할 때는 이사 자체뿐만 아니라 그 후에도 서류상의 작업이 남아 있다. 업데이터의 데이비드 그린버그는 당신을 위해 이삿짐을 날라 주지는 않지만 보험 처리, 케이블 TV 연결, 가스 및 전기, 수도 설비 등을 포함해 그 외의 모든 것을 도와준다. 업데이터는 인생을 살아가면서 피할 수 없는 난관인 이사 과정에서 생겨나는 대부분의 마찰을 제거해 준다.

최고의 사업 아이디어는 실제로 사람들이 생활 속에서 느끼는 진짜 어려움을 해결해 주는 아이디어다. 지금까지 항상 그랬다. 권력의 자리에서 군림해 온 기존 주자들을 밀어낼 수만 있다면 매우 빨리 큰 성과를 달성할 수 있을 것이다. 블록버스터Blockbuster를 한번 생각해 보라. 고객들 위에 군림하다가 넷플릭스가 DVD 대여 서비스를 연체료 없이 제공하자 하룻밤 사이에 몰락하고 말았다. 하지만 진짜 문제를 해결하기 위해 기존의 기업을 밀어낼 필요는 없다. 어떤 이들은 혜성같이 나타나 혁신의 기회를 스스로 만들어 내기도 한다. 업데이터Updater의 데이비드 그린버그의 경우가 그에 해당한다.

데이비드 그린버그는 업데이터를 창업하기 전에는 뉴욕의 전형적인 로펌 크라바스, 스웨인 앤드 무어Cravath, Swaine&Moore에서 인수 합병 전문 변호사로 일했다. 그러던 중 대부분의 사람들과 마찬가지로 한 가지 골칫거리에 직면했다. '이사'라는 악몽이었다.

많은 이들이 그러듯이 그는 이사 전에 해야 할 일들의 목록을 만들었다. 가스 및 전기, 수도 설비, 케이블TV 회사, 이삿짐센터, 이삿짐 보관소, 신용카드사, 은행 등 연락을 취해야 할 모든 곳을 적었다. "저는 그것을 제 '업데이트 목록'이라고 불렀지요"라고 그는 말한다. 얼마나 신경 쓰이는 일이고 많은 마찰이 생기는지 친구들에게 불평하던 그린버그는 이런 생각이 퍼뜩 들었다. '누구나 한번쯤 이사를 하고 이사를 번거로워 해. 언젠가 이사 방식을 완전히 효율적으로 바꾸는 기술 기업이 나타날 것이고 그러면 모두가 아주 좋아할 거야.'

그린버그는 그 기술 플랫폼이 어떤 형태가 될지는 정확히 몰랐지만 이사야말로 혁신이 필요한 부분임은 확신하고 있었다. 기술은 지금까지 이사 산업에 특별한 변화를 가져온 적이 없었다. 그는 이렇게 자문해 보았다. "만약 이사할 때 이사하는 곳으로 몸만 들어가도 된다면 어떨까? 기술이 나를 위해 나머지 모든 일, 이를테면 케이블TV를 바꾸고 가스 및 전기, 수도 설비를 연결해 주고 심지어 새로운 동네의 세탁소 등 편의시설까지 추천해 준다면? 사람들이 그런 것을 원치 않을 리가 있을까? 정말 원하지 않는 것일까?"

누군가가 수많은 사업가들이 들어봤음 직한 한 마디를 그에게 던졌을 때, 즉 "그것이 그렇게 좋은 생각이라고 생각한다면 당신이 직접 해보지 그래요?"라고 물었을 때 그는 스스로 놀랍게도 그 제안을 실행에 옮겼다. 때는 금융 위기가 한창이던 2009년이었고, 그는 로펌 변호사라는 안락한 직업을 버리고 업데이터를 창업했다. "모두들 제게 미쳤다고 했죠"라고 그는 말했다. 어쨌든 사업가가 되신 걸 환영해요, 데이비드!

애초의 생각은 고객 가치 효용이었을 뿐이다. 하지만 곧 그린버그는 마케터의 관점에서 보면 자신이 사람들의 삶에서 정말 흥미로운 순간을 겨냥하고 있다는 사실을 깨달았다. "사람들은 이사할 때 온갖 중요한 지출 결정을 내리죠. 그들의 브랜드 충성도는 바로 그 시기에 취약해지기 쉬워요."

이것이 바로 직관적으로는 괜찮아 보이지만 막상 실행해 보면 결국 악몽으로 끝나고 마는 스타트업 아이디어 중 하나다. 케이블 TV 회사가 더 호의적인 태도를 보이도록 만들기 위해 그들을 구슬린다고 생각해 보라. 누가 과연 그런 일을 하겠다고 나서겠는가?

그런 일을 하려는 사람이 있다면 아주 고집스러운 사람일 것이다. 그린버그는 사업가의 고집에 대해 이렇게 말한다. "삶의 다른 측면에서는 고집스러운 성격이 그다지 칭찬받을 만한 장점은 아니죠. 하지만 사업가에게는 아주 훌륭한 자질이 됩니다. '그런 건 시장에서 안 먹힐 거야'라는 말이 들려도 아랑곳하지 않고 뚝심 있게 밀고 나가는 거죠. 당신의 내면에서는 또 다른 목소리가 비이성적으로 울려요. '아니야, 아니야,

그건 성공할 거야'라고 말이죠." 인터뷰를 하면서 나는 그린버그가 망상적 낙천주의자이자 실패를 거부하는 부류의 인물임을 깨달았다.

나는 그에게 절대로 반복하지 않겠다고 생각한 실수가 있었다면 무엇인지 물었다. 그는 "물론 있죠"라면서 자신의 과오를 털어놓았다.

초보 사업가임에도 그는 공동 사업자를 구하지 않았다. "저는 기술 전문가가 아니었는데도 기술 전문가 파트너를 채용하는 대신 온라인 벼룩시장인 크레이그리스트에서 가장 저렴한 엔지니어들을 채용했어요. 그게 가장 어리석은 생각이었던 것 같아요."

그는 또한 지적재산권 보호를 위해 많은 시간을 투자했다. 자신의 아이디어를 보호해야 한다는 변호사로서의 본능이었다. 그러나 이제는 그 아이디어를 모두와 공유하고 가능한 한 피드백을 많이 받았어야 했다는 것을 깨달았다. 그렇게 했더라면 빠른 시간 내에 반복적인 시행착오를 통해 발전을 경험할 수 있었을 테니 말이다. "처음에 저의 직관은 모두 잘못된 것이었죠. 파트너를 찾아서 공유했어야 했지만 혼자 운영했고, 사업 아이디어를 혼자 고민하면서 제가 오롯이 통제하는 환경에서 사업을 혼자 구축하려고 노력했어요. 두말할 필요도 없이 처음 1~2년 동안 저희는 그다지 큰 발전을 이루지 못했죠."

(나는 그가 지적재산권 보호를 위해 노력한 부분에 공감한다. 내가 드웰스튜디오를 시작했을 때 나는 국내에서도 국제적으로도 상표등록을 하지 않았다. 그 이유는? 해야 한다는 것을 몰랐기 때문이다. 내 디자인들에 대해 저작권 등록을 신청할 여유도 없었다. 그래서 대기업 경쟁자가 어느 날 갑자기 기습적으로 내 사업의 아주 큰 부

분을 훔쳐가 버리는 일이 발생하고야 말았다. 뿐만 아니라 영국에서는 누군가가 우리 회사 로고 등 전체를 도용해 그곳에서 브랜드를 론칭한 적도 있다.)

그린버그는 그런 실수를 다시는 하지 않을 것이라고 말한다. 하지만 그는 다음번이란 없을 것이라는 사실도 확실히 알고 있다. 그는 업데이터에서 일하는 것이 행복하다. "저는 성장하는 회사의 CEO로 일하는 것이 좋습니다. 정신이 제대로 박힌 사람이라면 업데이터 초창기 2~3년 사이에 100번은 사업을 접었겠죠. 저희는 50곳 이상의 벤처 투자자들에게 거절당하기도 했습니다."

그것은 더 이상 문제가 되지 않는다. 현재 그린버그는 여러 전통적인 경로를 통해 투자자들을 두고 있다. 첫 번째 후원자는 한 결혼식에서 만났다. 그는 처음 만난 사람이었는데 우연히 업데이터에 관해 이야기를 나누게 되었고, 그 사업을 적극 지원할 의향을 보였다. 그 뒤를 이어 소프트뱅크와 IA 벤처스 같은 거대 투자자들도 동참했다. 그리고 전국 부동산 중개인 협회의 전략적 투자가 뒤따랐다. 업데이터는 호주에서 주식 상장을 했다. 그러자 피델리티 인베스트먼트도 관심을 보여 와 동참했다. 그러나 그는 작년에 다시 개인 기업으로 돌아섰다. 왜 그랬을까? 미국 소재의 벤처 투자 커뮤니티가 마침내 이 아이디어를 수용해 업데이터의 막바지 고속 성장에 많은 관심을 보이기 시작했기 때문이다. 이는 그들이 업데이터의 시장점유율을 고려했기 때문일 것이다. 업데이터는 처음 상장했을 당시만 해도 미국 시장점유율이 단지 2퍼센트에 불과했다. 그러나 이제는 미국 이사의 약 20퍼센트가 업데이터에서 이루어지고 있다.

오늘날 사용자는 클릭 한 번으로 이삿짐센터에 이사를 의뢰할 수 있다. 그들은 클릭 한 번으로 가스 및 전기, 수도 시설을 옮겨 줄 수 있다. 보험회사에서 세탁소에 이르기까지 다양한 종류의 업체들이 업데이터 플랫폼에 동참할 수 있는 방법을 문의해 왔다. 업데이터는 그들이 이사하는 해당 회원들에게 특별 행사나 세일 정보를 이메일로 대량 전송할 수 있도록 API application programming interface(응용 프로그램 인터페이스)를 제공한다. 업데이터의 서비스는 실제 소비자들에게는 무료이고, 부동산 파트너와 플랫폼에 접근하기를 원하는 서비스 공급자들에게 비용을 받고 있다. 부동산 파트너의 시각에서 보면, 업데이터는 지난 수 년간 99퍼센트라는 말도 안 되게 높은 유지율을 자랑하고 있다.

가끔은 고객들을 유치하는 데 돈이 많이 드는 경우도 있지만 어떤 때는 그렇지 않다. 실제로 이사하는 사람들의 경우 부동산 업체에서 업데이터에 비용을 지불하고 서비스를 제공한다. 이사하는 사람들은 그 조건을 아주 좋아한다. 부동산 업체 입장에서는 비용을 절약하면서 새로운 수입원을 창출하는 것이며, 부동산 중개인들도 고객 소개와 유지에 도움을 받기 때문에 아주 좋아한다. 이것이 바로 이른바 B2B2C 비즈니스 모델이다.

이런 과정에는 마찰이 '전혀' 없는 것처럼 보인다. "저희 전략은 지난 8년에 걸쳐 아주 크게 바뀌었습니다. 하지만 비전만큼은 그대로죠. 과거에는 고통스럽게 여겨졌던 일을 즐거운 일로 바꾸고 싶었어요. 휴대폰에서 몇 번만 클릭하면 어떤 마찰도 없이 쉽게 할 수 있는 일로 만드는 거죠." 이사가 어려운 이유는 10여 가지 다른 영역의 일들을 아무런 마찰 없이 진행해야 하기 때문이다. 보험, 케이블 TV, 가스, 전기, 수도, 이삿짐 정리, 트럭 대여 등 신경 써야 할 일들이 한두 가지가 아니다.

그리고 가장 중요한 점이 있다. 시장에서 지배적인 힘을 발휘하는 브랜드가 실제로 소비자들에게도 득이 된다는 사실이다. "만일 이사하는 가정들 대부분을 하나의 플랫폼으로 집중시킬 수 있다면 이사하는 사람들의 구매 활동이나 회원 가입을 업데이터로 통합하도록 다른 업체들을 설득하기가 아주 쉬워지겠죠. 저희는 이제 그 서비스 공급 업체들이 업데이터를 이용하지 않으면 그들에게 손해가 될 수 있는 변곡점에 다가서고 있습니다"라고 그린버그는 말한다.

그린버그는 분명히 대단한 일을 이뤄 낼 가능성이 있어 보인다. 사람들은 더 이상 아무 일도 처리하고 싶어 하지 않는다. 그들은 그저 클릭 한 번으로 모든 일이 다 해결되기를 원할 뿐이다. 업데이터의 부동산 파트너들은 이런 현실을 인식하고 줄지어 동참했다. 반면 서비스 공급 업체들, 특히 케이블 TV 회사들은 그들이 자체적으로 고객을 보유하기를 원하기 때문에 주저했다. 그린버그는 이렇게 말했다. "문제는 사용자들이 시장 전체를 보고 가장 좋은 선택을 할 수 있도록 그들이 돕는다 해도 그들이 기대할 보상이 없다는 겁니다. 그리고 그들은 자신들이 운영하는 하나의 업종에만 집중할 뿐이죠. 여러 영역을 넘나들며 마찰과 편견을 일으키지 않고 일을 처리하는 능력을 가진 공급 업체는 없어요. 그들은 매우 많은 마찰을 일으킵니다."

이제 업데이터는 전국 수천 명의 부동산 중개인 및 건물들과 협력 관계를 맺고 있다. 또한 1,000여 개의 대형 부동산 관리 및 중개 업체들과도 협력하고 있다. 업데이터로 들어오는 모든 데이터는 그들의 백엔드 소프트웨어로 통합된다. 부동산 업체에서 이사하는 주민들의 데이터를 업데이터로 전송해 주면 업데이터는 그 부동산 파트너의 요구에 맞게 설정되어 있는 앱을 통해 개인 맞춤 초대장을 이사하는 주민들에게 보낸다. 그렇다면 얼마나 많은 초대장을 보낼까? 매해 수백만 가구에 보낸다고 한다.

업계의 경쟁이 어느 정도인지 묻자 그린버그는 전혀 경쟁이 없다고 잘라 말했다. 업데이터는 시장의 20퍼센트를 차지하고 있는 반면 다른 업체들은 0.05퍼센트조차 차지하지 못한다고 한다. 많은 훌륭한 스타트업 아이디어들이 그렇듯, 업데이터의 경쟁 상대는 현재의 자신이다. "다른 이사 플랫폼이 생겨나면 저희에게도 좋을 것 같습니다. 그들이 잘하는 게 있으면 저희도 그들에게 배울 수 있고 함께 협력을 도모할 수도 있을 테니까요. 현재로서는 저희가 전국적인 규모의 유일한 이사 플랫폼입니다." 그는 로펌에서 일하던 인수 합병 전문 변호사가 스타트업 사장이 되는 것은 가능해도 인수 합병을 포기하기는 힘들다는 사실을 입증하기라도 하듯 이렇게 대답했다.

여성의 면도에 대한 내러티브를 바꾸는 '빌리'
체모 찬양 프로젝트

수십 년간 여성들은 면도기와 같은 상품을 구매할 때 이른바 '핑크 세금'을 지불해 왔다. 조지나 굴리는 그 상품들은 사실상 남성들에게 판매되는 상품들과 크게 다르지 않음에도 여성들이 핑크 세금을 지불하고 있다는 사실에 문제를 제기하며 이 관행을 바로잡고자 한다. 그녀는 이런 관행과 상품, 가격에서 마찰을 제거했다.

마찰을 주제로 하고 있는 이 책에서 (면도 시 마찰을 최소화하는 것이 중요한) 면도기를 만드는 회사와 이야기를 나누게 된 것은 어쩌면 필연인지도 모르겠다. 해리스Harry's와 달러 셰이브 클럽Dollar Shave Club이 '남성 회원제 면도 서비스'라는 새로운 길을 개척한 것은 불과 얼마 전이었다. 하지만 이 책에서 다룰 주제는 여성용 면도 및 보디 브랜드 빌리Billie와 공동 창업자 조지나 굴리Georgina Gooley와 제이슨 브라브맨Jason Bravman이다.

굴리는 브랜딩과 마케팅 분야 출신이다. 브라브맨은 금융 분야에서 일했다. 두 사람 모두 왜 면도 회사들은 항상 남성 소비자들에게만 집중하는지 문제 제기를 하고 싶어졌다. 게다가 여성용 면도기에는 '핑크 세금'이 부과된다는 사실을 깨달았다. 가끔 특정 여성 용품과 서비스에 뚜렷한 이유 없이 추가로 7퍼센트 정도의 금액이 더해져 있는 것이다.

그들이 서로의 친구를 통해 소개받았을 때 이 아이디어에 불이 붙었다.

"저희는 여성들을 가장 우선시하는 회사를 만들고 싶었어요"라고 굴리는 말한다. "우선 여성들이 면도하는 방식에 맞게 제품을 디자인하고, 적당한 가격의 남성 면도 서비스와 비슷한 수준으로 가격을 책정하고 핑크 세금은 없애기로 했죠."

그런데 왜 여성과 남성은 대체적으로 똑같은 면도기를 사용해 왔을까? 그들이 면도하는 방식과 부위가 크게 다른데도 말이다. 남성들은 세면대 앞에서 면도한다. 반면 여성들은 샤워하면서 면도하는 경우가 많다. 남성들은 얼굴만 면도하지만, 여성들은 남성들보다 10배 넓은 신체 면적을 면도한다. 빌리에서 나온 면도날은 면도를 용이하게 해 주는 면도용 비누와 함께 다섯 개가 한 세트로 포장되어 있다. 여성용 면도기의 경우 더 좁은 부위를 면도하는 경우가 많고 겨드랑이 등도 구석구석 면도가 가능해야 하므로 카트리지의 모서리가 둥글게 라운딩 처리되어 있다.

그러니까 여성용이라고 해서 그다지 혁신적인 부분은 없는 것이다.

그렇다면 그들은 무엇을 하려고 하는 걸까?

1. 굴리와 브라브맨은 빌리의 고객들이 단지 여성이라는 이유로 7퍼센트의 추가 금액을 지불하도록 만들지 않겠다고 결심했다.
2. 그들은 여성의 면도와 관련된 내러티브를 바꾸기로 결심했다.

어떻게 그렇게 할 수 있을까? 굴리가 그와 관련된 내용을 조사했을 때, 약 100년 전인 1915년 미국 여성들이 대중 마케팅 채널을 통해 불쾌한 털을 제거해야 한다는 말을 처음으로 들었다는 사실을 알게 되었다. 다시 말해서 여성들이 털을 부끄럽게 여기도록 만드는 것이 판매 전략이었던 셈이다. 판매 전략은 세기가 바뀌면서 바뀌었지만 여성 신체의 다양한 부분에 존재하는 털에 대한 부정적인 인식은 바뀌지 않았다.

당신이 본 여성 면도기의 방송 광고나 지면 광고를 생각해 보라. 방송 광고를 주의해서 살펴보면 면도하고 있는 여성들의 다리에는 이미 털이 하나도 없는 것을 볼 수 있다. "털은 너무나 금기시되어 상품 광고에서조차 면도하는 모습을 제대로 보여 주지 못했던 거죠"라고 굴리는 지적한다(해리스의 제프 레이더Jeff Raider가 여성 면도기 분야로의 진출을 결정했을 당시 그 역시 여성 면도기 제품 포장지에 폭포수 속에 서 있는 여성의 사진을 넣는 시대착오적인 실착을 보여 줬다).

그래서 빌리는 두 가지 목표를 가지고 '체모 찬양 프로젝트'를 진행했다. 첫째, 여성들 역시 몸에 털이 있다는 것을 보여 주고자 했다. 둘째, 면도는 선택이지 의무 사항이 아니라는 사실을 알리고자 했다. 면도기 회사로서는 최초의 일이었다. 굴리는 이렇게 말했다. "누구도 다른 사람에게 면도를 해라 마라 지시할 권한은 없습니다. 지극히 개인적인 선택이죠. 하지만 면도를 할 생각이라면 저희가 훌륭한 면도기를 제공해 드리겠다는 것입니다."

체모 찬양 프로젝트는 2018년 6월 "여성의 체모를 찬양하며…… 어디에 난 털이든"이라는 구호를 내걸고 시작되었다. 캠페인은 면도기 광고 최초로 여성의 체모를 드러내 보여 주었다. 영상 광고와 지면 광고 모두 모델의 체모를 아름답게 비췄다. 이후 그 영상 광고는 2,200만 회 이상의 조회 수를 기록하며 23개국에서 방송되었다. 몇 개월 지나지 않아 최대의 브랜드들도 (새로운 주자들과 함께) 동참해 그들의 광고에서도 여성들이 제모하는 모습을 보여 주기 시작했다. 사회적 분위기는 더 바람직한 방향으로 바뀌고 있는 것이 분명했다.

빌리는 2017년 11월 창업을 위해 가족과 친구들에게 150만 달러를 모금했다. 사업을 시작하고 이틀째 되는 날 그들은 50개 주 전체에 상품을 판매했다. 그리고 4개월째 되었을 때 12개월 매출 목표에 도달했다. 2018년에는 면도기가 품절된 것이 한두 번이 아니었고, 곧이어 투자자들이 앞다퉈 투자에 나서기 시작했다. 2018년 4월 1,000만 달러의 시드머니로 시작해 2019년 1월에는 첫 번째 벤처 투자 자금으로 2,500만 달러를 지원받았다.

요즘 대다수의 D2C(소비자 직접 판매) 정기 회원 브랜드들과 마찬가지로 빌리는 대부분의 고객을 소셜미디어에서 찾고 있다. 그리고 (이를테면 1등 경쟁 업체인 질레트와는 달리) 자사 고객들의 의견을 직접적으로 받고 있기 때문에 고객 피드백에 더 신속하게 반응할 수 있다. 빌리는 12억에서 15억에 달하는 미국 여성 면도 시장의 큰 조각을 삼켜 버릴 기세로 공략 중이다.

그것을 실현할 수 있는 하나의 방법은 고객들이 스스로 정한 날짜에 면도기를 매달 혹은 두세 달 간격으로 정기 배송해 주는 것이다. 고객 서비스 또한 휴무 없이 일주일 내내 제공한다. 즉, 당신이 내일 새 면도기를 배송받아야 할 때 그들에게 문자 메시지를 보내기만 하면 되는 것이다. 혹은 이메일로 요청하면 된다. 여기서도 마찰은 없다. 그냥 문자 메시지만 하나 보내면 끝이다.

링크드인LinkedIn의 창업자 리드 호프먼Reid Hoffman과의 인터뷰에서 전설적인 기업가 배리 딜러Barry Diller는 다음과 같이 말했다. "아무것도 적혀 있지 않은 깨끗한 종이를 가지고 있다는 것은 좋은 거예요. 당신은 깨끗한 종이 한 장을 가지고 있어요. 말 그대로 진정한 의미의 깨끗함이지요. 그럼 이제 어떻게 해야 할까요? 깨끗함을 영원히 유지할 수는 없어요. 그냥 시작해야 합니다."

빌리가 바로 꼭 그런 경우다. 굴리는 소비자 직접 판매에 나섬으로써 소매업계에서 질레트 같은 브랜드들과의 헛된 경쟁을 피해, 말하자면 깨끗한 종이 한 장으로 시작한 것이다. 하지만 그녀는 이 책에 소개된 또 다른 기업가 알렉산드라 파인Alexandra Fine처럼 정치적 구호와 함께 그 일을 시작했다. 여성 면도기는 분명히 남성들에 의해 만들어져 왔고 영원히 그럴 것이다. 굴리와 브라브맨은 사업 목적을 이루기 위해 고객들을 대화에 참여시키고 그들에게 그들의 몸과 몸에 난 털 모두 그들자신의 것이라고 말해 줌으로써 가부장적인 판매와 광고, 논의에 종지부를 찍는 데 일조했다.

공간을 마찰 없이 넘나들 수 있는 패션을 제공하는 '부오리'
지구상에서 가장 편안한 운동복

조 쿠들라와 그의 스타트업 부오리는 활동적인 남성들(과 여성들)에게 스스로도 부족하다는 사실을 미처 깨닫지 못하고 있었던 것을 채워 주었다. 그것은 해변에서 커피숍으로 커피숍에서 사무실로 아무 마찰 없이 넘나들 수 있는 패션 스타일이다. 부오리의 데일리 애슬레저 웨어는 멋스럽기만 한 것이 아니다. 지금껏 경험해 본 적 없는 편안함을 선사한다.

조 쿠들라Joe Kudla는 워싱턴주에서 보낸 어린 시절부터 샌디에이고 대학교에서 회계학을 전공하며 라크로스(하키와 비슷한 구기-옮긴이) 팀 선수로 활약하던 시절까지 항상 아주 활동적인 사람이었다. 그는 운동을 통해 신체를 단련했다고 말하지만 졸업 후에는 잠깐 모델로 활동하기도 했다. 그의 친구들은 아직도 그 일을 가지고 그를 놀린다. 그도 그럴 것이, 그는 모델 활동을 그만둔 후 언스트 앤드 영Ernst&Young에서 공인회계사로 일했다. 공인회계사 경력은 끊임없이 놀릴 만한 거리가 못 되지 않는가.

그럼에도 그의 사업가적 본능은 꽤 빨리 나타나기 시작했다. 그래서

25세의 어린 나이에 언스트 앤드 영을 나와 스타트업을 공동 창업해서, 엔론 사태 이후 사베인즈-옥슬리 법 환경에서 기업들이 회계 감사 업무 처리하는 것을 도왔다. 이 회사는 10년에 걸쳐 약 120명의 직원을 둔 조직으로 성장했다. 하지만 이 일은 쿠들라의 좌뇌, 즉 패션 디자인을 하고 디자이너나 다른 창조적인 인력들과 함께 일하기를 원하는 성향을 만족시키기엔 역부족이었다. 쿠들라는 재무제표를 들여다보고 있지 않을 때면 로스앤젤레스의 도매상에게 원단을 구입하는가 하면 염색 공장과 바느질 공장을 드나들며 완성된 옷 여러 벌을 전문 부티크에 내다 팔기도 했다.

그러다 보니 주중에는 회사를 다니고 주말에는 의류 방면 일을 취미 삼아 하는 것이 운명이라는 생각이 들었다. 그는 스스로 고단한 인생을 살 운명이라고 느끼기도 했다. 그런데 운동선수 이력과 함께 전반적으로 활동적인 라이프스타일을 이어가다 보니 허리가 안 좋아졌다. 그리고 운명적인 인연이 끼어들었다. 2008년 무렵 그는 몸을 '회복'시킬 수 있는 활동을 해야겠다고 결심했다. 바로 요가를 만나게 된 것이다.

"저는 정말 요가와 사랑에 빠졌어요"라고 그는 말한다. 그러나 그가 사랑할 수 없는 것도 있었으니, 바로 남성용으로 나와 있는 요가복이었다. "룰루레몬은 주 목표 고객이 여성 소비자들이었어요. 남성들을 위한 선택지는 많지 않았죠." 섬광 같은 직관이 찾아오는 '깨달음의 순간'을 기다리는 예비 사업가들에게는 이 이야기가 바로 그 순간이라는 감이 올 것이다.

쿠들라는 계산기를 두드려 보았다. 첫째, 그 자신도 서퍼로서 미국에 400만 명의 서퍼가 존재한다는 사실을 알고 있었다. 둘째, 요가를 하는 사람이 3,000만 명이었고, 그중 약 30퍼센트가 남성이었다. 만약 서퍼와 요가를 하는 사람 모두를 위한 상품을 만든다면 전체 시장은 아마도 서핑 브랜드들의 2~3배 사이즈로 요가 상품만을 만드는 브랜드보다 규모가 커질 것이 분명했다. 쿠들라는 생각나는 서핑 브랜드는 20개쯤 되었지만 남성 대상 요가 및 서핑 브랜드는 한 가지도 생각나지 않았다.

그는 자신의 개인적인 경험을 모두 떠올려 보았다. "저는 나이키와 언더 아머Under Armour를 입고 자랐어요. 하지만 서른이 되자 우선순위가 바뀌었죠. 차세대 톰 브래디Tom Brady가 되고 싶었던 꿈은 슬프게도 사라졌고 잘 팔리는 주류 브랜드에서 전형적으로 볼 수 있는 아주 경쟁적인 메시지와 로고 중심의 상품들도 더 이상 좋아하지 않았어요. 당시 저의 주된 관심사는 건강 유지였고 우리 아이들을 위해 좋은 컨디션을 유지하며 내가 사랑하는 일을 즐기면서 사는 것이었어요. 이제는 옷이 아주 편안하고 제 기능을 잘 발휘할 뿐만 아니라, 역동적인 현대사회에서 수많은 다양한 활동 영역을 넘나들 수 있었으면 좋겠어요. 헬스클럽 안과 밖 모두에서 말이죠. 저희는 친구들과 지역 사회를 위해 가장 단순한 형태로 상품을 만들어 어떤 반응을 얻는지 지켜봤어요."

그는 왜 그냥 룰루레몬의 남성복을 구입하고 그것에 만족하지 않았을까? "저는 그들을 존경할 수밖에 없었어요. 그들은 프리미엄 액티브라는 범주를 만들어 냈고 저는 그들에게 갚기 힘든 큰 은혜를 입은 것 같아요. 하지만 룰루레몬은 항상 제 아내의 브랜드인 것처럼 느껴졌죠. 그리고 룰루레몬 매장에 들어가 쇼핑할 때 그렇게 편안함을 느끼지 못하는 사람이 저 혼자만은 아닐 거라고 생각해요. 비록 몇 년 뒤 그 브랜드가 남성복 분야에서도 대박이 날 거라고 해도 제가 그걸 어떻게 알았겠어요?"

그래서 그는 새로운 남성용 액티브 의류 브랜드를 론칭했다. 부오리는 요가에만 국한된 운동복이 아니다. 서핑, 요가, 하이킹 등 캘리포니아에서 즐길 수 있는 모든 활동에 입을 수 있는 옷이다. 샌디에이고 카운티의 도시 엔시니타스에 위치한 부오리는 전형적인 남성 운동복 브랜드보다는 도심 거리 문화에서 더 많은 영감을 받고 있다. 쿠들라 자신은 이렇게 설명한다. "저희는 다기능이라는 저희 브랜드의 약속을 지킬 수 있는 운동복을 만들고 싶었습니다. 운동이나 요가를 하러 갈 때도 입을 수 있고, 조깅을 하거나 집 주변에서 아이들을 쫓아다닐 때도 입을 수 있죠. 하지만 그 뒤에 친구를 만나 한잔할 때도 역시 적합한 복장인 거예요. 더프는 그 옷들을 아주 좋아하며 그 이유는 간단하다고 말한다. 업계에서는 브루클린의 어린 청년들의 입맛에 맞는 옷을 만드는 것이 한창 유행인 시기에 쿠들라는 성인 남성들을 위한 옷을 만들고 있다는 것이 그 이유였다.

고객들과 직접 소통하고 싶은 바람에서 시대의 흐름에 발맞춰 쿠들라는 부오리를 디지털 전용 브랜드로 론칭했다. "저희는 어느 날 페이스북 광고를 통해 고객과의 관계를 하나씩 쌓아 가기 시작했어요. 간혹 피트니스 강사와 요가 강사를 상대로 마케팅을 진행하기도 하지만, 대부분은 소셜미디어를 통해서 진행하죠.” 쿠들라는 몇 명의 훌륭한 디자이너와 약간의 마케팅 비용, 그리고 인터넷으로 이뤄 낼 수 있는 엄청난 결과에 적잖이 놀랐음을 인정한다. “놀라워요…… 사실 노트북 컴퓨터와 휴대폰만 있으면 무슨 일이든 할 수 있다는 사실이 놀랍죠.”

처음에는 모두 페이스북을 통한 마케팅이었다. 그러나 페이스북이 인스타그램을 인수하자 부오리는 이제 인스타그램을 포함해 그들 네트워크를 통틀어 가장 적합한 사용자들에게 최적화하는 노력이 가능해졌다. 이 방식은 정말 효과가 있었다. 부오리가 페이스북을 통해 만난 더프는 그들의 가장 훌륭한 고객 중 한 사람이다. 그는 셀 수도 없이 많은 요가 반바지와 셔츠, 보드 반바지, 캐주얼 반바지, 후드 재킷 등을 가지고 있다. 그리고 부오리가 이제까지 자신이 경험해 본 운동복 중 가장 편안한 운동복을 판매한다는 확고한 믿음을 가지고 있다.

하지만 2008년 이후 시대는 바뀌었다. 페이스북 광고는 훨씬 비싸졌다. 디지털 공간도 훨씬 복잡해졌다. 지금도 부오리는 여전히 소셜미디어를 활용하고 있지만 매체와 마케팅 전략은 진화했다. 이제는 DM 발송과 카탈로그뿐만 아니라 팟캐스트 광고도 하고 있다.

그러나 이걸 알아야 한다. 디지털 채널과 마케팅에 관해 지겨울 정도로 할 말은 많지만 상품의 질이 흠결 없이 훌륭하지 않다면 결국은 그런 것들도 ‘말짱 도루묵’이라는 사실이다. “상품이 훌륭하고 반품률이 높지 않으며 형편없는 후기가 없어야만 고객을 얻을 수 있어요"라고 쿠들라는 말한다.

사실 쿠들라는 부오리 상품의 질에 대해 강한 자부심을 가지고 있다. 그래서 재구매를 유인하기 위해 고객들의 첫 구매 상품을 손해 보고 헐값에 판매하는 행위는 하지 않는다. "저희는 항상 첫 구매에서 수익을 남기는 것을 원칙으로 삼고 있습니다"라고 그는 말한다.

쿠들라는 부오리를 론칭할 당시 260만 달러를 투자받아 시작했다. 부오리의 최고 실적을 공개하지는 않지만, 10배에서 20배 많은 투자 자금을 끌어들여 공격적인 마케팅에 대부분의 자금을 쏟아부은 경쟁 업체가 여럿 존재하지만 그들은 부오리가 자연스러운 방식으로 달성한 성장률에 못 미친다고 쿠들라는 강조한다. 그가 직접적으로 언급하지는 않았지만 2018년 부오리의 매출은 3,000만 달러에서 5,000만 달러 사이인 것으로 추정된다.

그들은 고객의 요구와 취향을 어떻게 항상 발 빠르게 파악할 수 있는 것일까? 오늘날 의류업계에서 일하고 있는 사람이라면 누구나 이용 가능한 기술적인 도구를 활용해서 그렇게 하는 것이다. 내가 디인사이드를 기본적으로 가구를 판매하는 기술 기업으로 여기는 것과 같이 쿠들라 또한 자신을 어느 정도는 기술 전문가로 바라보고 있다. 그게 아니라면 적어도 기술 전문가들을 고용하는 사람으로라도 여길 것이다.

"저희는 저희가 하는 모든 일에 기술이 구석구석 침투해 있어 어떤 직종이든 입사 지원자를 심사할 때 기술 감수성을 지녔는지 살펴봅니다"라고 쿠들라는 말한다. 과거 방식의 도매업 모델, 즉 견본을 제작해서 영업자들이 그것을 가지고 나가 판매하고, 주문을 받아 제품을 생산해서 소매업체로 운송해 팔리기를 바라는 것은 이제 구식 절차다. 오늘날에는 제품 라인 기획에서 예약 판매 계획과 영업 직원들과의 소통에 이르기까지 기술이 그 전 과정에 관여하고 있다. 영업자들은 부오리의 기술 환경 내에서 자신이 받은 주문을 처리한다. 기술 환경은 ERP(기업자원 관리)에서 포장, 배송 완료까지 모든 단계에 많은 영향을 미친다. 의류업 경영의 비밀스러운 오랜 관행을 포함해 모든 과정은 기술 사용으로 인해 더 효율적으로 바뀌었다. 부오리는 사업 기능에 따른 각각의 기술 자원들을 끌어오기보다는 모든 다양한 분야의 기능들을 한꺼번에 지원할 수 있도록 사내 기술 담당 부서를 신설했다.

하지만 내부에서만 통합이 필요한 것은 아니다. 부오리의 세 가지 주요 판로인 전자상거래, 도매, 소매도 통합해야 한다. 쿠들라는 이렇게 말한다. "저희는 모든 채널을 아우를 수 있는 훌륭한 통합 기술을 찾고 있어요. 채널을 넘나드는 안목을 갖게 되면 훨씬 똑똑한 결정을 내릴 수 있게 되죠." 이 말이 무슨 뜻일까? 고객은 스포츠 용품 및 의류 판매점이나 백화점에서 구입한 상품을 부오리 매장에서 반품할 수 있기를 원한다는 말이다. 이미 웨스트 엘름West Elm 같은 대형 소매점에서는 그것이 가능하다. 하지만 250만 달러로 시작한 스타트업에서 그것이 가능할까? "저는 그것이 스타트업들의 도전 과제라고 생각합니다. 자본력이 얼마나 되든 상관없이 말이죠." 쿠들라는 이렇게 대답하고는 다시 물었다. "어떻게 하면 고객 경험을 고려해 경쟁력을 기를 수 있을까요?"

이런 관점에서 쿠들라는 아마존에서의 판매를 꺼려 왔다. 그 이유는 무엇일까? 몇 가지를 생각해 볼 수 있다. 하나는 그가 고객과의 관계를 직접 관리하기를 원하기 때문이다. 또 다른 이유는 아마존이 가격 인하나 대량 수주 등의 결정을 내리면 그것이 사업에 막대한 영향을 끼치기 때문이다. "제품의 가격 책정에 별로 권한이 없고 누가 제품의 진짜 판매자인지 애매한 비즈니스 관계에 놓이는 것은 조금 꺼려지는 일입니다. 더 많은 권한과 투명성이 확보되기 전에는 저희는 다른 채널을 통한 유통에 집중할 생각입니다." 물론 부오리는 이미 거래하고 있는 유통 채널을 통해 큰 성장을 이룬 것이 사실이다. 그러니 그것도 나쁘지 않은 방법이다.

한편 쿠들라는 요가에서 배운 것을 이용해 기업가로서의 부침을 이겨 나가고 있다. "저는 저 스스로를 상당히 잘 아는 사람이라고 생각해요. 그리고 요가와 명상에 심취하게 되면서 저는 회사를 경영하는 데 요가와 명상이 도움이 된다는 것을 알았어요. 사업, 특히 사업가로서의 경험은 삶과 아주 닮아 있기 때문이죠. 상승세와 하락세가 있고, 기쁜 순간들과 비참한 순간들이 존재하죠. 저는 그저 중도를 걸으며 긍정적인 추진력을 유지하면서 모든 일을 자연스럽게 흘려보내려고 노력합니다. 좋은 시기는 그 순간에는 아주 기분 좋지만 그것도 지나갈 것이고 나쁜 시기 역시 마찬가지로 지나가죠. 그래서 저는 그런 시각을 유지하기 위해 노력하고 있습니다."

개인 맞춤 헤어 샴푸의 끝판왕 '프로즈'
당신에게 꼭 맞는 샴푸를 만들어 드립니다!

개인 맞춤은 마찰 없는 생활로 가는 급행 열차다. 프로즈의 아노드 플라스와 그의 동료들은 기술의 힘을 빌려 당신에게 당신만의 것을 (그들의 경우에는 샴푸를) 판매하고 있다. 당신에게 맞지 않아 결국은 필요 없어질 제품들을 사는 데 돈을 낭비하지 말라는 것이다. 프로즈의 샴푸는 당신의 세부적인 요구에 맞춰 생산되며 매달 정확한 날짜에 배송된다.

내가 디인사이드를 설립했을 당시 아마도 홈 인테리어 브랜드인 드웰 스튜디오의 자매 브랜드를 론칭하는 것처럼 보였을 것이다. 하지만 앞서 언급했다시피 나는 어쩌다 보니 홈 인테리어 제품을 만드는 기술 기업을 설립했다는 것이 더 맞는 말일 것이다. 고객들에게 어떤 원단을 사용할지부터 어떤 가구 받침을 쓸 것인지에 이르기까지 여러 요소를 어울리게 매칭하는 방법을 알려 주고, 그 모든 요소를 믹스해서 자신만의 가구를 만들어 주는 일을 하는 한편, 제조의 관점에서는 여전히 확장 가능하다면 당신은 기술 기업을 운영하고 있는 것이다.

하지만 이는 산업혁명을 불러온 것과는 다른 종류의 '기술'이다. 지금까지는 고객이 원하는 만큼의 수량을 생산할 수 있게 해 주었고 모든 것을 기계화했으며 터무니없이 표준화하고 제품에서 사람에 이르기까지 모든 것을 분류하도록 만들었다. 그러나 그 전체 모델이 해체되기 시작했다. 고객들은 더 이상 몇 개의 카테고리로 분류되기를 원치 않는다. 고객들은 당신이 자신만을 위해 무언가를 만들어 주기를 원한다.

프로즈Prose의 아노드 플라스ARNAUD PLAS는 현대적인 전자상거래의 도구들을 활용해 화장품 대기업들도 미처 생각지 못한 일을 하겠다고 나섰다. 그 도구는 이를테면 전용 플랫폼과 주문 생산, 그들만의 알고리즘을 통한 고객들과의 일대일 소통 같은 것이다. 각각의 고객들을 위해 개인 맞춤 샴푸를 만들고 그에 맞는 라벨을 샴푸 용기에 붙이는 것은 화장품 대기업들도 엄두를 내지 못하는 일이다.

플라스는 이렇게 말한다. "저희가 처음 투자자들을 설득하러 갔을 때, 많은 투자자들이 저희에게 말했어요, '샴푸에는 투자하지 않습니다'라고요. 그래서 제가 항상 이렇게 말했습니다. '저희가 하려는 일이 뭔지 이해를 못 하신 것 같네요. 저희는 샴푸 회사가 아니라 기술을 통해 미용 산업을 변화시키려고 하는 것입니다.' 처음에 투자하지 않은 회사들이 지금은 제게 전화해 자신들의 실수를 만회하고 싶다고 말합니다."

플라스는 프로즈가 단순히 미래의 방식일 뿐만 아니라 과거의 방식이기도 했다고 종종 언급한다. "200년 전의 약제상들은 특별한 샴푸를 만들어서 팔았어요. 하지만 그때 산업혁명이 일어났고 우리는 모두를 위한 하나의 샴푸를 만들기로 한 거죠." 1900년대 초반 혁신가이자 화장품학을 창시한 헬레나 루빈스타인Helena Rubinstein은 사업을 시작하기로 하고 피부 타입을 건성, 지성, 일반 피부로 나눴다. 그리고 그녀의 사업은 승승장구했다. 오늘날 매장에는 1,000여 개의 샴푸가 종류는 많지만 여성 개개인에게는 잘 맞지 않는 정형화된 분류법으로 분류되어 상품 진열대에 놓여 있다.

프로즈는 고객들에게 모발 타입, 두피 상태, 라이프스타일, 생활하는 곳의 기후, 선호하는 향 등을 묻는 25개의 질문을 던지고 그에 대한 답변을 받는다. 그리고 플라스와 그의 동료들은 75가지의 천연 재료에서 해당 고객에게 맞는 재료를 골라 적당한 비율로 배합해서 샴푸를 조제한다. "저희 회사는 화학자들과 데이터 분석가, 개발자, 프로젝트 매니저가 함께 일하고 있습니다. 로레알에서라면 일어날 수 없는 일이죠." 플라스의 말이다.

그가 그걸 어떻게 아는 걸까? 역설적이게도 그 자신이 로레알의 제품 혁신 부서에서 일한 적이 있기 때문이다. 그러나 그것은 그가 지금 하고 있는 혁신과는 다른 종류의 혁신이었다. "저희는 하나의 제품을 수백만 개 생산해 미국이나 프랑스의 모든 매장 진열대에 올렸어요. 1~2년 후에는 다른 혁신적인 신제품이 출시되므로 그들 중 절반은 수거됩니다. 매장에서 '혁신하지 않으면 매대를 다른 업체에 넘길 거예요'라고 말하면서 기존의 제품들을 수거해 갈 요구합니다. 하지만 그들이 말하는 혁신은 진짜 혁신이 아니었어요. 프로즈는 가끔 소비자 테스트에서 나쁜 점수가 나올 때도 있지만, 저희는 이 일에 푹 빠져 있기 때문에 어쨌든 끝까지 밀고 나갈 생각입니다."

그렇다면 얼마나 특별해야 특별한 것일까? 재료 배합의 경우의 수를 계산해 보면 약 500억 개의 가능한 조합이 나온다. 2018년 처음 열 달 동안 프로즈는 35,000개에 달하는 특별 제조 샴푸를 고객들에게 판매했다.

무엇이 그에게 자신의 전 직장이었던 기업뿐만 아니라 다른 대형 개인 생활용품 브랜드에 맞서 경쟁할 용기를 준 것일까? "대기업들의 강점이었던 것이 이제는 그들의 약점이 된 것이 분명한 시대라고 생각해요. 각 부서에 수많은 직원을 두고 동일한 연구개발팀에 의존해 만들어진 다수의 브랜드가 존재하는 큰 회사라는 점이 이제는 약점입니다."

프로즈의 팀은 2018년 후반 우리가 플라스를 만났을 때 이미 그들의 샴푸 제조 알고리즘을 25차례나 바꾼 상태였다. 일례로, 초기에 석류 껍질에서 추출했던 비듬 방지 재료는 어두운 적갈색 빛이 나서 고객들의 피드백이 좋지 않게 나오자 다른 재료로 교체했다. 재료 교체에는 두 달밖에 걸리지 않았다. 아이디어 착상에서 진열대에 제품이 놓이기까지 신상품 출시에 7~10년이 걸리는 로레알에서는 재료를 바꾼다는 건 상상도 할 수 없는 일이다. 구시대적인 절차에서 마찰을 제거하는 것이 얼마나 중요한 일인지 알겠는가!

플라스는 프로즈에서 나온 개인 맞춤 샴푸가 앞으로 10년간 프리미엄 샴푸 시장의 25~30퍼센트를 차지할 수 있을 것으로 예상하고 있다. 로레알 같은 대기업이 프로즈를 인수할 가능성은 없을까? 그는 모든 가능성을 열어 두고 있긴 하지만, 지금으로서는 우선 두 가지 종류의 기업은 받아들일 가능성을 염두에 두고 있다고 한다. 첫 번째는 혁신 기업이고, 두 번째는 브랜드를 인수해서 글로벌 규모로 성장시킬 수 있을 만큼 자본력이 충분한 기업이다. 플라스는 로레알이 이 전략으로 키엘과 메이블린과 같은 브랜드들을 인수해 성공시켰으나, NYX 인수 건의 경우 그들이 브랜드의 유전자를 제대로 발현시키지 못해 실패했다고 보았다. 프로즈에게 있어 최악의 시나리오는 대기업에서 프로즈를 인수해 의도적으로 브랜드를 사장하는 일이라고 그는 말한다. 시장을 장악하고 있는 기존 기업들이 경쟁에서 이기기 위해 사용하는 효과적인 방법 중 하나가 바로 혁신적인 경쟁 기업을 인수해 죽이는 것이다.

플라스는 말한다. "그래도 소비자들의 기대를 멈출 수는 없을 겁니다." 그의 말이 옳다. 기차는 이미 역을 출발했다. 소비재 시장에서 내일의 승자가 되고 싶다면 원하든 원치 않든 그 기차를 타야만 할 것이다.

남성 피부 관리 시장의 모든 마찰을 제거하는 '지올로지'
남성들에게도 피부와 감성이 있다!

닉 앨런과 데이브 스카프는 남성들에게 자신들이 원하는지 미처 깨닫지 못하고 있었던 것을 선사했다. 다름 아닌 '스킨케어의 즐거움'이다. 남성들도 스킨케어로 스스로를 돌보며 남성에 대한 잘못된 편견을 바로잡을 수 있다. 이것이 마찰이 없는 시대의 자기 관리법이다.

닉 앨런Nick Allen은 일찍이 두 개의 승차 공유 서비스 기업을 공동 창업했다. 둘 중 하나는 제너럴 모터스에 매각되었고 다른 하나는 폐업해야만 했다. 그는 다음에 무슨 일을 할지 고민하면서 제너럴 모터스와의 인수 계약에 서명했다. 그로 인해 제너럴 모터스는 자율주행차의 상업화에 한발 다가서게 되었다. 제너럴 모터스의 자원을 평가하기 위한 운명적인 한국 방문에서 앨런은 여자 친구를 위해 선물을 사가기로 했다. 한국에서는 스킨케어가 대세였고 그는 여자 친구에게 미국에서는 구할 수 없는 제품들을 한 아름 사서 안겨 주기로 했다. 어떻게 그녀가 기뻐하지 않을 수 있었겠는가.

그런데 그녀는 별로 좋아하지 않았다. 선물을 준 마음에 감사하지 않은 것이 아니라 그녀에게 맞는 제품이 없었던 것이다. "그녀는 제게 고마워하며 사랑한다고 말했지만 제품들은 자신에게 알맞지 않다고 하더군요. 하지만 저는 400달러어치나 되는 고급 한국 화장품들을 버리고 싶지 않았어요. 그래서 그냥 제가 발라 보기로 했죠." 그때까지 앨런은 수많은 보통 남성들과 마찬가지로 스스로를 '피부 관리를 하는 사람'으로 여기지 않았다. 샤워할 때도 얼굴을 제대로 닦지 않을 정도였다. 그러나 그는 즉각 스킨케어에 빠져들고 말았다. '이건 별로 번거롭지 않네'라고 그는 생각했다. '스킨케어를 하는 것도 즐길 수 있겠는걸. 나 자신을 소중히 보살피는 느낌이 들고 피부도 더 좋아 보이는군. 기분도 좋고. 그렇다면…… 다른 남성들도 이걸 해 보면 어떨까?'

어느새 그는 친구들과 함께 가는 오지 스키 여행이나 사막 모터사이클링에 고급 화장품 여러 개를 챙겨 넣어 다니고 있었다. 하루는 여행을 마치고 난 뒤 모두의 피부가 햇빛에 까맣게 그을리거나 바람에 터서 그는 준비해 간 화장품들을 꺼내 놓으며 이렇게 말했다. "이봐 친구들, 한국 화장품으로 마사지 한번 받아 볼 텐가?" 처음엔 모두들 웃었다. 하지만 곧 그와 다섯 명의 남자는 깨달았다. 그들 중 몇 명은 스킨케어를 특별한 '요법'으로 생각하고 있으며, 그걸 하는 방법을 아는 사람은 아무도 없다는 사실을.

앨런은 사업가 기질이 발동했다. 남성 스킨케어의 현재 시장 상황을 조사해 보기로 했다. 보통 남성들은 어떻게 하고 있을까? 그는 남성용

키엘과 클리닉 등 몇 개 브랜드를 찾기는 했지만 혼란스러웠다. "그들은 지성 피부에는 이것을 사라고 하고 건성 피부에는 저것을 사라고 해요. 하지만 저는 제가 건성 피부인지 지성 피부인지 몰랐거든요. '복합성 피부용'이란 말을 접했을 때는 정말 바보가 된 기분이었죠. 그게 무슨 뜻인지조차 몰랐으니까요." 그는 어쨌든 연구 목적으로 많은 화장품을 한꺼번에 구입했다. "하지만 제가 구매 결정을 한 화장품들에 대해 별로 자신이 없었어요. 다양한 제품들을 사기만 했지 그 내용에 대해서는 아는 게 없었죠."

다음으로는 메이시스Macy's와 니만 마커스Neiman Marcus를 탐방했다. 그런 곳에서 남성 스킨케어 제품을 찾는 것은 모래 속에서 바늘 찾기처럼 어려울 수 있다는 사실은 차치하고라도, 더 심한 것은 점원과의 만족스럽지 못한 대화였다. "30밀리리터도 안 되는 분량에 400달러인 라메르를 팔려고 하는 여성 점원들이 있었어요. 그래서 저는 그게 왜 400달러나 하는지 물어봤죠. 하지만 시원한 답변을 듣지 못했어요." 그래서 그는 백화점을 나와 세포라Sephora로 향했다. 그곳에서는 헤드세트를 한 여성이 한 무리의 고객들을 상대로 메이크업 강의를 하고 있었다. 그는 채 3분도 지나지 않아 그곳을 빠져나왔다. 공황 발작이 일어날 것 같아 두려웠기 때문이다.

"저는 남성 화장품을 팔 것이 가장 분명한 세 군데를 둘러보았지만 제품을 사는 데 실패했어요. 게다가 저 자신이 바보가 된 것 같은 느낌과 함께 불편하고 당황스러웠죠. 남성들은 이런 경험을 하고 싶지 않았을 것이 분명합니다."

그래서 그는 훌륭한 사업가들이 그러듯 자신도 해 보기로 했다. 남성 화장품을 제대로 파는 법을 고민해 보기로 결심한 것이다. "남성들은 자신의 피부 타입을 몰라요. 그들은 무엇을 사야 할지 몰라서 매장에 가기를 꺼립니다. 남성들의 요구는 아주 단순해요. 제품이 훌륭할 것, 그 제품을 찾아 돌아다닐 필요가 없을 것, 효과가 있을 것, 그 제품을 살 때 바보가 된 듯한 느낌을 받지 않을 것……."

그러다 앨런은 닥터 스티브 슈Steve Xu를 만나게 된다. 그는 2016년 유명 피부과 전문의가 쓴 SPF(자외선 차단 지수)의 유효성에 대한 흥미로운 논문을 우연히 읽다가 슈의 이름을 보았다. 그는 슈의 전화번호를 알아내 상당히 긴 음성 메시지를 남겼다. 이틀 뒤 닥터 슈는 그의 사업에 동참하겠다는 의향을 전해 왔다. "그는 이렇게 말했어요. '기꺼이 할 의향이 있어요. 남자들도 팔에 생긴 거무스름한 반점 때문에 제 병원에 와서는 30초 후엔 스킨케어와 보톡스 상담을 하고 있거든요.'" 앨런은 곧바로 비행기를 타고 시카고로 날아가 그와 계약했다(2018년에 발표한 닥터 슈의 또 다른 논문은 "피부과 전문의 추천'이라는 문구는 과연 의미가 있는 걸까?"에 관한 것이었다. 이 경우 우리는 그가 '그렇다'라고 대답할 것이라고 확신한다).

앨런은 그의 오랜 친구, 데이브 스카프Dave Skaff에게도 사업 제안을 했다. 지난 10년간 스카프는 뉴욕에서 전자상거래 컨설팅 에이전시를 운영해 왔다. 그는 그곳에서 건강 및 미용 사업을 D2C로 운영하는 일의 어려움을 몸소 경험했다. 그러나 그는 변화를 도모할 준비가 되어 있었으므로, 두 사람은 바로 사업에 뛰어들었다. 앨런은 제품 개발 및 소싱, 공급 사슬 관리를 맡고 스카프는 마케팅을 맡기로 했다. (이건 개인 정보 누설이지만, 스카프는 더프의 전 부인과 결혼했다. 전 남편이 전 부인의 새로운 남편이 파는 스킨케어 제품을 애용하는 것이다. 이보다 더 바람직한 모던 패밀리의 예가 또 있을까?)

그들은 자금을 모았다. 친구들과 가족들에게 50만 달러 이상을 모금해, 품질을 타협하지 않고도 남성용 스킨케어를 간소화한다는 사명감으로 시작했다. 신규 고객들은 자신의 피부 상태를 결정하기 위해 진단 질문지에 답변한 후 데일리 페이스 워시, 모닝 크림, 나이트 크림, 아이 크림 이렇게 네 제품의 30일 체험 샘플을 아주 저렴한 가격에 제공받는다. 샘플이 바닥났을 때는 정기 배송 회원 가입을 하는 방법이 있다. 3개월마다 148달러를 지불하고 제품을 구입할 수 있는데 가장 싼 제품만을 고를 수 있는 것이 아니다. 시장에서 가장 반응이 좋은 제품들도 포함돼 있어, 체험 샘플을 주문한 고객의 70퍼센트 이상이 정기 배송 회원으로 전환하고 있다.

앨런은 말한다. "사람들은 근거 없는 말들을 많이 하죠. 그래서 대부분의 브랜드는 남성들을 뒤늦게야 대우하려고 해요. 그들은 우리가 피부 관리를 했을 때의 차이조차 느끼지 못할 거라고 생각하죠." 하지만 그렇지 않았다. 지올로지Geologie 고객의 50퍼센트는(더프 맥도널드를 포함해) 화장품을 처음 사용해 보는 사람들이다. 그들은 평생 이런 종류의 제품을 구입해 본 적이 없다. 대다수의 고객들이 매우 비슷한 궤적을 따르게 된다. 그들은 자신이 피부 관리를 매일의 일과로 받아들일 수 있을지 의심하면서 화장품을 사용하기 시작하지만, 얼마 지나지 않아 일상의 다른 시간들만큼 그 시간을 고대하게 된다. 스킨케어는 번거로운 일이 아니라 자신에게 주는 선물인 것이다.

당신은 어떻게 고객들이 정기 배송 회원을 계속 유지하도록 만드는가? 특히 다음 제품이 배송되기 전에 화장품을 다 써 버리는 경우에는 어떻게 해야 할까? 정기 배송 회원 사업이 강압적이거나 무관심한 방식이 되지 않도록 하려면 어떻게 해야 할까? 문자 메시지 주문과 조기 리필 요청을 할 수 있는 기능을 마련하면 된다. 그리고 고객 서비스에 항상 촉각을 곤두세워야 한다. 스카프는 말한다. "정기 배송 회원은 우리 사업에 있어 중요한 존재입니다. 하지만 우리 고객들이 자신이 필요로 하는 제품을 필요할 때 배송받을 수 있게 하는 것이 더 중요하죠. 고객 개개인의 사용 리듬을 읽고 그 필요에 맞추는 것이 중요합니다. 오늘날 가장 중요한 포인트는 독단적이지 않고 고객이 원하는 것에 완전히 초점을 맞추는 거예요. 지금까지 저희는 그것을 해낼 수 있었어요."

우리가 '마찰 없음' 개념에 대해 질문하자 앨런은 자신이 이전에 스타트업을 경영했을 때는 존재하지 않았지만 이제는 스타트업 창업자들이 활용할 수 있는 다양한 도구들이 존재한다고 언급했다. "사업을 시작한다는 자체가 마찰이 없는 것과는 거리가 멀죠. 사업을 유지하려면 많은 것이 필요합니다. 하지만 저희는 5년 동안 먼 길을 달려왔어요. 예전에는 당신의 브랜드를 아주 마음에 들어하는 고객이 다른 사람들에게 쉽고 매끄럽게 추천할 수 있는 기능을 만들기 위해서는 스스로 그것을 설계해야만 했어요. 하지만 지금은 10~15개의 추천 프로그램이 있어서, 말 그대로 연결만 하면 바로 사용할 수 있고 비용도 한 달에 25달러밖에 들지 않아요."

스카프는 전 직장에서 자신의 기업을 홍보하기 위해 수십만 달러를 쏟아부었으나 원하는 효과를 얻지 못한 고객들을 상담했다. "아무런 이점이 없는 대규모 플랫폼과 연결되어 있는 오래된 브랜드들의 발목에는 무거운 쇠사슬과 공이 달려 있죠. 그리고 말 그대로 그들은 그 방식을 바꿀 수가 없습니다. 결과적으로 저희와 같은 신생 기업들이 맨주먹으로 시작해 그들이 하는 것보다 더 많은 일을 더 빨리 해낼 때 그들은 육중한 덩치로 느릿느릿 움직이고 있을 뿐이죠."

요즘에는 커뮤니티가 전부라고 할 수 있다. 앨런과 스카프는 고객들과 더 깊은 연결 관계를 구축하기 위한 노력을 잊지 않는다. 2019년 초그들은 기본적인 스킨케어 방법과 그들의 제품에 쓰이는 재료, 잘못된 고정관념을 깨는 유익한 글 등 50여 개의 주제를 다루는 글을 소셜미디어에 올리기 시작했다. 앨런이 말했다. "그 내용의 대다수는 데이브와 제가 사업을 운영하면서 배운 것들입니다. 말도 안 되는 가짜 정보들이 많이 떠돌아다니는데요. 숯 페이스 워시 열풍을 한번 생각해 보세요. 피부에 전혀 좋지 않습니다." 모두들 천연 원료 사용을 통한 '청정한 미용'을 내세우는 신제품에 대해 한두 번쯤은 들어봤을 것이다. 하지만 그런 주장들이 과연 과학에 근거한 것일까? 아니면 불안감을 이용한 영리한 마케팅일까? 지올로지의 두 남자는 바로 그것을 밝혀 보려 한다. 그들이 아니면 누가 그 일을 하겠는가.

앨런은 2019년 1월에 참석했던 한 회의를 떠올렸다. 그 자리에서 누군가가 회의에 참석한 남성들 중 단 한 명도 깨끗하게 면도한 얼굴이 아니라고 지적하자 그들의 태도가 바로 바뀌었다. 어떤 일은 특히 더 하기 귀찮기도 하다. "면도하는 걸 좋아하는 사람은 없어요. 짜증나죠. 말 그대로 얼굴을 칼로 긁는 것이고 어쩔 때는 베이기도 하잖아요. 하지만 이건 달라요. 사람들은 스스로를 소중히 보살피는 걸 좋아합니다. 그런데 당신의 아버지는 왜 아이크림을 사용하지 않았을까요? 그래서 결론이 뭘까요? 저희 브랜드가 전하고자 하는 가장 중요한 메시지는 다른 사람들이 기대하는 남자의 모습이 아니어도 된다는 것입니다. 당신에겐 당신 자신과 건강에 도움이 되는 일을 하는 것을 포함해서 자기 자신으로 살아갈 자유가 있어요."

식사 준비 과정의 마찰을 제거하는 '인스턴트 브랜드'
인스턴트 포트만 있으면 당신도 요리사

로버트 왕의 인스턴트 포트는 식사 준비 과정에서 마찰을 제거했다. 재료를 던져 넣고 버튼을 누르기만 하면 영양가 있는 식사가 바로 준비된다. 그는 대중들에게 마찰이 없는 신세계를 열어 주는 데 아마존을 창구로 활용했다.

로버트 왕Robert Wang이라는 이름이 생소한가? 그렇더라도 그가 만든 인스턴트 포트Instant Pot는 아마 들어 봤을 것이다. 아마존의 풀필먼트는 아마존이 판매자 제품의 고객 주문 처리를 대행해 주고 인하된 가격으로 제품을 공급하는 서비스로, 인스턴트 포트는 이 풀필먼트 서비스를 통해 탄생한 대표적인 성공 신화 중 하나다. 인스턴트 포트는 지난 10년간 기술이 어떻게 스타트업들의 경쟁 구도를 완전히 바꿔 버렸는지 보여 주는 가장 훌륭한 예라고 할 수 있을 것이다. 그렇다고 너무 앞질러 가지는 말고 로버트 왕에 대해서 먼저 알아보자.

왕은 스타트업 세계에 처음 발을 들여놓은 신출내기가 아니다. 상하이 출신의 사업가로, 1995년 캐나다 통신 대기업인 노텔Nortel에서 근무하기 전에는 학계에서 연구 활동에 매진하는 등 이전부터 이 분야에 경험이 많은 인물이다.

1999년 그는 노텔의 자회사인 사레이드Saraide에 합류했다. 사레이드는 인포스페이스InfoSpace에 3억 6,500만 달러에 매각되었다. 하지만 닷컴 버블의 붕괴로 은퇴 자금 확보에 대한 희망도 산산이 부서지고 말았다. 왕은 자신이 받은 인포스페이스의 주식을 팔지 않았던 것이다.

2000년에 그는 타랄 네트워크Taral Networks를 공동 창립했다. 타랄 네트워크는 무선 전자 통신 스타트업으로, 후에 다른 기업과 합병해 에어와이드 솔루션Airwide Solutions으로 재탄생한다. 그곳에서 왕은 매우 중요한 교훈을 얻게 된다. 바로 '당신이 보유한 지분을 미미한 수준으로까지 줄이지 말라'는 것이다. 그는 처음부터 거의 3분의 1에 달하는 회사 지분을 보유하고 있었지만 외부 투자자로부터 4,500만 달러의 자금을 끌어옴에 따라 그의 지분은 1.6퍼센트로 하락했다. "제게는 뼈아픈 경험이었어요. 저희는 시작 단계부터 회사에 대한 통제권을 잃게 되었죠. 그래서 인스턴트 포트를 시작했을 때 저는 제 전 재산을 모두 투자했어요. 벤처 투자자의 자금 지원을 받지 않고 시작하는 것이 중요했기 때문이죠. 그래야만 모든 통제권을 유지할 수 있으니까요."

인스턴트 브랜드를 창업하기 위한 씨앗을 심은 것은 왕이 회사 발전 방향에 대한 논쟁 끝에 에어와이드에서 쫓겨난 2008년이었다. 그도 또 다른 기술 기업을 창업하기에 좋은 시기가 아니라는 것을 알고 있었다.

또한 B2B 사업을 위주로 하는 다른 사업을 시작하고 싶지도 않았다. 정보 통신 업계만큼 큰 규모의 업계에서조차 고객층은 너무 좁고 구매 주기는 너무 길었다.

그렇다면 세 개의 통신 기업에서 근무한 경력을 지닌 컴퓨터공학 박사는 무슨 일을 하면 좋을까? 그는 몇 가지 주요 트렌드를 분석해 그 속에서 사업 아이디어를 찾아보기로 했다.

트렌드 1 : 사람들은 시간이 없다.

트렌드 2 : 사람들은 더 건강한 식생활을 원한다. 연구 결과 신체 질량 지수 계산에 따르면 미국인의 3분의 2는 과체중이며, 그들 중 절반은 비만인 것으로 나타났다.

트렌드 3 : 사람들은 에너지 효율적이고 환경친화적인 것을 선호한다. 미국에서는 2008년 휘발유 가격이 갤런당 4.11달러로 치솟았다. 전기료 또한 비쌌다. 에너지 효율이 대세였다.

"저는 위의 세 가지 트렌드를 염두에 두고 인스턴트 포트를 기획했어요"라고 그는 말한다. 시간의 문제를 생각해 보시라. 인스턴트 포트는 정말 이용하기 쉽다. 그들 중 일부는 시작 버튼조차 없으며, 10초 만에 그것을 프로그램할 수도 있다. 버튼 하나만 누르면 끝이다. 그보다 더 시간을 절약해 주는 조리 도구는 없을 것이다. 인스턴트 포트는 전통적인 방식보다 더 빨리 조리해 주기도 한다.

어떻게 그는 인스턴트 포트가 성공할 것을 알았을까? 왕은 1940년 대에 출시된 크로크 포트Crock-Pot에 대해 조사해 봤다. 여성들의 상당 수가 사회 노동 인력으로 흡수됨에 따라 크로크 포트는 1970년대 최 고 인기 가전제품으로 부상하며 날개 돋친 듯 팔렸다. 2004년까지 시 장 침투율은 이미 80퍼센트를 넘어서 있었다. 이는 아주 높은 비율이지 만 천천히 조리해 주는 기구들이 여전히 매년 1,000만~1,200만 개씩 판매되고 있었다. 왕이 말했다. "그건 아주 큰 시장이에요. 그래서 천천 히 조리하는 기구와 비슷하면서도 더 좋은 기구라면 매우 잘 팔릴 것이 라는 생각이 아주 분명해졌죠."

왕은 제품 개발을 위해 개인 자금 약 30만 달러를 투자했다. 제품을 시장에 출시하는 데는 18개월이 걸렸다. 대부분의 인스턴트 포트에는 다양한 버튼이 있지만, 왕은 하나의 버튼만 사용하기를 원하는 소비자 들을 위해 주요 인종 집단별로 편리한 음식을 한 가지씩 정했다. 아일랜 드인들을 위해서는 스튜, 동양인들을 위해서는 밥, 멕시코인들을 위해 서는 칠리같이 말이다.

유일한 문제는 광고에 들일 비용이 없다는 것이었다. "제 기조는 '가 치를 창조하되 검소함을 유지하자'입니다"라고 그는 말한다. 그래도 지 나칠 정도로 검소한 것은 아니다. 왕은 처음에 아마존에서 판매하지 않 고 오프라인 슈퍼마켓과 전문 매장에서 판매했다. 몬트리올의 한 매장 주인이 제품에 대해 논의하고 싶다고 연락해 오자 왕은 바로 차에 몸을 싣고 오타와에서 두 시간을 운전해서 갔다. 긴 대화 끝에 매장 주인이 주문한 물량은 5개였다. "제품 5개를 팔기 위해 5시간을 들인 거죠." 그는 웃었다. "그건 채산이 맞지 않는다는 걸 깨달았어요. 더 나은 방식을 찾아야 했죠."

그래서 그는 아마존에서 팔기 시작했다. 첫 주에 아무런 마케팅 활동을 하지 않고도 3개를 팔았다. 한 달이 되기도 전에 사용자들의 후기가 올라오기 시작했다. 사용자들의 피드백은 놀라운 효과를 발휘했고, 그때부터 회사가 추구하는 혁신의 원천이 되어 주었다. 왕은 최고의 제품을 개발하고 훌륭한 고객 서비스를 제공하는 데 만전을 기했다. 그렇게 해서 아마존과의 애정 관계가 시작됐다. "저희는 제품과 고객 서비스에 집중하기 때문에 아마존은 저희에게 완벽한 시장이었죠. 사람들은 아마존에 올라와 있는 별점뿐만 아니라 후기를 정말 주의 깊게 봅니다. 좋은 후기와 별점을 받으면 매출은 올라가죠. 그리고 제품 판매 순위가 상위 100위 안에 들면 그때부터는 더 많은 매출이 발생합니다. 그런 식으로 선순환되는 거죠."

얼마 지나지 않아 아마존 도매 담당자가 왕에게 도매 판매 의향이 있는지 타진해 왔다. 인스턴트 브랜드는 이미 판매의 15퍼센트가 아마존에서 이루어지고 있었으므로 그에 대한 고객 주문 처리 및 배송을 책임져야 하는 상황이었다. 왕이 아마존의 풀필먼트 서비스를 이용하기로 계약했을 때 배송비는 절반으로 줄어들었다. 그러나 아마존 도매 판매 계약을 하면서 배송비 절감으로 얻게 된 이윤의 일부를 아마존에 돌려줘야 했다. 그래도 주문 물량은 50퍼센트 증가했다. 왕이 컴퓨터공학자라는 사실을 기억하는가? 그러니 그는 계산에 밝을 수밖에 없다.

인터넷은 모든 오래된 비즈니스 모델을 파괴했다. 그래서 그 결과는 어떤가? 우리는 이제 새로운 비즈니스 모델을 다시 건설하고 있다. 인터넷은 전통적인 직업들과 고용, 마케팅을 파괴했지만 우리는 새로운 종류의 직업들과 새로운 방식의 고용과 마케팅이 그 자리를 대체하는 광경을 목격하고 있다. 아마존의 풀필먼트 서비스 체제 하에서는 인스턴트 포트가 중국에 있는 제조 공장에서 아마존의 물류 센터로 바로 입고되었고, 어느 시점부터 판매의 90퍼센트 이상이 아마존을 통해 이루어지고 있었다.

2015년에 왕은 페이스북 그룹을 시작했다. "저희는 매트리스를 팔고 있는 것이 아닙니다. 여행 가방을 팔고 있는 것도 아니고요. 사람들은 인스턴트 포트를 구입한 후에도 여전히 조리법을 필요로 하고 경험을 공유하기를 원하죠." 가장 최근의 집계에서 왕의 페이스북 그룹은 회원이 200만 명을 넘어섰다. 2019년 왕은 파이렉스 제조사인 코렐과 합병하고 합병 기업의 최고 혁신 관리자로 계속 남아 있기로 했다. 그리고 이번에는 통제권을 잃지 않았다.

보험 쇼핑의 복잡한 절차를 간소화한 '폴리시지니어스'
보험 업계의 익스피디아

제니퍼 피츠제럴드와 프랑수아 드 램은 보험 쇼핑의 복잡한 절차에서 마찰을 제거했다. 그렇게 함으로써 그들은 보험에 가입할 생각이 없었던 사람들까지도 보험을 들 수 있게 만들었다. 그들은 기술을 이용하되 사람이 상담해 주는 에이전시는 남겨 두는 전략을 사용했다.

금메달리스트는 어떻게 경기에서 이길까? 이기는 기업은 어떻게 해서 경쟁에서 승리하는 걸까? 역사를 쓸 때 가장 어려운 점 중 하나는 역사를 필연적인 것으로 접근하지 않는 것이다. 무슨 뜻일까? 미래를 예측하는 것은 결코 쉽지 않은 일이며, 오늘 분명해 보이는 것이 과거에는 그다지 분명해 보이지 않았을 수 있음을 의미한다.

운과 환경이라는 성공의 필수 요소를 고려한다면, 다른 기업들은 시들해지는 반면 어떤 기업은 어떻게 해서 시장 선두 주자가 되는지, 그 논리적인 이유를 설명하려는 것이 완전히 어리석은 일임을 알 수 있다. 대다수의 상황에서 발생한 일은 분명히 일어날 것으로 보였던 일이 아니다. 그저 그런 일이 일어난 것일 뿐이다. 우리는 우리가 선택한 길이 지금 우리가 있는 곳으로 데려왔기 때문에 여기에 있는 것이다. 내일은 다른 곳에 있을지도 모른다.

그럼에도 불구하고 가끔은 우리가 앞으로 다가올 일에 대해 어떻게 그렇게 모를 수 있었는지 이해하기가 더 어려울 때도 있다. 폴리시지니 어스Policygenius의 경우를 살펴보자.

2012년에는 제니퍼 피츠제럴드Jennifer Fitzgerald와 프랑수와 드 램 François de Lame 두 사람 모두 매킨지 앤드 컴퍼니의 뉴욕 사무소에서 일 하는 컨설턴트였다. 보험회사를 포함해 금융 서비스 회사들은 컨설턴 트를 채용하는 것을 좋아했고, 두 사람은 어느 날 자신들이 동일한 질문 에 대해 답을 찾고 있는 다양한 금융기관들을 돕고 있다는 사실을 깨달 았다. 첫 번째 질문은, 시간이 흐를수록 매출이 줄어드는 업계에서는 어 디서 성장을 기대해야 하는가? 두 번째 질문은, 주요 유통 채널(즉, 소비 자들의 손에 제품을 쥐여 주는 주된 경로)이 오프라인 부동산 중개인이라는 사실에 대해 업계는 어떻게 대응해야 할까? 첫 번째는 모든 기업이 결 국은 스스로에게 물어야 할 질문이다. 두 번째는 더 생존과 밀접하게 관 련된 질문이다. 매킨지는 최근 미국 보험 설계사들의 평균 연령이 59세 라는 조사 결과를 발표했다. 다시 말해서, 주요 판매 채널이 은퇴를 눈 앞에 두고 있다는 뜻이다.

피츠제럴드와 드 램은 기존의 사업자들이 스스로 문제를 해결할 처 지가 아니라고 생각했다. 경영대학원에 다니던 시절 스타트업 열병에 걸렸던 드 램은 자신과 피츠제럴드가 직접 사업을 해야 한다고 생각했다. 하지만 피츠제럴드는 그다지 확신이 없었다. "처음에 저는 영 내키지 않았어요…… 사업 파트너가 될 마음이 전혀 없었죠. 저는 당시 하고 있던 일에 꽤 만족하고 있었거든요." 하지만 스타트업 열병은 사라지지 않는 바이러스와도 같아서 드 램은 결국 2013년에 피츠제럴드가 매킨지에 6개월 휴직계를 내도록 설득하는 데 성공했다. 최소 기능 제품minimum viable product을 만들어 시장에서 팔리는지 우선 시험해 보기로 했다. 그들의 계획은 익스피디아가 여행 분야에서 했던 것처럼 폴리시지니어스는 '금융 보호'를 목적으로 보험 상품의 익스피디아를 구축하겠다는 것이었다.

이 계획을 회의적으로 바라보는 시각도 있었다. '온라인에서의 우위 선점'을 위한 다양한 노력은 이미 실패했고, 업계 대선배들은 똑같은 말만 되풀이했다. "보험은 팔리는 것이지 자발적으로 사는 것이 아니다." 하지만 실적만큼 설득력 있는 것은 없다. 사업을 시작하고 4년 뒤 회사는 임시 생명보험과 상해보험 분야에서 가장 잘나가는 기업 중 하나가 되었다. 피츠제럴드가 말했다. "생명보험 및 상해보험 기업 파트너들에게 저희는 그들 성장의 가장 큰 원천일 겁니다. 저희는 또한 예전에는 고객으로 받지 않았던 50세 미만의 디지털 세대 고객들의 공급원이기도 하죠. 저희가 중개하는 생명보험 고객의 평균 연령은 다른 판매사들이 중개해 주는 고객들보다 열 살이 어려요." 그들은 얼마 전 주택보험과 자동차보험을 출시했고, 둘 다 시장에서 아주 빠른 반응을 얻고 있다. 폴리시지니어스는 다른 부문에서의 성공에 힘입어 그들이 플랫폼에 추가하기를 원했던 자동차보험과 주택보험 회사를 참여시키는 데두어 달밖에 걸리지 않았다. "보험회사들은 저희를 과거에는 어떻게 접근해야 할지 몰랐던 시장에 접근하는 하나의 창구로 바라봅니다. 그게정확히 저희가 하고자 했던 일이죠." 피츠제럴드의 말이다.

여기에는 주목할 만한 혁신적인 요소도 있다. 폴리시지니어스는 당장 오프라인 점포를 오픈할 계획은 없지만, 이 회사가 놀라운 것은 순전히 온라인으로만 운영되는 것이 아니라는 점이다. 폴리시지니어스의일차적인 판매는 전형적으로 온라인에서(온라인 시장과 자체 플랫폼을 통해) 이루어지지만 그다음 단계는 사내 실제 인력으로 구성된 팀이 처리한다. 그리고 그런 방식이 바로 고객들이 거래처를 바꾸도록 만들고 더높은 고객 점수를 받게 된 요인으로 작용하고 있다. 보험 가입은 대다수의 사람들이 친숙하지 못한 분야에서의 위협적인 구매라고 할 수 있다. 즉, 고객들에게는 중요한 동시에 위험도가 높다. "최상의 사업 모델은 디지털과 사람이 조화로운 조합으로 함께 가는 모델이라고 할 수 있죠"라고 피츠제럴드는 말한다. 모든 것이 결국은 인공지능으로 귀결될까? 페이스북에 한번 물어보라. 페이스북은 인공지능으로 운영할 계획이었지만 그들의 자체 학습 메커니즘이 보기 좋게 실패했기 때문에 지금은 인간적인 요소를 점점 더 많이 추가하고 있다.

폴리시지니어스는 아마존이 자신들의 영역까지 침범해 들어올 것을우려하고 있을까? 그렇게 많이 걱정하는 것은 아니지만 그들도 그럴 가능성은 염두에 두고 있다고 한다. 아니나 다를까, 구글이 몇 년 전 구글 컴페어Google Compare를 통해 자동차보험 판매를 시도했지만, 그 결과는 실패였다. 빠른 배송 속도, 편의성, 저렴한 가격 등 아마존이 사람들에게 어떤 의미로 각인되어 있건 그것이 보험과 같이 중요한 결정을 내리려고 할 때 대다수의 사람들이 중요하게 여기는 높은 신뢰도로 당연하게 이어지지는 않는다. 그리고 생각해야 할 것이 전자상거래라고 해서 항상 실제 사람의 역할이 필요 없는 것은 아니라는 사실이다. 가끔은 여전히 실제 사람의 관여가 필요한 부분도 있다. 어떤 과정에서 몇 명의 인력을 줄이면 마찰을 줄일 수 있다. 그러나 모든 인력을 제외하면 애초에 그 과정을 시작조차 하기 힘들어진다. 그런 차원에서 폴리시지니어스는 실제 사람이 판매 행위를 하는 제3의 전자상거래를 표방하고 있다.

보험 가격 비교를 자동화하는 일은 분명 성공 가능한 사업으로 보이지만, 돌이켜 보면 창업 당시에는 그다지 전망 있어 보이지 않았다. 투자자를 찾을 수가 없었다. 그 이유는 무엇이었을까? 핀테크 혁명 속에서 관심이 아직 보험으로 넘어가지 않은 너무 이른 시기였던 것이다. 핀테크에 관심이 있었던 벤처 투자자들은 대출과 지불, 재정 관리에 집중하고 있었다. 그것은 관심을 보험으로 돌리기 전에 반드시 혁신해야 할 비즈니스 모델이었다. 두 번째 문제는 공동 창업자 두 사람 모두 기술 스타트업에는 필수적인 기술 방면의 경험, 또는 해당 분야의 실전 경영 경험이 없었다는 것이다(컨설턴트가 무슨 일을 하는 직업인지, 그리고 그들의 실제 회사 경영 가능성에 대해 알고 싶다면 2013년에 출간된 더프의 저서《더 펌》을 참고하시라).

　그래서 두 사람은 친구들과 가족, 동료들에게 의지하는 수밖에 없었다. 그들은 이 사업에 735,000달러를 모아 주었다. 9개월 후인 2014년 여름 두 사람은 플랫폼을 론칭했다. 여러 가지 이유로 결코 쉽지 않은 길이었다. 첫째로 보험은 판매하기 쉬운 상품이 아니다. 둘째로 보험회사들은 최종 고객들에 대한 직접적인 관리를 포기하는 게 좋다는 시각에 대해 스스로 회의적인 생각을 가지고 있었다. 초기의 분명한 성과에도 불구하고 그들은 여전히 벤처 투자자들에게 확신을 줄 수 없었다. 3주 후면 현금은 바닥날 예정이었고 직원들에게 월급도 지급하지 못하고 있던 시기에 뜻하지 않게 자금을 지원받게 되어 결국 530만 달러의 시리즈 A 투자를 이끌어 낼 수 있었다. 그때부터 그들은 조금 더 공격적인 마케팅을 할 수 있게 되었고 시리즈 B와 C의 투자금은 각각 1,500만 달러와 3,000만 달러로 훨씬 전폭적인 지원을 받았다. 이제는 사업 결과가 어느 정도 뚜렷해졌다. 그리고 투자자들도 몰려들기 시작했다.

　스타트업 경영은 얼마나 어려운 일일까? 만약 당신이 스타트업을 경영하면서 주 5일 외근을 하고 주 90시간 일하는 매킨지의 컨설턴트라면 어떻겠는가? 피츠제럴드는 말한다. "매킨지의 일은 지난 5~6년 동안 일한 것에 비하면 식은 죽 먹기처럼 쉬웠어요. 창업을 꿈꾸는 사람들이 '사업을 시작하고 싶어요. 너무 멋있어 보여요'라고 말하며 제게 조언을 구하면, 저는 이렇게 말해요. '전혀 멋있는 일이 아니에요. 마치 매일 한 방씩 얻어맞는 것 같은 기분이죠.'" 피츠제럴드는 경영 컨설팅 분야뿐만 아니라 실제 경영에 관여하지 않는 모든 MBA 직업들에 대해 많은 사람이 못 미더워하는 부분이 있다는 사실을 인정한다. "이와 같은 시장에서 팀을 구축하고 유지하는 것이 얼마나 어려운 일인지 사람들은 잘 모릅니다. 특히 회사가 커질수록 말이죠." 사업 전략은 가지고 있는가? 비즈니스 모델을 분석하고 가격 책정을 어떻게 할지 결정했는가? 경쟁 분석은 해 봤는가? 이 모든 질문에 '네'라고 답했다 해도, "어렵고 예측 불가능한 문제는 결국 사람입니다"라고 그녀는 말한다. "그리고 현재 250명의 직원과 함께 일하면서 제 시간의 가장 큰 부분을 차지하는 일은 바로 사람 관리입니다."

물론 폴리시지니어스는 똑똑한 사람들을 채용하기를 원한다. "가장 뛰어난 사람들이 어떤 문제를 해결하려고 노력한다면 정답에 더 빨리 도달하게 될 겁니다"라고 피츠제럴드는 말한다. 하지만 그녀는 보상이나 대형 기관과의 연계를 기대하기보다는 자신의 커리어 궤적 속에서 커다란 성장을 도모함과 동시에 많은 책임을 떠안는 것에 더 집중하는 인재들이 필요하다고 말한다.

그렇다면 지속적인 성장을 방해하게 될 요소는 무엇일까? 첫 번째는 몇몇 다른 온라인 업체들의 성장을 저해하는 원인이 되기도 한 신규 고객 유치 비용의 상승이다. 한 명의 고객을 유치하는 데 들어가는 비용이 높은 업종들 중에서도 최상단에 위치해 있는 것이 핀테크, 그중에서도 인슈어테크다. 두 번째는 옛날 방식의 경쟁이다. 폴리시지니어스가 사업을 시작했을 때만 해도 단 몇 개의 경쟁 업체가 존재했을 뿐이다. 하지만 현재는 수백여 개의 업체가 존재한다. 그리고 라스베이거스에는 뉴스레터와 콘퍼런스도 있다. "수많은 경쟁자가 나타나 저희가 하는 것을 똑같이 하려고 시도하죠. 하지만 괜찮습니다. 왜냐하면 이 일을 해 보니 전략을 세우는 건 쉬워도 실행이 어렵다는 걸 알게 되었거든요. 저희는 수년 동안의 노하우를 가지고 있고 경쟁 우위를 유지할 수 있는 여러 방안을 마련해 두고 있습니다." 피츠제럴드의 말이다.

그들은 처음 몇 년 동안은 드 램의 사업가적 직감에 따라 콘텐츠와 검색 엔진 최적화에 집중함으로써 경쟁 우위를 유지할 수 있는 방안을 마련했다. 자연스러운 방식으로 구축한 정말 강력한 고객층을 기반으로 하지 않는다면 순수하게 유료 광고 채널만을 통해 고객을 유치하는 것은 효과가 없을 것이라는 가정 하에서 그렇게 한 것이었다. 피츠제럴드는 말한다. "아시다시피 사업은 장기전입니다. 하지만 똑같이 따라하기는 어렵죠. 그리고 저희 사이트는 가장 고품질의 통신 속도를 제공합니다." 그들의 또 다른 강점은 매킨지에서의 경험을 살려 가설 중심의 마케팅 방식을 도입했다는 것이다. 그들은 끊임없이 새로운 채널을 시도하고 있고 어떤 것이 효과가 있는지 알아보고 많은 투자를 결정하고 투자수익률을 분석해서 그 채널에 지출을 늘려야 할지 줄여야 할지를 판단한다.

피츠제럴드는 앞으로 18개월 동안이 가장 어려운 구간이 될 것이라고 예상하고 있다. 완전히 새로운 사업 부문을 추가함으로써 기본적으로 사업을 훨씬 복잡하게 만들었기 때문이다. "저희가 그 사업을 밀어

붙인다면, 수십억 달러 규모의 가정용품 브랜드처럼 성장할 수 있을 거라 예상해요. 하지만 그사이에 이뤄야 할 일들이 아주 많죠. 저희가 두 배 규모로 성장하게 되면 그 규모의 다른 조직처럼 되어야만 할까요? 저는 잘 모르겠어요. 어떻게 잘 하느냐에 달려 있는 거겠죠. 조직 구상에 정답은 없을 겁니다." 어려운 부분이다. 그렇지 않은가? 우리는 그녀에게 묻는다. 앞날의 모호함은 어떨까? "마음이 아주 불안할 수 있죠. 하지만 모호함을 편안하게 느낄 수 있어야 해요. 말로 표현하기 어려운 부분이 있을 수밖에 없죠."

그게 바로 정답일 것이다.

소매 스타트업을 돕는 데이터 분석 기업 '블루코어'
머신 러닝으로 똑똑해지는 미래의 마케팅

데이터 분석 기업인 블루코어의 창업자들은 소매 스타트업의 시스템에서 마찰을 제거했다. 온라인 상에서 소매 기업들이 새로운 고객을 유인하는 것을 돕는 동시에 고객이 유입되고 난 뒤에도 고객을 유지하면서 수익성을 최대한 높일 수 있도록 돕는다.

2013년 맥스 베넷Max Bennett, 파예즈 모하무드Fayez Mohamood, 마무드 아람Mahmoud Arram이 블루코어를 설립했을 당시, 그들의 계획은 소매 기업들이 고객 정보를 더 효과적으로 수집하고 활용할 수 있는 솔루션을 만들자는 것이었다. 고객의 평생 가치를 증대시킬 뿐만 아니라 재구매 유도를 위한 실시간 소통을 가능하게 하기 위해서다.

이 아이디어는 소매 기업들이 특정 데이터 세트의 통합을 더 쉽게 할 수 있도록 해 줌으로써 이메일 마케팅을 더 효과적으로 활용할 수 있게 하자는 취지에서 나온 것이었다. 처음에는 그들이 실시간으로 고객 분석 정보를 제공함과 동시에 그것을 바로 적용해서 제품 소개 페이지를 보여 줄 수 있을 것이라고 믿는 사람은 아무도 없었다. 그들은 실제로 그것이 가능함을 확인시켜 주기 위해 기술 지식이 부족한 마케터들에게 시스템의 내부 작동 원리를 보여 주어야만 했다.

그것의 개념 또한 새로운 것이었다. 그래서 블루코어는 실질적인 경쟁자가 없었다. 그들이 극복해야 할 경쟁 상대는 습관과 역사였다. 이메일 마케팅을 통해 매출을 증대시키고자 하는 소매업체들은 습관적으로 고객들에게 더 많은 이메일을 발송한다. 그리고 소매업체들은 지금까지 자체적으로 사내 이메일 마케팅 솔루션을 개발하는 데 익숙해져 있었다. 베넷은 말한다. "블루코어의 솔루션과 같은 기능을 가진 도구는 여태껏 없었어요. 저희는 이메일 마케팅 매출을 증대시키기 위해 노력하고 있는 기업 내부의 IT 역량이나 다른 대안들에 맞서 경쟁하고 있었죠."

그들의 계획은 실현 가능하며 수익성도 있음이 드러났다. 현재 블루코어의 직원 200명은 스테이플스, 세포라, CVS를 포함해 400여 개 이상의 소매업체들과 일하고 있다. 수백여 개의 상품 속성을 추적·관리해 소매업체에서 다음에는 어떤 상품들을 고객에게 보여 줄지 결정하는 일을 돕고 있는 것이다. 현재 그들은 5억 명에 달하는 쇼핑 고객들의 이메일 ID와 아마존에 버금가는 누적 상품 카탈로그를 보유하고 있다.

이메일은 다음의 몇 가지 이유에서 고객 유지에 매우 중요한 수단이라고 경영자들은 말한다.

1. 당신은 이메일 ID의 주인을 이미 고객으로 인식하고 있다.
2. 마이크로소프트, 구글, 애플은 지능적인 필터링과 분류 작업을 거치므로 우리에게 도달하는 이메일 대부분을 읽어 보게 만든다.
3. 소매업체들이 트리거와 고객 예측, 혹은 개인 맞춤 기능을 갖추고 있는 자동화 기술을 사용하면 이메일 투자수익률을 소셜미디어나 검색보다 2~5배가량 높은 수준으로 끌어올릴 수 있다.

"저희는 소매업체들이 고객을 점점 더 오래 보유할 수 있도록 도와 상대적으로 새로운 시장이라 할 수 있는 페이스북과 구글에 돈을 쏟아부을 필요가 없게 해 줍니다"라고 모하무드는 말한다.

이들의 소프트웨어는 해당 업체들의 상품 페이지를 실시간으로 관리하며 쇼핑객들이 구매하거나 장바구니에 넣은 상품들뿐만 아니라 상품을 구경하거나 상세 페이지를 클릭하거나 검색한 기록, 혹은 그 사이트에 머무는 동안 여기저기 둘러본 기록을 업체들이 모두 지켜보면서 분석할 수 있게 해 준다.

누구나 한번쯤은 장바구니에 넣어 놓기만 하고 잊고 있었던 상품들과 관련해 이메일을 받아 본 적이 있을 것이다. 이 방식은 꽤나 효과적인 것으로 드러났다. 하지만 블루코어 팀은 거기서 그치지 않고 이메일 마케팅을 완전히 새로운 경지로 끌어올렸다. 이들의 이메일에는 '당신이 보고 있었던 품절 상품이 지금은 입고되었습니다' 혹은 '당신이 관심을 가졌던 상품의 가격이 인하되었습니다' 같은 메시지가 담겨 있다.

인공지능으로 작동하는 블루코어의 결정 엔진은 그다음에 고객에게 언제 이메일을 보내는 것이 좋을지 최적의 시기와 그 내용을 결정해 준다. 인공지능의 결정은 고객 개개인이 사이트에서 보인 행동과 특정 상품과 관련된 변화가 그들의 구매 행위에 어떤 영향을 미쳤는지에 대한 통찰을 기반으로 한다. 이 모든 활동은 고객과의 연결성을 높이고, 브랜드 인지도 상승을 위해 많은 노력을 들이지 않고도 매출을 증대시켰다.

통계 수치가 담고 있는 메시지는 분명하고 단순하다.

- 장바구니에 담기만 하고 잊어버린 상품을 알려 주었을 때 2퍼센트의 판매가 창출된다. 그다음으로 효과가 좋은 방식보다 4배나 높은 수치다. 그다음으로 효과가 좋은 방식은 상품 설명 페이지만 보고 장바구니에 담지 않았던 상품들과 함께 가격 인하 알림을 보내 주는 적극적인 이메일 발송이다.
- 아이쇼핑만 했던 상품이나 장바구니에 담았던 상품을 보여 주는 이메일을 받은 고객들은 이 이메일을 열어 볼 가능성이 아주 높다. 두 경우에서 이메일 확인율은 40퍼센트에 달한다.
- 고객들은 자신이 관심을 보인 상품의 가격이 인하되었다는 사실을 알게 되면 10명 중 1명 이상, 즉 10퍼센트가 클릭해서 해당 브랜드의 웹사이트를 둘러본다.

기업은 고객들에게 어떤 메시지를 우선순위로 보낼 것인지를 어떻게 결정할까? 그 문제를 해결하기 위해 블루코어는 인공지능으로 작동하는 '재강화 학습 모델'을 개발했다. 이 모델은 누군가가 별도의 작업을 하지 않고도 각각의 고객과 마케팅 캠페인 유형, 상품, 할인 별로 어떤 것이 가장 최적의 조합인지를 알려 준다. "버튼을 누르기만 하면 되죠. 이메일 발송의 우선순위를 정하는 데 머신 러닝을 이용한 덕분에 새로운 수익을 자동으로 창출하게 되는 겁니다." 베넷의 말이다.

머신 러닝 모델이 더 많은 데이터를 보유할수록 그것이 도출해 주는 결과는 더 정확해진다. 많은 경우 이미지 인식과 자연 언어 처리가 떠오르겠지만, 초기에는 한동안 머신 러닝 모델이 기대한 만큼의 기량을 발휘하지 못할 수도 있다. 그럼에도 마케터들에게 반가운 소식은 머신 러닝이 똑같은 메시지를 모든 고객에게 보내는 현재의 상태를 매우 빠른 시일 내에 뛰어넘을 수 있다는 것이다.

어떻게 그럴 수 있을까? 베넷은 이렇게 설명한다. "더 이상 모든 고객에게 똑같은 이메일을 보내는 것이 아니라 특정 부분을 자동으로 생성해 일대일 커뮤니케이션이 가능하도록 해 주기 때문입니다. 마케팅 분야는 끊임없이 발전하기 때문에 머뭇거리고 있을 여유가 없습니다." 블루코어의 머신 러닝 애플리케이션은 고객들에 대한 통찰을 제공하는 것 이상의 역할을 한다. 그들은 한 걸음 더 나아가 스스로 최적화하고 스스로 학습한다. 대다수의 소비자들은 아마존 같은 곳에서 반려동물 사료나 휴지 등 어떤 상품에 대해 '정기 배송 가입'을 권유받는다. 그리고 우리 대부분은 그런 것에 가입해야 한다는 말에 귀찮다고 느낀 경험이 한번쯤은 있다. 필요한 물품이 항상 그때 떨어지는 것이 아닌데도 정해진 날짜에 뭔가를 구매해야 한다는 틀 속에 갇히기를 원치 않기 때문이다. 고객들은 이제 정기 배송 서비스에도 싫증이 나 있다.

블루코어는 머신 러닝을 이용해 소매업체들이 이 난제를 해결하도록 도와준다. 인공지능이 각각의 소비자가 이메일을 받기에 가장 저항감을 느끼지 않을 시간이 언제인지를 고객사에 알려 줌으로써 소비자에게 다시 필요하게 될 상품의 재구매를 유도할 수 있도록 도와주는 것이다. 이것을 '가입이 필요 없는 정기 배송', 혹은 '마찰이 제거된 텔레마케팅'이라고 부를 수 있을 것이다. 어떤 이름을 붙이건 이것이 바로 미래의 마케팅이다.

~~~~~~~~~~~~~~~~~~~~~~~~~~

5장

마찰이 제거된 경쟁

~~~~~~~~~~~~~~~~~~~~~~~~~~

50년 전 밥 딜런은 '사랑은 그저 두 글자로 된 망언일 뿐'이라고 노래했다. 소비재 상품 기업의 CEO로서 나는 2020년의 망언도 두 글자라고 말하고 싶다. 바로 '재고'라고. 우리 세계에서는 그보다 더 오점으로 여겨지는 단어도 없다.

이 사실을 언제나 인식하고 있었던 것은 아니다. 하지만 드웰스튜디오에서의 경험이 그 사실을 상당히 뼈아프게 가르쳐 주었다. 실제로 상품을 판매해 본 사람에게 물어보라. 운영자의 관점에서 보면 재고 보유량이 당신의 운신의 폭이다. 좀 더 구체적으로 말하자면, 재고량을 어느 정도 유지하고 있으면 주문을 할 때마다 과감한 협상을 할 수 있다. 일부 상품들은 대단위로 판매된다. 그런 주문은 아주 반가운 일이다. 그러나 다른 상품들은 그렇지가 않다. 어려운 상황은 어떤 상품이 잘 팔리고 어떤 상품이 잘 안 팔리는지 구분할 틈도 없이 승부수를 둬야 할 때다. 드웰스튜디오 시절 우리는 아주 잘 팔리는, 말 그대로 재고 창고에 보관할 겨를도 없이 잘 팔리는 상품이 몇 가지 있었다. 재고 부족 문제를 해결하는 일은 보기보다 쉽지 않았다. '그 상품을 더 많이 주문하면 되지 않나?'라고 생각하겠지만 글쎄, 그럴 수 있다면 그렇게 하겠지만, 그만큼 잘 팔리지 않는 다른 상품들로 인해 현금 사용에 제약을 받고 있는 상황이기도 했다. 그 결과 우리는 가장 잘나가는 상품들의 모든 수요를 충족시킬 수 있을 만큼 재고를 충분히 비축해 둘 수 있는 경우가 드물었다. 이것이 사업의 가장 어려운 부분 중 하나다.

수입 제품을 취급할 때도 리드 타임(상품 생산 시작부터 완성까지 걸리는 시간-옮긴이)이 길어, 어떤 품목이 아주 잘 팔린다는 사실을 알게 되더라도 재주문을 넣어 상품을 다시 채워 넣는 데는 여전히 90일 이상이 걸릴 수 있다. 요즘에는 상품 판매 주기가 매우 짧아서 90일이 지나면 그 상품을 3개월 전에 너무나 원했던 고객의 흥미는 이미 사라져 버린 후일 것이다.

또한 일이 정말 잘못되기 시작하면 악성 재고는 당신을 무너뜨릴 수도 있다. 금융 위기 이후 드웰스튜디오는 현금 흐름이 들쑥날쑥했다. 다른 기업들도 모두 그랬다. 따라서 재고가 사업에 커다란 부담으로 작용했다. 이것이 내가 결국 회사를 매각하게 된 원인 중 하나가 됐다.

다른 한편으로는 재고 보유량이 적을수록 운신은 더 유연해질 수 있다. 극단적인 경우 재고가 전혀 없으면 무한한 유연성을 갖게 된다. 웨이페어에서 그와 같은 경우를 본 적이 있다. 웨이페어에는 약 1,300만 건의 상품이 존재하지만 재고는 거의 없다. 어떻게 그렇게 하는 것일까? 여기서 '생산자 직접 배송' 개념이 나온다. 사이트에서 도매 상품들을 관리하면서 상품에 대한 접촉 없이 고객들에게 상품을 판매하는 개념이다. 이것이 웨이페어의 성공 비결 중 하나다. 그리고 아마존의 성공 비결이기도 하다. 그들은 다른 사업자들의 상품을 팔아 주는 시장인 것이다.

'웨이페어나 아마존 같은 방식을 드웰스튜디오와 결합시킬 수도 있지 않을까?'라는 생각이 들자 섬광 같은 깨달음이 찾아왔다. 나는 물류 센터가 없이는 소비재 브랜드 사업을 구축할 수 없다고 생각했었다. 그러나 아마존은 그렇지 않다는 것을 보여 주었다. 재고가 없이도 소비재 브랜드 사업을 할 수 있는 것이다.

그때 아이디어가 번뜩 떠올랐다. 다른 사업을 해 보겠다는 나의 초기 계획이 윤곽을 잡아 가기 시작한 것이다.

공연계에는 "누가 밴조 연주를 한다고 해서 따라서 밴조 연주를 하지 마라"라는 금언이 있다. 그래서 나는 웨이페어나 아마존과 정면으로 대결할 생각을 해 본 적이 없다. 그들은 너무나 강적이다.

웨이페어는 시장에서 자신을 일종의 '창구'로 자리매김할 수만 있다면 재고를 보유하지 않고도 소비재 사업을 할 수 있다는 것을 보여 주었다. 문제는 그 역할에서 부가가치를 창출할 수 있는가 하는 것일 뿐이다. 아마존과 웨이페어 모두 저렴한 가격과 폭넓은 선택지, 훌륭한 서비스를 통해 가치를 창출하고 있다. 내게는 그 가치 창출의 기회가 디자인에 있었다.

나는 스스로에게 계속 질문을 던졌다. '어떻게 하면 기술을 이용해 실제 접촉 없이도 가치를 창출하는 발 빠른 기업을 만들 수 있을까? 재고를 보유하지 않고도 그게 가능할까?' 바꿔 말하자면, '어떻게 하면 더 마찰이 없는 기업을 만들 수 있을까?'라고 자문한 것이다.

나의 경우 어려운 점은 드웰스튜디오에서 내가 했던 디자인과 동일한 수준을 유지하면서 다른 부분은 모두 아마존의 방식을 따르는 것이었다. 그것은 다시 말하면 재고 위험을 감수하지 않아도 되는 고품질의 디자인 브랜드를 창조하는 것이었다.

재고 위험? 그게 무엇인가? 과거의 비즈니스 모델에서는 수요를 예측해서 재고를 채워 놓기 위해 최선을 다해야만 했다. 그리고 당신이 아무리 감이 발달했어도 하루 업무를 마감할 때면 으레 재고는 남거나 부족하기 마련이다.

나는 어떻게 사업을 시작할지 하나씩 길을 찾아가다 불현듯 이런 생각이 떠올랐다. '도구들은 이미 내 앞에 놓여 있고 그것을 현실화해 줄 아주 유능한 기술 팀만 있으면 돼.'

나는 온라인 시장에서 어떻게 사업을 운영할 것인지 구상해 보았다.

- 날마다 신상품을 출시해서 고객들이 무엇을 좋아하는지 살펴본 후 제품 라인을 그에 맞춰 조정한다.
- 상품이 판매될 때까지 아무것도 제작할 필요가 없으며 팔리지 않는 상품들에 대해서는 그것을 디자인하는 데 소요되는 시간 외에는 비용이 전혀 들지 않는다.
- 웨이페어와 동일한 시장에서 비슷한 소매가로 폭넓은 고객들을 대상으로 판매한다.
- 고객 맞춤 가구를 만들어 생산자 직접 배송을 함으로써 고객 맞춤 가구의 제작 배송 기간을 수개월에서 수주로 단축할 수 있다.

여기서 빠져 있는 한 가지는 '할인'이라는 결론에 도달했다. 이유는 무엇일까? 내가 판단하기로는 아무도 그것을 생각하지 않았다는 것이다. 그리고 누군가 그것을 생각했다 하더라도 즉시 불가능한 것으로 결론지었을 것이다. 훌륭한 디자인과 낮은 가격의 조합은 역시 무리한 주문이다. 가격을 낮추기 위해 몇 가지 주요 비용을 낮춰야 한다는 사실은 알고 있었지만 나는 그것에 구애받지 않았다.

한 가지만큼은 확실히 해 두고 싶다. 나는 디자인을 사랑한다. 좀 더 정확히 말하자면, 좋은 디자인을 사랑한다. 형편없는 상품을 대중에게 파는 것에는 털끝만큼도 관심이 없다. 그런 것은 전혀 재미가 없다. 나는 소비자에게 직접 조립해야 하는 400여 개의 부품으로 구성된 저렴한 옷장을 판매하고 싶은 마음도 없다. 가격을 저렴하게 낮출 수 있는 유일한 방법은 폐목재를 사용하는 것이다. 그러나 그것은 내게 용납되지 않는 일이다.

그래서 나는 디자인 사업에 대해 내가 알고 있던 모든 것을 창문 밖으로 던져 버리고 인터넷 시대에 맞게 조직을 개편하기로 했다.

홈 인테리어 분야는 거대한 규모의 성장 시장이다. 미국에서만도 연간 매출액이 1,020억 달러에 달한다. 여러 개의 유니콘 기업을 먹여 살리기에 충분한 시장이다. 여전히 새롭게 재해석할 필요가 있는 시장이기도 하다. 디인사이드를 보호해 주는 방어막은 우월한 디자인이다. 우리는 가구의 프레임과 원단 모두에 고객 맞춤 디자인을 적용한다. 가상 제작을 통해 셀 수 없이 많은 개인 맞춤 단일 상품을 생산하는 것이다. 적정 수준의 가격은 고객들이 자신의 공간과 가구를 더 자주 바꿀 수 있게 해 주며, 실내 장식과 관련된 결정을 내리는 데 스트레스를 덜 받도록 해 준다. 디인사이드는 고객들에게 자신의 요구에 맞춰 제작된 개인 맞춤 상품을 디자이너가 재구성해 보여 주는 특별한 디자인 경험을 선사한다. 그런 과정을 통해 구매 경험을 더 만족스럽고 재미있게 만들어 주는 것이다.

또한 공급 사슬도 완전히 재편했다. '공급 사슬 효과'라는 표현은 웨이페어 이전에는 나도 들어 본 적이 없는 것 같지만, 지금은 내가 가장 좋아하는 말 중 하나다. 그렇다면 '공급 업체 점수'란 무엇일까? 그것 역시 내 단어장에 없는 용어였다. 하지만 그 두 요소 모두 미래 소매업에서 아주 중요한 부분을 차지하게 될 것이다. 빠른 속도와 저렴한 가격, 좋은 품질이 삼위일체를 이루기 위해서는 이 두 레버를 당겨야만 한다.

매일 나는 소비자들은 잘 눈치채지 못할 사업의 어느 부분에서 더 많은 이윤을 쥐어 짤지 고민하는 시간이 많다. 디인사이드에서는 우리만의 디자인을 창조하고 실행할 수 있는 디자인 스튜디오를 사내에 두고 있으며 디자인을 공급 사슬의 일부로 규정한다. 일단 고객이 가구를 주문하면, 가구는 고객의 요구에 따라 제작된다. 전통적으로 자본 집약적으로 운영되었던 분야에서 자본 효율적인 방식으로 접근하고 있는 것이다. 디인사이드의 상품은 미국에서 제작되는 것은 물론이고, 환경친화적이며 지속 가능한 방식으로 제작된다. 가구를 만드는 데는 약 3주의 시간이 걸리고 저비용의 배송 방식으로 일주일 정도가 더 소요돼, 전체 과정은 4주 가까이 걸린다.

다시 한번 정리하자면, 우리는 독점 디자이너 패턴과 캡슐 컬렉션을 선보이면서도 적당한 가격의 가구를 제작해 UPS를 통해 4주 내로 고객에게 직접 배송한다. 소파 하나를 배송받는 데 14주를 기다려야 했던 경험을 기억하는가? 우리는 30일 이내로 배송해 준다.

우리는 상품이 판매되기 전에는 아무것도 만들지 않는다. 받침대 하나도. 그리고 중요한 점은 바로 이것이다. 아무것도 만들지 않는 방식은 매우 비용 효율적인 것으로 드러났고, 우리는 거기서 절약된 비용을 소비자에게 돌려준다. 퀸 사이즈 침대 머리판을 399달러에 판매할 수 있는 이유는 그 모든 생산 비용을 제거한 덕분이다. 이것을 가구 2.0, 혹은 홈 인테리어 2.0이라고 부르는 것으로 해 두자. 요는 이런 방식이 우리에게 익숙하지는 않지만 앞으로 다가올 미래의 방식이 될 것이라는 사실이다.

웨이페어에서 근무할 당시 나는 웨이페어 비즈니스 모델의 근본 원리인 '재고 없는 시장'의 개념을 이해하게 되었다. 시장은 항상 존재해 왔다. 그건 사실이다. 그리고 이베이는 온라인 마켓이 된다는 것이 얼마나 대단한 일인지 증명했다. 그러나 브랜드 기업이 자신의 고유한 디자인의 상품을 판매하는 것 역시 여전히 아주 혁명적인 일이다.

이제는 구글 애널리틱스를 통해 고객들이 우리 사이트의 어디에서 가장 오래 머무르는지 알 수 있게 되었다. 그래서 A/B 테스트 결과를 활용해 하루 종일 최적화 작업을 진행한다. 그 외에는 하루 종일 무슨 일을 할까? 온라인 소매업체의 외관을 결정짓는 주요 사안인 디자인, 마케팅, 웹사이트 등에 관해 끊임없이 토론한다.

그렇게 해서 우리는 고객들이 원하는 것을 제공한다. 우리의 마케팅은 끊임없이 실행과 오류 수정을 반복하고 있는 상태다. 앤드루 두덤 Andrew Dudum이 실제 로커룸과 화장실 벽 광고의 성공에 힘입어 힘스 Hims를 창업한 것을 보고 브릿과 나는 이렇게 자문했다. "우리가 광고를 할 만한 우리의 로커룸은 어디지? 우리의 벽은 어디에 있을까?"

이 모든 변화는 결국 어떤 결과를 가져오게 될까? 요즘 들려오는 수

많은 '대박' 성공 스토리를 생각해 보라. 우리는 역사상 가장 대대적인 기업 및 경제 권력의 재편 과정에 놓여 있다.

모든 신세대는 앞선 세대들이 한때 가치 있다고 여겼던 것을 거부한다. 이는 성장하고 자신의 정체성을 확립하는 데 필수적인 과정일 것이다. 그러면서 일부 아이디어와 기술, 브랜드는 시간의 시험을 견뎌 낸다. 시간이 흐르면서 그들은…… 현재의 주도 세력으로 떠오른다.

현재의 주도 세력은 어떻게 시간의 시험에서 살아남은 것일까? 많은 경우, 그들은 대체 가능한 선택지들 중 가격이나 품질, 편의성 면에서, 혹은 그 세 가지 모두에서 가장 뛰어나기 때문이다. 하지만 많은 경우, 경쟁 상품이나 서비스가 더 싸거나(가격), 더 좋거나(품질), 더 빨리 확보할 수 있다(편의성)는 사실을 성공적으로 눈가림하는 효과적인 마케팅과 브랜드 이미지 창출 덕분이기도 하다. 가장 잘나가는 브랜드들은 소비자들이 '신뢰'에 가치를 둔다는 단순한 이유로 시장 정가에 프리미엄을 조금 더 요구할 수 있다. 시장에서 이미 자리 잡은 브랜드들은 어쨌든 소비자를 실망시킬 확률이 낮을 거라는 기대감 때문이다(매킨지 앤드 컴퍼니의 콜게이트 치약과 관련된 조사 결과를 보라).

또한 진입 장벽이 높은 경우, 브랜드들은 그 자격 여부를 떠나 고객들에게서 불가피하게 약간의 프리미엄을 뽑아내기 시작한다. 최악의 시나리오는 이것이 효과적인 독과점으로 발전하는 경우다(블록버스터 비디오의 경우를 보라). 그러나 블록버스터의 경우가 보여 주듯 영원히 지속되는 것은 없다. 특히 고객들을 정당하게 대우하지 않는 경우에는 더욱 그렇다. 넷플릭스가 처음 몇 년을 살아남은 가장 중요한 한 가지 이유는 그들이 한 일(우편으로 DVD를 배송해 주는 서비스) 때문이 아니라 그들이 하지 않은 일(부당한 연체료 부과) 때문이었다. 넷플릭스는 지금은 전혀 그렇지 않지만 시작 단계에는 반블록버스터, 즉 '블록버스터가 아닌 것'을 표방하며 출발했다.

왜 당신은 (그리고 사람들은) 사용하는 브랜드를 바꾸는가? 새롭게 받아들인 정보를 기반으로 당신의 생각이 바뀌었기 때문이다. 그럼에도 불구하고 많은 경우 당신이 특정 상품이나 서비스에 관한 새로운 정보를 굳이 찾아보는 수고를 할 필요는 없다(또는 적어도 그것이 당신이 정보를 인지하는 방식이다).

더프는 면도를 아예 안 하게 될 때까지 질레트 면도날을 사용했다. 그 이유는 무엇이었을까? 질레트 면도날이 완벽하다고 생각해서였을까? 아니다. 다른 브랜드로 교체하기 위해 그의 이성이 요구하는 정보를 시간을 들여 수집하는 수고를 할 수 없었기 때문이었다. 그리고 질레트 면도날은 어디서든 살 수 있었다. 게다가 아무도 그에게 더 나은 방식이나 더 나은 브랜드가 있다고 설득하지 않았기 때문이었다. 물론 더프만 그런 것이 아니다. 질레트는 오랜 세월 동안 면도날 시장에서 이렇게 독보적인 위치를 차지해 왔다.

하지만 이 모든 것도 구매 전에 검색해 보고 새로운 브랜드에 대해 알아보고 그들의 가격-품질-편의성 사이의 균형을 고려하고 다른 이들은 그 브랜드에 대해 어떻게 생각하는지 쉽게 알아볼 수 있게 된 인터넷 시대 이전의 일이다. 그 시절에는 브랜드 인지도가 기업이 의지할 수 있는 가장 중요한 것 중 하나였다. 그렇게 해서 큰 회사들은 점점 더 비대해졌다.

그러나 이제 그런 시절은 지나갔다.

위에서 언급한 두 요소, 즉 부모 세대의 선택을 거부하고자 하는 모든 신세대의 욕구와 거의 무료에 가까운 비용으로 여러 대체 상품을 비교할 수 있는 능력을 결합시키면 혁명을 일으킬 준비는 된 것이다. '브랜드 파워'라는 말도 이제는 옛말이 되어 버렸다. 정보는 모든 상품을 평등하게 만들어 버리는 위대한 도구다. 여전히 시장점유율은 중요하지만 예전만큼은 아니다.

고객들은 항상 더 저렴한 가격과 더 높은 품질, 더 편리함을 원한다. 그 사실에는 변함이 없다. 하지만 이제는 그것들 중 하나 이상을 예전보다 훨씬 쉽게 구할 수 있게 되면서 예전만큼의 브랜드 충성도를 기대할 수 없게 되었다.

소비자들은 별 세 개짜리 가격을 지불하고 별 다섯 개짜리 경험을 하기를 원한다. 그것이 여행이 되었든, 건강관리가 되었든, 건강보험이 되었든 말이다. 그리고 그들은 자신이 그런 대우를 받을 권리가 있다고 믿는다. 이 사실을 염두에 두고 사업을 경영한다면 성공을 보장해 주는 아주 중요한 두 가지 요소를 가지고 가는 셈이며, 누구와 경쟁을 하든 중요하지 않게 된다. 이제는 더 이상 프록터 앤드 갬블Procter&Gamble이라고 해서 대단하게 생각하는 사람은 없다. 면도를 완전히 중단하기 전에 더프는 해리스에서 새 면도기와 면도날을 구입했다.

우리는 가격 대비 품질 차원에서 모두 똑같은 입장을 취하지는 않는다. 어떤 사람들은 더 나은 품질에 더 높은 가격을 지불하려 할 것이고, 어떤 이들은 더 저렴한 가격에 상품이 제 기능을 하는지에만 관심이 있을 수도 있다. 모두가 원하는 두 가지 요소는 편의성과 용이함이며, 인터넷은 그 두 가지를 충분히 만족시킨다.

누가 매트리스 매장에 직접 방문하고 싶어 하겠는가? 그곳에서 시간을 보내고 싶어 하는 사람이 있을까? 없을 것이다. 이는 모두 소비자 경험과 관련된 문제다. 우리는 마찰을 피하기를 원한다. 이제는 모두가 문 앞에 자신이 원하는 상품이 담겨 있는 택배 상자가 놓여 있기를 원하며, 매트리스도 예외가 아니다. 캐스퍼가 아주 성공적인 스타트업이 된 것은 그들이 세계 최고의 매트리스를 판매하기 때문이 아니다. 바로 그들의 마케팅 덕분이다.

인터넷은 또한 완전히 새로운 것의 부상을 촉진했다. 그게 아니더라도 최소한 '개인 맞춤'이라는 개념을 인식시켰다. 프로즈는 고객 개개인의 모발 상태에 맞춰 재료를 배합해서 특화된 헤어 제품들을 만들어 낸다. 스티치 픽스Stitch Fix는 당신의 옷장 안을 들여다보고 당신의 몸에 맞는 옷만을 보내 주는 것이 아니라 당신이 스스로를 바라보는 자아상에 맞는 옷을 보내 준다. 고객들은 이렇게 말한다. "저를 위한 옷을 팔아 주세요! 누구에게나 다 파는 옷 말고요!" 그리고 이런 경향은 직업으로까지 확장된다. "어떤 직업을 원하는지 묻지 말아 주세요! 저만의 직업을 하나 만들 계획이니까요!"

　이런 것들이 의미하는 것은 무엇일까? 바로 '현재 시장 주도권을 쥐고 있는 기업들의 그늘 아래서 소기업을 경영하겠다는 생각이 예전에는 승산 없는 어리석은 생각으로 여겨졌겠지만 이제는 더 이상 그렇지 않다. 그것은 훌륭한 생각이다'라는 의미다. 확실히 밀레니얼 세대는 장기간 고객 충성도를 유지하지 않는다. 마이스페이스Myspace에서 페이스북으로, 페이스북에서 인스타그램으로, 인스타그램에서 스냅챗Snapchat으로 빠르게 이동하는 현상을 달리 어떻게 설명할 수 있겠는가? 이런 경향은 특히 금융 기술 분야에서 두드러지게 나타난다. 시장을 주도하는 기업들은 자체적으로 시도해 본 끝에 핀테크 개발의 상당 부분을 스타트업에게 외주를 줘야 한다는 사실을 깨닫게 되었다. 프라이스 워터하우스 쿠퍼스PwC의 조사에 따르면, 앞으로 2~5년 사이에 핀테크 파트너십을 늘리겠다고 대답한 금융기관이 현재 82퍼센트인 것으로 나타났다.

　보험회사들을 생각해 보라. 밀레니얼 세대는 부모들이 거래했던 푸르덴셜 같은 보험회사들의 이름이라도 알고 있을까? 더프는 자신의 주택 소유자 보험을 앱의 품질이 좋다는 이유로 개인 간 거래를 제공하는 레모네이드Lemonade로 바꿨다. 그는 생명보험도 곧 바꿀 예정이다. 시애틀 소재의 투모로Tomorrow는 앱을 통해 생명보험을 판매하고 자산계획 서비스를 제공한다. 투모로의 창업자이자 CEO 데이브 핸리Dave Hanley는 2017년 중반 블룸버그와의 인터뷰에서, 자신이 여태껏 경험해 본 자금 모금 중 가장 쉬웠다고 말했다. "투자 자금 모금을 위해 실제로 비행기를 탄 적이 한 번도 없어요. 투자자들이 우리를 찾아왔죠." 뒤에 나오는 데이브의 인터뷰를 참고하기 바란다.

최근 발표된 매킨지 보고서는 이렇게 말하고 있다. "디지털 시대는 최초의 혁신가들과 그 뒤를 발 빠르게 쫓는 이들에게 보상을 안겨 준다. 과거에는 업계에 불확실성과 변동성이 심화되는 시기에는 기업들이 한동안 다른 기업들이 실험의 대가를 치르는 것을 관찰하면서 상황이 진정되었을 때 움직이는 것이 이성적이고 전략적인 반응이라고 여겨졌다. 그런 접근 방식은 해당 기업이 경쟁자들을 충분히 앞지를 수 있다는 확신에 찬 자신감을 드러낸다. 그럼에도 디지털 세계에서는 최초의 혁신 기업들과 아주 빨리 그 뒤를 쫓는 기업들이 그 외의 기업들보다 훨씬 많은 우위를 점하게 된다. 우리는 (12퍼센트가 넘는) 가장 발 빠른 기업들의 3년 매출 신장률이 디지털 경쟁에서 평균적인 성과를 보이며 안전하게 운영되고 있는 기업들의 거의 두 배에 달한다는 사실을 알게 되었다."

밀레니얼 세대는 과거 세대들이 마케팅에 많은 비용을 들이는 대형 브랜드에 대해 보였던 충성도 개념을 가지고 있지 않을 뿐이다. 그 문제에 관해서라면 그들의 부모 세대도 마찬가지다.

더프는 그의 딸이 네 살이었을 때부터 지난 5년간 딸의 크리스마스 앨범을 만들었다. 만약 25년 전이었다면 더프는 이 작업을 코닥과 같이 시장에서 이미 인정받은 사진 브랜드가 아닌 다른 곳에 맡길 생각을 하지 않았을 것이다. 내가 그에게 앨범을 제작하기 위해 스냅피시나 셔터플라이를 사용했는지 묻자 그는 "솔직히 말해서 잘 모르겠어요"라고 대답했다. 왜 모르는 거지? 그가 그것에 관심이 없었기 때문이다. 그는 사실 두 가지 모두를 사용했다. 그는 해마다 새로운 앨범을 주문하려고 했을 때 어느 쪽에서 더 할인을 많이 하는지를 기준으로 결정해 온 것이다(보통은 12월 20일경 주문하면 항상 크리스마스 전에 도착한다. 우리는 정말 놀라운 시대에 살고 있다).

어쨌든 2012년에는 코닥이 온라인 공간에서의 자구책으로 (직접 구축한 것이 아니라) 사들인 (1999년에 본래 오포토Ofoto라는 이름으로 론칭한) 코닥 갤러리는 서비스가 중단되었고, 셔터플라이가 코닥 갤러리의 자산을 매입했다. 검색창에 KodakGallery.com을 한번 입력해 보라. 셔터플라이의 사이트로 연결될 것이다. 물고기가 고래를 잡아먹은 격으로, 시장 주도권을 쥐고 있던 기업들을 신생 기업이 붕괴한 좋은 본보기라 할 수 있다(신뢰의 문제도 있다. 밀레니얼 세대와 Z세대는 대형 브랜드를 신뢰하지 않는다. 대형 브랜드들은 그 세대들이 기대하는 투명성이 부족하다).

좋은 소식은 시장 주도권을 쥐고 있는 기업을 무너뜨리지 못할 경우 그들에게 매각하면 된다는 것이다. 그들은 변화 속도가 아주 느리기 때문에 당신이 그들에게 매각하겠다는 분명한 의도를 가지고 사업을 건설한다면 가능성이 있는 이야기다. 마크 로어Marc Lore는 두 차례나 그렇게 했다. 2011년 그는 퀴드시Quidsi(Diapers.com과 Soap.com의 모기업)를 5억 4,500만 달러에 아마존에 매각했다. 그리고 2016년 제트닷컴Jet.

com을 33억 달러에 월마트에 매각하고 그 계약의 일부로 월마트에서 일하게 되었다.

우리 모두는 2017년 미국 소매업의 4퍼센트를 차지하는 것으로 나타난 아마존이 전자상거래 분야에서 패권을 쥐고 있다는 사실을 알고 있다. 그래서 월마트는 주요 주자들 중 하나로서의 위상이라도 갖기를 원하는 것이다. 그렇다면 월마트의 다음 목표는 무엇일까? 웨이페어를 인수할 수도 있을 것이다. 로어는 남성 의류 브랜드인 보노보스Bonobos 등을 인수함으로써 60퍼센트의 온라인 매출 성장을 달성하며 월마트에서 즉각적인 성공을 거뒀다. 하지만 최근 몇 분기 동안은 월마트가 아마존의 벽에 부딪혀 로어 또한 곤경에 처해 있는 상황이다.

고객 맞춤 방식을 도입한 플랫폼 태스크래빗TaskRabbit은 불만스러워하는 소비자들에게 애플 스토어 앞에 길게 줄을 서거나 이케아 가구를 조립하는 것과 같이 삶에서 가장 번거로운 일들을 돕기 위해 설립되었다. 이케아는 2017년 9월 태스크래빗을 인수해 그들의 브랜드와 디지털 전문성을 보유하게 되었다.

시장 주도권을 쥔 경쟁자를 무너뜨리거나 그들에게 매각한 후에는 제3의 길 또한 존재한다. 그들과 함께 일하는 것이다. 협력은 새로운 가치를 더할 수 있고 오래된 브랜드임을 눈가림할 수 있다. 실제로 많은 오래된 브랜드들 또한 그걸 원하기 때문에 새 기업가들을 영입해 함께 일하고 있다(그들을 '보조 기업가들'이라고 부를 수 있겠다). 이 새로운 전략적 관계가 어떻게 보이는가? 그들은 한 기업의 공급 사슬 관리에서 새로운 마케팅 방안 제시에 이르기까지 모든 일에 관여한다.

면도 업계의 노병 질레트를 생각해 보라. 질레트는 최신 iOS 앱을 이용해 그들의 웹사이트에서 남성들을 위한 개인 맞춤 그루밍 팁을 제공하고 있다. 고객들은 사진을 찍어 여러 가지 다른 스타일을 시도해 볼수 있다. 질레트는 그루밍 전문가들 그리고 경쟁 관계에 놓여 있지 않은 제3의 그루밍 제품 제조 업체들과 연계해서 행사를 진행하기도 한다. 플랫폼의 행사 참여 기업들이 수많은 잠재 고객들과 소통하는 혜택을 얻는 동안 남성들은 자신이 요구하는 개인 맞춤 서비스를 누리고 있다는 느낌을 받게 된다. 소매업체 브랜드 타깃은 음식 트렌드 연구를 위해 아이디오IDEO, MIT 미디어랩과 손을 잡았다. 2017년 9월 로레알은 최근의 브랜드 인수와 그들 기업의 근원을 조명한 '창립자The Founders'라는 제목의 소셜미디어 광고 캠페인을 진행했다. 그 이유는 무엇일까? 〈월스트리트 저널〉에 따르면, 홍보 대행사 에델먼Edelman의 최근 설문조사에서 응답자의 50퍼센트가 '성공적인 기업가들'을 신뢰할 수 있는 기업 대변인으로 여기며, 20퍼센트는 제품 광고를 해 주는 유명인들이 기업을 대변한다고 느끼는 것으로 나타났다.

제4의 길은 혁신의 생태계에 합류하는 것이다. 다른 이의 생태계에 합류하는 것이 엄청난 부로 이끌어 주는 길이 될 수 있음을 보여 준 가장 최근의 예가 바로 애플과 아이폰, 그리고 앱이다. 그 밖에도 모바일 상거래가 용이한 생활용품 소매업과 커뮤니케이션 파트너십 등 더 많은 예가 있다. 최근의 예로는 아마존과 JP모건 체이스, 버크셔 해서웨이가 건강보험 사업에 뛰어들 것이며 그들의 직원들에게 우선적으로 건강보험을 제공하겠다고 발표한 것이다. 머지않아 이 분야에서 건강보험 판매나 협력을 위한 스타트업 골드러시가 나타날 것이 분명하다.

이 파트에서 만나 볼 기업들은 마찰을 제거하는 것이 오늘날 시장 주도권을 쥐고 있는 기업들을 무너뜨리는 데 얼마나 강력한 힘을 발휘하는지 보여 주는 가장 흥미로운 기업들이다. 와비 파커나 캐스퍼처럼 당신이 이미 들어 봤음 직한 기업들뿐만 아니라 아직 대다수의 사람들이 이름을 들어 본 적 없는 기업들도 있을 것이다.

하지만 그들은 단순히 시장 패권을 차지하겠다고 결심한 기업들이 아니다. 그들은 자신들의 경쟁 우위를 확고히 하기 위해 옛날 방식의 경영에서 마찰을 제거하는 방법을 찾아낸 기업들이다. 왜냐하면 사업을 시작하는 일은 그 어느 때보다 쉬워졌지만 그 결과 충성 고객을 얻고 장기적인 가치를 구축하는 일은 어느 때보다 더 어려워진 것이 사실이기 때문이다.

기술 발전은 사업을 시작해 시장에서 경쟁하고자 하는 이들을 위해 여러 가지 마찰을 제거해 주었다. 요즘에는 웹사이트와 소셜미디어 자산을 가지고 사업체를 설립하는 데 변호사나 전문 컨설턴트의 도움이 필요하지 않다. 컴퓨터를 켜고 자판을 몇 번 두드리기만 하면 사업을 시작할 준비가 완료되는 것이다.

뿐만 아니라, 기업가 폴리 로드리게스Polly Rodriguez가 여성 창업 기업들만을 지원해 주는 웹사이트 더헬름TheHelm.co에 쓴 것처럼, 'B2B 스타트업 시장은 창업자들이 부딪히게 되는 모든 잠재적 고충을 놀랍도록 효율적으로 해결할 수 있게 되었다. 결제 처리, 인사관리 소프트웨어, 고객 유치 채널, 사무 공간, 환경미화 팀 등 모두 소비자와 직접 소통하는 스타트업들을 상대로 한 미니 시장을 갖고 있다.'

5년 전만 해도 대부분의 사람들이 '그로스 마케팅growth marketing'이라고도 알려져 있는 '퍼포먼스 마케팅performance marketing'이라는 개념을 들어 본 적이 없었을 것이다. 이 개념은 페이스북, 구글, 인스타그램 같은 유료 마케팅 채널을 낮은 고객 유치 비용 대비 큰 보상을 위해 활용하는 과학을 말한다. 유료 마케팅 채널은 아주 놀라운 도구이며, 오늘날 디지털 환경에서 경쟁하려면 반드시 필요한 것이다. 다행스럽게도 점점 더 많은 퍼포먼스 마케터가 매일 양성된다. 디인사이드에서도 지출할 필요가 없어진 부문의 자본을 인적 자본과 퍼포먼스 마케팅에 투자했다.

오해는 하지 마시라. 어떤 사업이든 무작정 시작하겠다고 나서서 여러 가지 맞춤형 도구를 꿰어 맞추면 창업할 수 있으리라고 생각해선 안 된다. 이미 시장에 나와 있는 것들과 구분되는 자신만의 특장점, 즉 경쟁 우위 요소를 갖춰야 한다. 경쟁 우위의 핵심은 완전히 독창적인 아이디어다. 과거에는 잘나가는 기업들이 아이디어를 가지고 가서 재능 있는 인력들을 투입하고 연계해 결과물을 만들어 내곤 했다. 여기에 오늘날 디지털 시대에는 웹사이트 접속을 유도하고 데이터를 수집 및 분석하는 능력을 추가할 수 있을 것이다.

하지만 아이디어의 중요성을 다시 한번 강조하고 싶다. 자신의 고유한 아이디어를 가지고 있지 않다면, 그릇된 이유로 사업을 벌이고 당신이 하는 일을 다른 이들에게 설득하기 위해 미심쩍은 판단을 내릴 위험을 감수해야 하기 때문이다. 테라노스 스캔들Theranos scandal이 바로 이런 현상을 극명하게 보여 준 대표적인 증거라 할 수 있겠다. 테라노스는 처음에는 한 방울의 혈액으로 수십여 가지의 건강 검사를 할 수 있는 혁명적인 혈액 검사 방식을 발명한 것으로 칭송받았지만, 곧 부도덕한 과학 및 금융 사기로 드러나고 말았다.

내게 물어본다면 테라노스의 창업자 엘리자베스 홈스Elizabeth Holmes의 이야기가 지금까지 전해진 창업자들의 이야기들 중 가장 경종을 울리는 눈에 띄는 이야기라고 말하겠다. 그녀는 실제 상품을 가지고 있었던 적이 없었다. 그런데도 마치 스티브 잡스라도 되는 양 그와 비슷한 옷차림으로 회사 전용기를 타고 전국을 돌아다녔다. 나는 홈스가 한창 잘나가던 2015년 잡지 〈글래머〉의 '올해의 여성' 시상식장에서 그녀를 봤다. 홈스는 그날 수상자로 그 자리에 참석했다. 그로부터 채 3주가 되지 않아 〈월스트리트 저널〉은 테라노스가 사기라는 사실을 만방에 알렸다. 그녀가 그런 사기 행각을 벌인 이유는 무엇이었을까? 확실하지는 않지만 돈이 주요 목적이었던 것으로 보인다. 돈은 사업을 시작하는 좋은 동기가 될 수 없다. 돈 외에 사업을 하고자 하는 뚜렷한 동기가 없다면 결코 끝이 좋을 수가 없다.

반면 사업을 하고자 하는 확실한 동기가 있는 경우라면, 모든 자원을 결집시켜 팀을 조직해서 실행에 나서기에 지금 당장보다 더 좋은 때는 없다. 앞으로 당신은 이 책에서 훌륭한 아이디어를 실행에 옮긴, 아니 옮기고 있는 수많은 기업가의 이야기를 만나게 될 것이다.

반려동물의 식사 준비에서 마찰을 제거한 '더 파머스 도그'
매일 아침 홈메이드 사료를 배달해 드립니다!

브렛 포돌스키와 조너선 레게브는 복잡한 시나리오에서 마찰을 제거했다. 더 파머스 도그는 번거롭게 직접 음식을 조리하지 않고도 사람들의 가장 좋은 친구인 반려동물에게 매일 신선하고 건강한 식사를 제공할 수 있도록 돕는다.

소비재 상품들의 가격은 어떻게 책정될까? 인터넷 시대 이전에는 이것은 단순한 질문이었다. 제조업자가 이를테면 강아지 사료 한 캔을 만드는 데 들어가는 비용을 계산한 다음 이윤을 붙여서 도매상에 판매한다. 그러면 도매상은 그 상품을 대형 슈퍼마켓과 펫코Petco 같은 반려동물 용품점이나 소형 반려동물 가게에 유통하는 데 얼마가 드는지 계산해 보고 이윤을 붙인다. 그리고 소매점들도 동일한 방식으로 가격을 책정한다. 이런 과정을 거치면 당신이 계산대에서 계산할 때는 강아지 사료의 가격이 세 배 불어나 있다. 소비자로서 해야 할 일은 가격 대비 품질이 타당한지 판단하는 것이다.

소비자에게 직접 판매하는 D2C 혁명에서 가장 흥분되는 일 중 하나는 가장 진보적인 기업들이 전체 가격 구조를 완전히 뒤바꿔 놓았다는 것이다. 누군가는 여전히 무언가를 만들어 내야 하므로, 일반적으로 제조사의 가격 인상은 존재할 것이다. 오늘날의 D2C 소매업자들은 상품을 (도매가격에) 구입해서 이윤을 붙여 당신에게 판매하는 것이다. 하지만 아래 소개하는 새로운 형태의 기업들은 자신들이 이윤을 취하는 대신 기업과 제품, 고객이 그 이윤을 나누어 가지는 방식을 취하고 있다. 그것은 다음의 세 가지 형태로 구현될 수 있다.

- **저렴한 가격** : 동일한 제품을 훨씬 저렴한 가격으로 구매할 수 있다. 와비 파커나 캐스퍼 매트리스를 생각해 보라. 두 기업 모두 터무니없이 높은 이윤을 붙여서 판매하는 마찰로 가득한 분야에서 최종 소비자에게 엄청난 가치와 편의성을 제공했다.

- **우수한 품질** : 조금 더 비싸지만 그 추가 비용으로 지출 금액 대비 훨씬 높은 품질을 제공받는다. 브루클리넨Brooklinen이 아주 훌륭한 예다. 그들의 시트는 싸지는 않지만 고급 시트 가격보다는 저렴하며 품질이 아주 우수하다. 그들은 마찰을 제거한 편의성도 함께 제공하고 있지만 아날로그적 서비스 옵션은 상품의 높은 품질에 가려 그다지 큰 이점으로 보이지 않는다.

- **우수한 품질과 저렴한 가격** : 소매점에서 지불하는 가격과 거의 비슷한 금액을 지불하지만 훨씬 고품질의 상품을 받는다. 이것이 디인사이드에

서 우리가 추구하는 모델이다. 공급 사슬에서 다양한 비용을 절감해 일반적으로 소매점에서는 가능하지 않은 가격 대비 높은 품질을 고객들에게 제공하고자 하는 것이다.

위 세 가지 중 갓 조리한 강아지 사료를 정기 배송 방식으로 판매하는 더 파머스 도그에 해당하는 것은 무엇이겠는가? 두 번째 시나리오다. 견주들은 반려동물을 위해 매일 사료를 배송받아 먹이기 위해서는 조금 더 비싼 비용을 지불해야 할 것이다. 하지만 그렇게 함으로써 갓 조리한 신선하고 방부제 안 들어간 양질의 사료를 줄 수 있게 된다(이런 강아지 사료는 전통적인 소매업체를 통해서는 같은 비용으로 구입할 수가 없다. 신선한 강아지 사료를 만들려면 추가적인 비용이 드는데, 전통적인 방식에서는 그 비용을 소매업체들만 제조 비용에 추가하는 것이 아니라, 도매업체들부터 추가해서 소비자에게 부과하기 때문이다). 조금 더 비싼 가격을 지불해야 하지만 그 금액에 비해 훨씬 많은 것을 얻게 되는 것이다. 이는 당신의 강아지를 포함해 모두에게 만족스러운 일이다.

이 책을 집필하면서 만나 본 수많은 기업과 마찬가지로 더 파머스 도그의 창업 스토리 또한 충격적일 만큼 단순하다.

문제가 발생했고, 그들은 가능한 대안들 중에서 해결책을 찾을 수가 없었다.

그래서 그들 스스로 해결하기로 했다.

어느 순간 그들은 자신들만 그런 문제를 겪고 있는 것이 아니라는 사실을 깨달았다.

자신들의 생각이 맞는지 알아보기 위해 회사를 차렸다.

그것이 오늘날의 더 파머스 도그가 되었다.

조금 더 구체적으로 이야기해 보자면, 브렛 포돌스키Brett Podolsky의 강아지 자다Jada는 만성적인 위장 문제를 겪고 있었다. 어떤 브랜드의 동물 사료도 자다에게 맞지 않았다. 수의사마다 각각 다른 조언을 해 주었지만 그들의 조언에는 하나의 공통분모가 있었다. 자다에게 집에서 조리한 치킨덮밥을 먹이라는 것이었다. 포돌스키는 이렇게 말했다. "수의사들이 왜 그냥 집에서 조리한 음식을 매일 먹이라고 하지 않는지 궁금했어요. 그렇게 하면 강아지에게 필요한 다양한 비타민과 미네랄을 모두 보충해 주기 힘들기 때문이었죠." 동시에 포돌스키는 자다의 먹거리에 대해 조사하면서 시중에 판매되고 있는 강아지 사료가 지나치게 가공이 많이 되어 있다는 사실을 알게 되었다. "자녀에게 평생 동안 매일 정크푸드를 먹이는 것이나 마찬가지죠. 이따금 먹는 건 괜찮지만 아이들이 그것만 계속 먹는다면 결국 건강에 문제가 생기고 말 겁니다."

그렇다면 공동 창업자 조너선 레게브Jonathan Regev는 어떻게 사업에 동참하게 되었을까? 그가 포돌스키의 집을 자기 집 드나들듯 하며 소파에 눌러앉아 있는 생활을 일삼다가 자연스럽게 시작되었다고 한다. "포돌스키가 미쳤구나 하고 생각했죠. 제 강아지들은 다른 강아지들처럼 사료를 먹었어요. 그런데 자다는 포돌스키가 직접 요리해서 먹이기 시작하면서 건강 상태가 급격히 향상되었죠. 강아지들도 진짜 음식을 먹는다는 사실을 그때서야 깨달았어요."

한 가지를 깨닫게 되자 다른 것들도 잇따라 보이기 시작했다. 왜 동물의 사료는 그렇게 많이 가공이 되어 있는 것일까? 상온에서 오랫동안 보관할 수 있게 해 판매되기 전에 상하는 일이 없도록 하기 위해서다. 그들은 어떻게 강아지를 위해 신선한 음식을 배송해 주는 비즈니스 모델을 설계할 수 있었을까? 한 가지 방법은 정기 배송 모델을 이용하는 것이었다. 강아지들은 인간과는 다르게 그날그날 먹는 양이 놀랍도록 일정하다. 정기 배송 프로그램을 재고 소진율과 소비 타이밍으로 등수를 매긴다면 강아지 사료가 강력한 1위 후보가 될 것이다. 먹거리와 관련해 신선 식품과 가공 식품 사이에서 어느 쪽을 선택할 것인가의 문제는 이미 주요 관심사로 떠올라 있었기 때문에, 포돌스키와 레게브는 문화적으로도 시의적절하다고 판단했다. 하지만 매일 저녁 안심스테이크만 먹는 사람이 없는 것처럼 강아지 먹거리에 지출하는 비용에는 당연히 한계가 있을 수밖에 없다. 그래서 그들은 자신들이 지출할 수 있는 정도의 비용이라면 다른 이들에게도 타당할 것이라는 판단을 전제로 기준을 정했다.

기술의 힘을 빌려야 하는 부분도 있었다. 강아지는 생김새와 몸집이 제각기 다르다. 몸무게 1킬로그램의 강아지는 일주일에 200그램 남짓의 사료를 먹지만, 몸무게 45킬로그램의 개는 하루에 그 세 배를 먹기도 한다. 그리고 일부 사람들은 여러 마리의 강아지를 기른다. 두 창업자는 강아지 사료 정기 배송 서비스를 시작하기 위해서는 강아지의 품종, 연령, 식성, 활동 정도, 식품에 대한 민감도 등 모든 변수를 포함시켜 고객 맞춤 플랫폼을 구축할 필요가 있다는 것을 깨달았다.

기존의 사료 브랜드인 퓨리나Purina는 그렇게 할 필요가 없었다. 블루 버펄로Blue Buffalo 또한 마찬가지였다. 강아지 사료 브랜드들은 도매 유통 채널을 이용해 10억 달러 규모의 사업을 구축해 놓고 있었다. 즉, 그들은 수백 혹은 수천 개의 고객사들만 상대하면 된다는 의미다. 반면 D2C 기업들은 각각의 최종 고객과 소통해야 한다. 더 파머스 도그의 경우에도 모든 고객이 각자 다른 주기로 다른 양의 사료를 원한다. 그 각각의 필요에 대해 잘 소통하기 위한 유일한 방법은 시스템에서 가능한 한 마찰을 제거하는 것이다. 그들은 얼마큼의 사료를 언제 보낼지를 알아야 했고, 정기 배송 조건을 상황에 따라 수정할 수 있는 기능을 만들어야 했다.

결국 그들은 기존의 기업들보다 사료와 기술 모두에 더 많은 비용을 들이게 되었다. 그렇다면 비용이 더 적게 든 부분도 있었을까? 바로 마케팅이다. 레게브는 말한다. "강아지를 키우는 사람들은 특별합니다. 자신의 강아지만 사랑하는 것이 아니라 세상의 모든 강아지를 사랑하니까요. 사람들이 우리가 무슨 일을 하는지 알게 되면 그들이 모든 친구에게 다 알려 주리라는 기대를 갖고 있었습니다."

만약 이 사업이 성공한다면(꽤 잘되어 가고 있는 것처럼 보인다), 기존의 기업들은 그들과 정면 대결을 하기가 어려워질 것이다. 왜 그럴까?

첫 번째 이유는 도매업체를 통해서는 신선한 음식을 판매하기 어렵기 때문이다.

두 번째 이유도 있다. 도매업체를 통해 판매함으로써 대형 펫푸드 브랜드들은 최종 고객과의 관계를 포기한 것이나 마찬가지다. 설문조사 수치가 그 사실을 확인해 주고 있다. 최종 고객이 정말 무슨 생각을 하고 있는지 알지 못한다면, 고객이 원하는 혁신은커녕 문제에 즉각 대응하기도 어렵다.

반면 포돌스키와 레게브는 소비자의 입장에서 사업을 어떻게 확장할 것인지 고민해야 했다. 더 파머스 도그의 식단에 대해 문의사항이 있는 고객들은 자동 응답기와 대화하기를 원치 않을 것이다. 레게브는 말한다. "우리는 고객들이 웹사이트에 찾아와서 회원 가입을 하고 모두가 만족하게 되는, 그런 환상을 가지고 있죠. 하지만 그건 현실적인 바람이 아니에요. 고객들은 우리가 그들의 강아지에게 관심을 갖는 진짜 사람들이라는 사실을 알아야 합니다. 실제로 그러니까요." 하지만 일은 더 복잡해진다. 초기에는 사람들이 방문하는 횟수가 잦지만 시간이 지날수록 횟수는 줄어든다. 그런 종류의 고객 서비스를 어떻게 이끌어 가면 좋을까? 2018년 후반 그들은 브루클린의 윌리엄스버그에 있는 새로운 사무실로 이전할 수밖에 없었다. 전화 상담사들이 너무 많아졌기 때문이다.

또 다른 문제도 있었다. 그들은 강아지 사료가 아닌 사람이 먹는 음식의 식재료를 사용하는 식품 가공 시설을 찾아야 했다. 문제는 그 시설 관계자들이 강아지 사료와 연관된 일을 하게 되는 걸 꺼린다는 사실이었다(우리는 맛없는 음식을 먹을 때 흔히 "강아지 사료 맛이 나는군!"이라고 말하지 않던가). 이 일을 하려는 사람을 찾는 데 다소 시간이 걸렸다. 1년 반 동안 포돌스키와 레게브는 브루클린에서 키친을 전세내 모든 음식을 직접 만들었다. 그들은 그 일을 해냈지만 그렇게 하기는 쉽지 않았다.

예상했듯이 경쟁은 다가오고 있었다. 2019년 펫코와 저스트푸드포도그스JustFoodForDogs는 900킬로그램이 넘는 신선한 사료를 매일 만들 목적으로 뉴욕에 키친을 오픈했다. 그리고는 2015~2018년 사이에 슈퍼마켓과 동물 용품점에서 반려동물 신선 식품 판매량이 70퍼센트 급증해 매출이 5억 4,600만 달러 이상으로 상승했다. 온라인 판매량은 제외한 수치다.

자금 조달과 관련해서는 두 창업자 모두 투자 외의 자금 모금을 원치 않았다. 두 사람은 각각 5,000달러씩 투자하고 최저임금보다 훨씬 낮은 임금을 받으면서 자력으로 사업을 일으켰다. 그러나 두 가지 일이 발생했다. 첫째, 100마리가 훨씬 넘는 강아지들을 위한 음식을 그들이 직접 조리하기에는 체력이 달린다는 사실을 깨닫게 되었다. 둘째, 초기의 투자 자본을 잃지 않고 전체 업계를 뒤흔들겠다는 그들의 사명을 이해하는 벤처 투자자 유리 킴Eurie Kim을 만나게 되었다. 그 결과 200만 달러의 시드 투자를 시작으로 800만 달러 규모의 A라운드 투자와 3,900만 달러 규모의 B라운드 투자가 이어졌다.

레게브는 이렇게 말했다. "저희는 진짜 문제를 해결하기 위해 노력했다는 점에서 고객 중심적인 회사로 출발했습니다. 고객 개개인의 요구에 귀 기울이고 서비스 제공과 부연 설명 등을 추가할 수 있도록 플랫 폼을 구축했죠."

여자친구 조이와 함께 고양이 세 마리를 키우고 있는 더프는 야유받을 각오를 하고 그들에게 고양이 사료를 만들 계획은 없는지 물어보았다. 안타깝게도 지금으로서는 그럴 계획이 없다고 한다. 그 순간 강아지를 키우고 있는 두 공동 창업자는 그를 측은한 눈빛으로 쳐다봤다. 그들이 고양이 사료를 만들고 있지 않아서가 아니라 더프가 강아지를 키우지 않는 게 측은했던 것이다.

사무 공간 임대에서 발생하는 마찰을 줄여 주는 '컨빈'
사무실 공유의 진화

라이언 시모네티의 컨빈은 사무 공간 임대업에서 임대주와 입주자 모두를 위해 마찰을 제거하기 위해 나섰다. 위워크와 같은 판에 박힌 사무 공간 이상의 것을 원하는 입주자들은 모든 편의 시설을 제공받는다. 하지만 컨빈의 실질적 가치 제안은 그들이 소유하고 있는 모든 공간에서 더 많은 수익을 올리기 위해 컨빈의 기술을 이용하고 있는 임대주들을 위한 것이다.

컨빈Convene은 건물주들과 그들의 입주 기업들에게 프리미엄 회의실과 사무 공간, 그리고 접대 중심의 편의 시설을 제공하는 선두 기업으로 자신을 소개한다. 다소 피상적으로 들리는가? 그렇다면 쉽게 이렇게 생각해 보라. 컨빈은 건물주들과 협력해 사무 공간을 점검하고 지루한 공간은 재디자인해서 식음료 서비스, 관리 서비스, 식사 공급, 회의 및 행사 개최, 유동적인 활용이 가능한 사무 공간, 휴식 공간, 그리고 전용 기술 플랫폼을 통한 다양한 기술 서비스 등을 제공한다.

 여기까지는 위워크와 비슷하게 들릴 것이다. 그렇지 않은가? 하지만 둘 사이에는 커다란 차이가 존재한다. 오픈테이블OpenTable이 식당 경영자가 자신들의 1차 고객이라고 말하고, 에어비앤비Airbnb가 주택 소유주가 자신들의 최대 주주라고 말하는 것처럼, 컨빈 역시 건물주를 자신들의 가장 중요한 고객으로 보고 있다. 그에 반해 위워크는 입주자들과의 관계를 가장 중요하게 여기고 있다. 이것으로 설명이 충분치 않다면 라이언 시모네티Ryan Simonetti가 사용한 다른 비유를 들어 보겠다. "저희는 비유하자면 플래닛 피트니스Planet Fitness(미국 최대의 피트니스 클럽 체인-옮긴이)의 경쟁사인 이퀴녹스Equinox(미국의 최고급 피트니스 클럽-옮긴이)라고 볼 수 있어요." 참고로 덧붙이자면, 두 사무 공간 임대 기업 중 하나는 지난해에 대중적인 이미지가 크게 손상되는 일이 있었는데, 그것이 컨빈은 아니었다.

컨빈 매출의 절반 이상은 매출 10억 달러가 넘는 중견 규모 이상의 기업들에게서 나온다. 프리랜서와 소기업들에게 더 많이 기대고 있는 위워크와는 다른 비즈니스 모델이라고 할 수 있다. 시모네티가 더 자랑하고 싶어 하는 것은 컨빈의 기술 플랫폼인 엘러베이트Elevate다. 이 플랫폼의 목적은 임대주와 입주자 모두의 생활을 더욱 편리하게 만들어 주는 것이다. 그는 입주자들이 앞으로 앱 하나만 설치하면 회의실을 예약하고 음식을 주문하고 손님을 초대할 수 있게 될 것이라고 설명한다.

컨빈은 손님 접대에 기반을 두고 출발했지만 요즘에는 '사무실 공유' 사업에 더 가까워졌다고 시모네티는 말한다. "사업 방향을 선회한 것이었나요?"라고 묻자 그는 이렇게 대답했다. "의도적으로 일으킨 혁신이 아니라 자연스럽게 일어난 진화였죠. 모든 창업자나 기업가들은 끊임없이 사업 방향을 조정하고 있다고 말할 겁니다."

컨빈이 지금까지 모금한 2억 6,000만 달러의 자금은 적은 금액이 아니지만, 위워크가 대출과 투자금(특히 소프트뱅크의 투자금)을 합쳐서 투입한 수십억 달러에 비하면 '새 발의 피'일 것이다. 왜 그리 격차가 큰 것일까? "저희는 건물주와 경쟁 관계가 아니라 파트너 관계입니다. 특히 미국에서 가장 큰 건물들의 소유주들과 말이죠. 저희가 사업을 확장하면 건물주들이 돈을 내놓기 때문에 수십억 달러의 자금을 별도로 투자받을 필요가 없습니다. 건물주들을 모두 합치면 저희보다 훨씬 돈이 많고 소프트뱅크보다도 훨씬 많죠. 저희는 플랫폼을 확장하기 위해 그들의 예산을 이용하고 있는 셈이에요." 시모네티의 말이다(다시 한번 귀띔하건대 이 두 기업 중 하나는 지난 몇 년 동안 책임 있게 관리할 수 있는 정도 이상으로 지나치게 많은 돈을 투자받았고, 그게 컨빈은 아니었다).

컨빈은 위워크와 마찬가지로 (혹은 우버와 마찬가지로) 기본적으로 여유 생산 능력을 유지하는 경영을 하고 있다. 그들은 기술을 활용해 구세대 건물주들이 입주 기업들에게 마찰 없는 경험을 제공함으로써 현 시대에 발맞춰 나아갈 수 있도록 돕고 있다. 기술의 도움이 있기에 컨빈이 사업을 확장할 수 있는 것이기도 하다. 동일한 디자인 팀이 모듈 방식으로 어렵지 않게 50개의 각각 다른 사무실 디자인을 내놓는 장면을 상상해 보라.

그러나 나를 정말 깜짝 놀라게 한 것은 시모네티가 잠깐 동안 종이에 끄적여서 보여 준 총 유효 시장TAM 계산이었다. TAM은 '전체 시장 규모'

를 의미하는 말이다. 사업가로서 당신이 좇고 있는 바로 그것이다.

믿기 힘들겠지만, 드웰스튜디오를 창업해서 운영하는 동안 나는 TAM 개념에 대해 들어 본 적이 한 번도 없었다. 드웰스튜디오에서 내가 한 실수는 목표를 너무 높게 잡았다는 것이었다. 기준 소매 가격을 고려했을 때 드웰스튜디오의 TAM은 최고급 인테리어 디자인 시장에서 약 400만 가구밖에 되지 않았다. 그 시장은 경쟁이 아주 치열한 시장이다. 반면 웨이페어의 TAM은 일반 대중 시장에서 약 2억 3,000만 가구다.

전광석화와 같은 깨달음을 주기 위해서는 요점을 말할 때 절제해서 표현해야 한다. 나는 갑자기 내가 모든 일을 거꾸로 하고 있었다는 사실을 깨달았다. 내가 보기에 훌륭하다고 생각하는 상품을 디자인하면서 사업을 시작했고, 상품을 만들 때나 가격을 책정할 때 TAM(총 유효 시장) 같은 것은 고려하지도 않았던 것이다. 하지만 웨이페어는 정반대의 순서로 진행했다. 그들은 최대한 많은 고객에게 다가갈 수 있는 정도로 가격을 책정해서 상품을 판매했다.

나도 바보가 아니다. 물론 드웰스튜디오는 웨이페어보다 더 부유한 고객들을 대상으로 하고 있었다. 하지만 각 기업의 TAM 사이에 어떤 차이점이 있는지 전혀 모르고 있었던 것이다. 매일 작업 현장에 나가서 일하다 보면 그런 종류의 정보를 접하기가 어려워진다. 그리고 나는 니라지 샤와 스티브 코닌이 웨이페어를 창업한 것과 같은 방식으로 드웰스튜디오를 창업하지 않았기 때문에 그런 것들을 전혀 몰랐던 것이다.

드웰스튜디오가 가장 상승세를 타고 있을 때 우리는 타깃에서 상품을 저렴한 명품 수준의 가격으로 판매해 수천 억 달러의 연 매출을 올렸다. 당시 내가 이 성공의 원인이 어디에 있다고 생각했을까? 당연히 '디자인'이라고 생각했다. 그러나 나는 갑자기 우리가 타깃에서 그렇게 대단한 성과를 낸 주된 원인이 그때까지 다소 소외되었던 커다란 유효 시장이 존재했기 때문이라는 사실을 깨달았다. 하지만 그렇게 큰 시장은 아니었다. 웨이페어 또한 드웰스튜디오가 대중 시장 외에는 더 이상 진출할 곳이 없다는 사실을 내가 깨닫도록 도와주었다.

그와 같은 통찰은 내가 디인사이드의 비전을 세우는 데 영향을 미쳤다. 내 직감으로는 두 가지 다 할 수 있을 것 같았다. 훌륭한 디자인을 강조하는 한편 고도로 집중해 고객 중심적으로 경영할 수 있을 것이라고 생각했다. 어떻게 할 것인지 방법만 찾으면 되는 문제였다.

이것이 우리가 추산한 디인사이드의 TAM이다. 우리의 평균적인 고객은 75,000~100,000달러 소득 구간에 있는 1,440만 가구다. 그에 더해 소득 20만 달러까지 포함시키면 전체 가구의 절반에 조금 못 미치는 4,330만 가구가 된다.

시모네티의 이야기로 돌아가기 전에 벤처 규모의 사업을 시작하고자 하는 사람에게는 TAM이 클수록 좋다는 말을 해 주고 싶다. TAM이 무엇인지 알아 두는 것이 좋으며, 그것에 맞는 기준 소매가를 책정하는 것이 좋다. 그리고 이것도 알아 둬야 한다. 아주 큰 TAM을 찾고 있다면 보통은 대중 시장에서 판매 가능한 상품을 고민해야 한다. 그것이 바로 웨이페어의 방식이다. 하지만 시모네티와 컨빈은 프리미엄 사무실 공유 분야에서 거대한 TAM을 이끌어 내는 데 성공했다. 그리고 그것은 높은 매출로 이어졌다.

그렇다면 컨빈의 TAM을 알아보자.

- 뉴욕시에는 약 4,000만 제곱미터의 사무 공간이 존재하며 그중 약 50퍼센트가 최고급 사무실이다. 그래서 약 2,000만 제곱미터 정도의 공간이 컨빈의 유효 시장이 된다.
- 업계의 조사에 따르면, 향후 10년 동안 그 공간의 10~30퍼센트가 전통적인 방식이 아닌 '편의성' 기반의 방식으로 소모될 것으로 전망된다. 따라서 200만~600만 제곱미터의 공간이 이 카테고리에 해당하게 될 것이다.
- 만약 컨빈이 발 빠르게 10퍼센트의 시장점유율에 도달하게 된다면(이미 유명 브랜드인 것을 감안했을 때 불가능한 일은 아니다) 20만~60만 제곱미터의 사무 공간이 컨빈의 플랫폼으로 편입되는 것이다.
- 컨빈은 제곱미터당 1,500~2,000달러의 가격으로 사무 공간을 대여할 수 있다는 것을 보여 주었다. 그것은 곧 3억~12억 달러의 매출을 의미한다.
- 단위당 40퍼센트의 수익률로 매출은 점차 아주 빠른 속도로 상승할 것이다.

그뿐만 아니라 컨빈을 글로벌 브랜드로 성장시키고자 하는 시모네티의 야망이 실현 가능해진다면, 기업의 성장은 더욱 탄력을 받게 될 것이다. 용도에 맞게 개조한 수억 제곱미터의 사무 공간 중 컨빈이 1퍼센트의 시장점유율이라도 확보한다면 기업 가치는 수십억 달러가 되는 것이다. 컨빈은 위워크와는 달리 나쁜 뉴스나 터무니없는 부채도 없으며 우월한 디자인을 아주 많이 보유하고 있다. 이 기업의 발전을 계속 지켜볼 일이다.

스타트업들의 시장 진출을 돕는 '레드 앤틀러'
창업을 도와드립니다!

에밀리 헤이워드의 레드 앤틀러는 스타트업들이 시장에 진출하는 전 과정에서 마찰을 제거하기 위해 노력하고 있다. 멋진 아이디어가 있다면 브랜딩에서 기획, 론칭에 이르기까지 레드 앤틀러가 당신의 사업에 도움을 줄 것이다.

분명한 정체성을 가지고 자신의 이미지를 고객들에게 제대로 전달할 수 있을지에 대해 충분히 고민하지 않고 시작한 스타트업들은 곧 어찌할 바를 모르고 방황하게 된다. 누구나 다 알고 있는 사실이라서 두말할 필요가 없다고 생각하겠지만, 현실에서는 그렇지가 않다.

얼마 전까지만 해도 벤처 투자자와의 토론에서 상품의 시장성을 판단하기 전 브랜딩에 더 많은 비용을 들일 필요가 있다고 주장한다면 당신은 그 토론에서 졌을 것이다. 하지만 벤처 투자자들도 이제 브랜딩의 중요성을 깨닫기 시작했다.

브랜드 마케팅 대행사 파트너스 앤드 스페이드Partners&Spade 는 디인사이드의 브랜드 구축과 카피, 어조 등을 결정하는 데 도움을 주었다.

디인사이드에서 배운 가장 중요한 것 중 하나는 경영자가 다른 것에 매료되어 있다 할지라도 소비자들이 무슨 생각을 하고 있는지에 항상 집중해야 한다는 것이다. 나는 공급 사슬을 재고하는 것을 즐긴다. 매일 공급 사슬에 대해 고민한다. 초기에는 고객들에게 우리 사업의 그런 측면에 대해 어필하려고 노력했다. 즉, 우리가 어디에서 얼마큼의 비용을 어떻게 절감하고 있는지에 대해서 말이다. 그런데 알고 보니 고객들은 그런 부분에 크게 신경 쓰지 않았다. 우리가 중요하다고 생각한 그 이유로 고객들이 우리 브랜드를 찾고 있는 게 아니었던 것이다.

나는 널리 알려져 있는 "빠르게 움직이고 혁신하라move fast and break stuff"라는 페이스북의 전략은 조금 과대평가되어 있다고 생각한다. 나는 어떤 일을 밀어붙이기 전에 그것을 제대로 이해해야 한다고 생각한다. 중간에 방향을 바꿔서 재시도하는 것이 나쁘다는 뜻이 아니다. 일상적인 업무에서 그런 일들은 당연히 일어난다. 하지만 뭔가가 시장에서 통하지 않을 것을 알면서도 그것을 강행해서는 안 된다는 말이다.

나의 투자자들은 2017년 중반 사업을 준비한 지 4개월도 되기 전에 론칭하라고 재촉했다. 하지만 우리는 아주 섬세한 기술을 구축하고 있었다. 3D 렌더링 프로그램과 우리 회사 고유의 고객 맞춤용 주문 도구는 아직 많은 주문을 처리할 준비가 되어 있지 않았다. 뿐만 아니라 가장 이용자가 많은 전자상거래 플랫폼 쇼피파이는 우리가 주문을 받을 때 필요한 약 11,000개의 변수를 처리할 역량이 되지 않았다. 우리는 그들의 플랫폼을 이용하기 위해 수백 번 시도했지만 결국 포기해야만 했다. 그들과 작업한 모든 것을 무효화하고 1년 후 우리의 자체 플랫폼을 만들 수밖에 없었다. 어렵게 얻은 교훈이었다.

장담할 수는 없겠지만, 우리가 에밀리 헤이워드Emily Heyward와 함께 일했다면 그런 진통들을 피해 갈 수 있었을 것이다. 에밀리 헤이워드와 레드 앤틀러Red Antler의 팀은 스타트업들의 창업 과정을 예전부터 계속 지켜봐 왔다. 레드 앤틀러와 비슷한 몇몇 다른 기업도 존재한다. 최첨단 브랜딩의 세계에는 중요한 세 개의 에이전시가 있다. 파트너스 앤드 스페이드, 패턴 브랜즈Pattern Brands, 그리고 레드 앤틀러다.

레드 앤틀러를 생각하면 항상 대안을 준비해 놓는 회사라는 생각이 든다. 그들은 잠재 고객을 심사할 때 비용을 줄이고(보통은 공급 사슬 혁신을 통해) 소비자에게 더 많은 가치를 돌려주는 기업인지를 판단한다. 헤이워드와 공동 창업자 JB 오스본Osborne은 와비 파커와 캐스퍼 같은 브랜드들처럼 강력한 스토리를 가지고 있는 브랜드와 파트너로 일하기에 충분한 역량을 갖추고 있다.

두 사람 모두 대학을 졸업한 후 광고업계에서 일했다. 처음에는 그 일을 즐겼지만 차츰 자신들이 엉뚱한 문제에 집중하고 있다고 느끼기 시작했다. 그들은 낡고 고장 난 것에 대해 이야기할 수 있는 새롭고 흥미로운 방법들을 생각해 내는 데 대부분의 시간을 쏟았다.

그와 동시에 두 사람은 그 누구도 브랜드 구축을 창업 과정의 일부로 이야기하지 않는다는 사실을 깨달았다. 사람들은 상품에 집중했고, 사용자 경험의 맥락에서 디자인을 논의했지만 브랜드를 구축하는 것이 어떤 의미를 지니는지에 대해서는 잘 이해하지 못했다. 그래서 두 사람은 스타트업들을 중심으로 브랜드를 구축해 주는 사업에 기회가 있다고 보고, 2007년 레드 앤틀러를 창업했다. 그들은 초창기에 원 킹스레인의 수전 펠드먼Susan Feldman과 알리 핀커스Ali Pincus 같은 창업자들과 함께 일했다.

헤이워드는 이렇게 설명한다. "저희의 지론은 창업 첫날부터 브랜드에 대해 고민하는 스타트업이 경쟁 우위를 갖는다는 것입니다. 초기에는 어려운 싸움이었지만 지난 10년 동안 모두가 깨닫기 시작했어요. 요즘 스타트업들은 예전에 비해 훨씬 더 세련되고 견고한 이미지로 시장에 등장하고 있습니다."

레드 앤틀러는 전략, 제품 디자인, 브랜드 구축, 광고 등 창업할 때 필요한 모든 것을 고객사와 함께 완성해 나간다. 회사명과 브랜드 정체성에서 그들의 창업 스토리를 효과적으로 전달해 주는 이용 편의성을 갖춘 웹사이트에 이르기까지 모든 것을 포함한다. 또한 레드 앤틀러는 가능한 한 많은 자원을 쏟아부었다. 한때는 하나의 고객사를 상대하기 위해 두 명의 공동 창업자 외에도 18명의 인력이 투입되기도 했다.

헤이워드는 지난 10년 동안 자신이 느낀 가장 큰 변화는 기업이 그들의 대상 고객을 더 빠르게, 그리고 훨씬 정확하게 찾을 수 있게 된 것이라고 말한다. "인스타그램을 둘러볼 때면 제 취향과 제가 구매한 것, 제가 방문한 사이트들을 정확히 파악하고 있다는 듯 관심을 끌 만한 사진으로 유인하는 패션 브랜드들이 끊임없이 조그마한 광고로 화면에 나타나죠. 이렇게 인터넷을 통해 접촉할 수 있는 아주 소수의 고객들을 파악해서 확실한 메시지로 다가가는 방법이 있어요. 인터넷 화면을 빠르게 훑어볼 때는 한 번도 들어 본 적이 없는 새로운 패션 브랜드들과 신시아 롤리의 광고를 구분하기는 어렵습니다."

그녀는 많은 틈새 브랜드들이 고객들의 재구매를 목말라하며 하나씩 사라져 가고 있는 현실을 인정한다. 하지만 어떤 한 가지에 초점을 맞춰 일단 시작하고 난 뒤에 확장하는 방식도 가능하다고 본다. 와비 파커가 그 좋은 예다. 단 몇 가지 스타일의 안경과 집에서 시착해 볼 수 있는 서비스로 시작했지만, 이제는 안경 제국을 리드하고 있다.

레드 앤틀러는 캐스퍼(매트리스)와 함께 일하며 다섯 명의 창업자가 통일된 기업 사명에 합의할 수 있도록 조력자 역할을 했다. 또한 버로 Burrow(가구)와 고비Goby(칫솔)와도 함께 일했다. 더프는 고비를 아주 좋아한다. 그의 딸 마거리트는 더프보다 더 고비를 좋아해서 밤마다 양치할 시간이 되면 이렇게 외친다고 한다. "고비 할 시간이에요!" 이 기업들의 공통점은 무엇일까? 각 기업은 자신들의 진정한 존재 이유를 느낀다. 창업을 원하는 MBA 졸업생들이 업계의 다양한 분야를 살펴보고 진출하기에 좋은 분야가 어디인지 분석해서 내놓는 결과가 아니다.

대부분의 경우 혁신은 단지 상품에서만이 아니라 공급 사슬에서도 일어난다. 공급 사슬을 파괴함으로써 품질을 유지하면서도 비용을 절감할 수 있는 것이다.

하지만 최종적으로 그들은 무엇보다도 이야기할 스토리, 즉 사람들을 기쁘게 해 주는 스토리가 있다는 것이다.

헤이워드는 말한다. "캐스퍼가 그 훌륭한 예죠. 캐스퍼가 등장하기 전에는 아무도 매트리스 브랜드의 이름을 알지 못했어요. 뿐만 아니라 사람들은 온라인에서 매트리스를 판매하는 건 말도 안 된다고 생각했죠. 하지만 캐스퍼의 창업자들은 그와 같은 자신들의 브랜드 정체성이 커다란 차별성으로 작용할 거라고 믿었던 거예요. 그리고 그때부터가 어려운 일의 시작이었죠. 브랜드 구축은 하룻밤 사이에 되는 게 아니에요. 무조건 돈을 절약하거나 그것에 1,000달러만 지불하겠다고 말할 수 있는 것이 아니죠. 시간을 들여야 합니다. 목표 고객에 대해 진정으로 고민해야 하고 그들에게 어떤 스토리로 다가갈지, 무엇이 그들에게 반향을 불러일으킬지 고민해야 해요. 언제나 지속적으로 사람들을 놀라게 하고 기쁘게 만들 것들을 층층이 쌓아 나가야 합니다. 재미있고 신기하고 다른 것들과는 확실히 달라야 하죠."

헤이워드는 향후 몇 년 동안 예상되는 가장 흥미로운 행보로 지금까지 태생부터 디지털인 브랜드들이 와비 파커와 캐스퍼가 그랬듯이 오프라인 소매시장으로 더욱 공격적으로 진출하게 될 것이라고 전망했다. "진정한 다채널 경험을 어떻게 만들어 낼 수 있을까요?"라고 그녀는 묻는다. "제가 보기엔 아무도 그 정답을 찾지 못한 것 같아요. 그러기 위해서는 고객 데이터를 그들이 안심할 수 있는 방식으로 활용할 수 있어야 할 겁니다."

생명보험 가입과 유언장 작성을 돕는 '투모로'

보험 판매의 예술적 혁신

데이브 핸리의 투모로는 인생에서 하기 꺼려지는 가장 우울한 두 가지 일, 즉 생명보험 가입과 유언장 작성에서 마찰을 제거하고자 나섰다. 그 과정에서 그들은 재산 계획을 세워 본 적 없는 사람들이 자신의 미래 재산에 대해 권한을 주장할 수 있도록 도와준다. 보험 가입은 돈이 들지만 유언을 남기는 데는 돈이 들지 않는다.

가장 성공적인 삶을 살아가는 사람들 대부분은 전반부와 후반부로 나누어진 삶의 패턴을 따른다. 삶의 전반부는 자신의 요구에 충실하게 산다. 그리고 후반부는 사회에서 소외된 사람들의 요구를 충족시키기 위해 산다. 데이브 핸리Dave Hanley는 사람들이 보통 삶의 후반부에 하는 일을 먼저 시작했다. 1990년대 그는 무함마드 유누스Muhammad Yunus가 창립한 소액 금융의 선두 주자 그라민 은행Grameen Bank에서 일했다(이 은행을 설립한 유누스는 노벨 평화상을 수상했다). 유누스의 추천서 덕분에 핸리는 스탠퍼드 비즈니스 대학원에 입학할 수 있었다(스탠퍼드의 입학처장은 그에게 "이 추천서를 소중히 간직해 두는 게 좋을걸세"라고 조언했다).

2003년 졸업 후, 핸리는 음악에 대한 열정을 살려 리얼네트웍스 RealNetworks의 랩소디 음악 서비스 파트에서 근무했다.

그러나 2007년쯤 되었을 때 그는 새로운 기회를 찾기 시작했고, 당시 사용자가 5,000명 정도에 불과했던 셸파리Shelfari라는 온라인 북클럽에서 그 기회를 찾았다. 셸파리에서는 핸리에게 마케팅 담당 부사장으로 일해 줄 것을 제안했다. 16개월 뒤 셸파리 북클럽은 사용자가 200만 명에 달했고, 아마존이 다가와 재빨리 인수했다.

그는 어떻게 셸파리를 그토록 빨리 성장시켰을까? 핸리는 링크드인의 창업자 중 한 사람인 리드 호프먼의 강연에서 들은 적이 있는 '바이럴 마케팅' 전략을 차용했다. 그것의 핵심은, 마찰이 없는 온라인 세상에서의 성장 방식은 사용자들을 프로 홍보 대사로 탈바꿈시키는 것이라는 내용이었다. 셸파리에서 통했던 전략은 '우리가 똑같은 책을 읽는 건가요?'라는 질문으로 시작하는 이메일을 발송한 것이었다. 그 이메일은 셸파리에 새로운 독서 회원들을 끌어들였고, 또 새로운 이메일이 발송되고…… 그렇게 계속 확산된 것이다.

핸리는 2009년 소셜미디어 컨설팅 에이전시 배니언 브랜치Banyan Branch를 공동 창업하기도 했다. 배니언 브랜치에서 벌어들이는 돈을 또 다른 스타트업을 지원하는 데 사용할 수 있을 거라고 생각했기 때문이었다. 그러나 초기에 빌 앤드 멀린다 게이츠 재단, 폭스, 디즈니, 포르셰, 인텔 같은 고객들과 함께 일하게 되면서 재정 지원을 위한 도구로 생각했던 배니언 브랜치는 그 자체로 성공적인 사업이 되었다.

당신이 열정을 가지고 있는 특정 프로젝트를 지원하기 위해 시작한 사업이 장기적인 성공으로 보이기 시작한다면 어떻게 하겠는가? 핸리는 파트너와 함께 그 기업을 매각할 수 있을 정도의 규모로 키우기로 결심했다. 그는 이렇게 말했다. "30명 규모의 기업으로 성장했을 때는 연말에 30만 달러의 수표를 서로에게 발행해 줄 수 있을 정도가 되었죠. 멋진 경험이었어요. 그리고 일을 즐기는 한편 고도 성장 기업을 만들어 매각하기로 결심했죠." 딜로이트 디지털Deloitte Digital이 발 빠른 반응을 보이며 2013년 배니언 브랜치를 인수했다. 이후에도 핸리는 3년 가까이 배니언 브랜치에 계속 남아 있었다.

배니언 브랜치를 딜로이트에 매각한 후 높은 연봉을 받으며 안정적인 직장에 안주해 있을 때, 한 좋은 친구가 그에게 '잠에서 깨어나야 한다'고 말해 주었다. 그녀는 그가 각성하는 데 도움이 될 만한 책 몇 권을 보내 주었다. 그중 하나가 줄리아 캐머런의 《아티스트 웨이The Artist's Way》였다. 그 책에서 제시한 대로 매일 훈련하면서 핸리는 두 달 남짓 동안 여섯 개의 창업 아이디어를 생각해 냈다.

배니언에서의 경험을 바탕으로 구상한 투모로Tomorrow에 대한 사업 아이디어도 그중 하나였다. 핸리는 에이전시의 더 많은 젊은 직원들이 결혼하고 자녀를 가질수록 생명보험을 가지고 있는 사람이 별로 없으며 유언장을 가진 사람은 거의 전무하다는 사실을 알게 되었다. 그 이유 중 하나는 생명보험이 있든 없든, 유언장을 썼든 쓰지 않았든 모든 사람이 그 절차가 복잡하고 비용이 많이 든다는 사실을 알고 있기 때문이었다. 그래서 핸리는 그 절차에서 마찰을 더 줄이고 쉽게 만들기 위해 나섰다.

리걸줌LegalZoom과 그 밖의 업체들은 유언장을 작성하는 데 수백 달러를 청구한다. 하지만 템플릿 양식으로 만들어져 나오는(이것은 소프트웨어로 만들어진다) 유언장의 추가 제작비는 제로다. 핸리는 바닥 치기 경쟁이 될 것을 예상하고 투모로가 유언장 제작을 무료로 만들어 시장에 진입할 구상을 했다(가격을 무료로 만드는 것 이상으로 더 마찰을 제거할 게 무엇이 있겠는가).

다시 바이럴 마케팅이 효과를 나타내기 시작한 부분이 바로 이 지점이다. 투모로는 무언가를 무료로 제공함으로써 고객을 유치할 심산이었던 것이다. 유언장에 어떤 내용이 포함되는지 한번 생각해 보라. 배우자, 자녀들, 후견인, 유언 집행자 등 사랑하는 사람들의 이름이 등장한다. 이 바이럴 마케팅 프로젝트는 사람들이 의식하지 못하는 사이 그들의 의식 속으로 침투하는 것이다. 사람들이 다른 이들에게 자신이 죽게 되면 아이들의 후견인이 되어 줄 것을 부탁할 때, 그 부탁을 받은 사람들은 이제 투모로에서 무료 유언장을 만들 수 있다는 사실을 알게 될 것이다. 그렇게 투모로를 찾아오는 고객들에게 생명보험 가입을 권유하면 되는 것이다. 투모로는 AIG와 애플랙Aflac을 비롯해 열 개의 다른 보험회사들과 협력 관계를 맺고 있으며, 그 회사들이 투모로의 고객에게 보험을 판매할 때마다 일정 수익을 받는다.

생명보험을 판매할 수 있는 다른 방법들도 있다. 폴리시지니어스의 제니퍼 피츠제럴드와 프랑수아 드 램이 한 것처럼 온라인 에이전시를 만드는 것이다. 그러나 어느 시점이 되면 모든 기업이 온라인 시장에서 전면전을 벌이게 될 것이고 그런 업계에서는 모든 잠재 수익이 페이스북이나 구글에 돌아가게 될 것이라고 핸리는 전망한다. 아니면 고객들에게 무료 상품을 제공하는 새로운 시장을 구축해서 애초에 정면 대결을 하지 않고도 고객층을 보험 쪽으로 끌어들일 수도 있을 것이다. "저희는 금융 서비스와 연계해서 무료 상품이나 저렴한 상품군을 만들 예정입니다. 그래서 저희 고객들에게 필요하지만 너무 바빠서 사지 못했던 금융 상품을 그들에게 소개하려고 합니다."

셀파리의 경우와 마찬가지로 투모로의 고객들 또한 최고의 영업 사원들이다. 적어도 무료 상속 계획 상품을 찾는 새로운 고객들이 생겨나는 한 그렇다고 볼 수 있다. "3분의 1에서 절반가량의 새로운 사용자들은 그렇게 입소문이 나서 오시는 분들이죠"라고 핸리는 말한다. 그 밖의 다른 계획은 무엇이 있을까? "그건 말씀해 드릴 수 없어요. 들으시면 완전 괴짜라고 생각할 아이디어도 있고…… 아이디어가 너무 많지만, 모두 저희가 하고 있는 일들과 관련이 있는 것들입니다."

물론 무언가를 더 쉽게 만드는 것은 결코 쉬운 일이 아니다. 미국의 50개 주는 신탁 및 유언장과 관련한 상속법, 보험 자격 심사 절차, 그리고 위임장과 같이 중요한 사안에 대한 요구 조건이 저마다 각각 다르다. 2018년 후반 우리가 핸리와 인터뷰를 했을 당시 투모로는 단 2개의 상품, 즉 유언장과 생명보험을 판매하기 위해 무려 205개의 자격증을 보유하고 있었다.

벤처 투자자들이 지금까지 무려 750만 달러를 투자하도록 만든 요인은 무엇이었을까? 두 가지다. 첫 번째는 핸리와 공동 창업자들의 누적 실적과 출구 전략이었다. 두 번째는 보험 업계가 혁신의 길목에 있었다는 점이다.

생명보험은 수조 달러 규모의 산업이지만 업계에서 가장 규모가 큰 기업인 메트라이프MetLife도 4퍼센트의 시장을 점유하고 있을 뿐이다. 이것을 '시장 분절화fragmentation'라고 한다. 뿐만 아니라 생명보험 설계사의 평균 연령이 거의 60세에 가까워지고 있다. 이는 젊은 고객층에 보험을 판매할 수 있는 영업자가 점점 줄어들고 있다는 의미다.

창업한 지 단 120일 만에 투모로는 온라인과 TV 광고를 이용해 신규 고객 유치 비용을 기존 비용의 10퍼센트 수준으로 대폭 절감했다. 또한 크레디트 카르마Credit Karma에서 시드 투자를 해 준 인물을 포함해 관련 분야의 경력을 갖춘 이사회 임원들을 영입하기도 했다.

우리는 핸리에게 판매 대행사 형태로 보험 분야에 진출하겠다고 언급해 논란을 불러일으키고 있는 아마존에 관해 물었다. "아마존이 어떻게 할지에 대해서는 저도 잘 모르겠어요. 하지만 저희가 어떻게 할 것인지는 말씀드릴 수 있어요. 저희는 그들과 정면 대결을 하지 않을 겁니다. 지금까지 해 오던 대로 보험이 아니라 무료 상품을 통해 고객을 유치할 생각입니다. 왜냐하면 모두가 알다시피 아마존이 새로운 사업에 끼어들면 고된 싸움이 시작되는 것이고, 그러면 아마존과 경쟁하려고 하는 스타트업들은 상당히 고통스러울 수 있기 때문이죠."

이 부분을 잠시 부연 설명하자면, 아마존은 시장 독식적인 가격 정책을 보증할 만한 재정적 기반을 이용해 새로운 영역에서 시장점유율을 높여 가는 것으로 유명하다. 그들은 자신들의 손실을 흡수하며 경쟁자들이 승복할 때까지 경쟁자들보다 저가로 상품을 판매한다. 구체적인 예를 알고 싶다면 다이어퍼스닷컴Diapers.com과 있었던 불미스러운 사건을 찾아보라.

핸리를 일깨워 준 그 친구는 어떻게 되었을까? 그녀의 이름은 조지 베나뎃Georgie Benardete으로 지금은 그의 여자 친구가 되었다. 그녀의 일깨움 덕분에 그는 사람들에게 큰 혜택을 주는 일이 무엇인지 탐색하는 눈을 가지고 처음 시작한 원점으로 다시 돌아갈 수 있었다. 그리고 개인적인 측면에서도 변화가 있었다. 그는 너무 많은 역할을 떠맡으며 모든 일을 하려고 했던 시행착오 끝에 투모로에서는 자금 조달, 인력 채용, 전략 기획 세 가지로 자신의 책임을 한정 짓기로 했다. "저도 일하는 기계가 아니라는 점을 분명히 해 둬야 할 것 같았죠. 저 자신에 대한 선물로 CEO가 언제든 부재할 수 있는 기업 문화를 구축하려고 합니다." 지금도 그는 계속 그 선물을 누리고 있다.

아이스크림 선택 과정의 마찰을 제거한 '헤일로 탑 크리머리'
맛과 건강을 모두 잡은 아이스크림

대부분의 아이스크림 기업들은 작은 글씨로 상품의 칼로리를 눈가림한다. 그러나 저스틴 울버턴의 헤일로 탑은 다른 전략을 취했다. 아이스크림 포장 컵 전면에 칼로리를 큰 글씨로 적어서 그대로 보여 주는 것이다. 그렇게 함으로써 고객들이 아이스크림을 먹을지 말지 결정하는 과정에서 마찰을 제거했고, 결국 행복해하는 고객들의 손에 아이스크림을 쥐여 주었다.

업데이터의 데이비드 그린버그와 마찬가지로 저스틴 울버턴Justin Woolverton은 기업 변호사가 되는 안전한(되긴 어렵지만) 길을 택해 직장 생활을 시작했다. 그린버그는 독립해서 업데이터를 창업하기 전에 변호사라는 직업에 만족하는 방법을 스스로 찾아냈다. 하지만 울버턴에게는 그런 행운이 따라 주질 않았다. 아이비리그 출신들이 모여서 일하는 전형적인 로펌이었던 레이섬 앤드 왓킨스Latham&Watkins에서 변호사로 근무한 지 4년 만에 그는 자신이 아주 큰 실수를 범했음을 깨달았다.

　의료나 금융 분야처럼 법률 분야의 직종은 신입이 들어오면 호되게 가르치는 경향이 있다. 상급 변호사로서 온갖 잡다한 일을 신참 변호사들에게 넘길 수 있을 때 더 나은 미래를 약속하는 대가로 모든 자질구레한 일들을 시키는 것이다. "터널이 끝나면 빛이 보일 거라고 생각하지만, 그것도 상황이 좋아졌을 때의 이야기죠"라고 그는 말했다. 반드시 상황이 좋아지리라는 보장은 없다는 뜻이다.

행복하다고 느껴야 할 상황에서 그의 한계점은 드러나고야 말았다. 그는 비행기를 타고 홍콩으로 출장을 가서 고급 호텔에 머물렀다. 그리고 한 재판소 앞에 서 있는 자신을 발견했다. "그 모든 것이 모든 사람이 꿈꾸는 생활이었어요. 하지만 그때 제가 잘 지내고 있는 게 아니라는 사실을 깨달았죠. 만약 이게 터널의 끝에 있는 불빛이라면 저는 애초에 그 터널에 들어가지 말았어야 했다는 걸 말이죠."

그렇다면 어떻게 아이스크림 회사를 창업하기로 결정했을까? 유효 시장 분석이라도 한 걸까? D2C 방식에 사업 기회가 있다는 걸 감지한 걸까? 클라우드 컴퓨팅을 통해 효율성을 높이려 했을까? 모두 틀렸다. 그는 그냥 옛날 방식으로 결정했다. 울버턴은 이렇게 말했다. "저 자신을 위해 아이스크림을 만들었고 저는 그 아이스크림이 너무나 좋았어요. 그리고 저는 그렇게 특별한 사람이 아닙니다. 아주 보통 사람의 입맛이죠…… 그래서 제가 아주 좋아하는 아이스크림이라면 분명 시장이 있을 거라는 생각이 들었어요." 다시 말해서 그는 자신이 평균적인 입맛이라는 사실을 깨달았고, 그게 그의 성공 비결이었다.

달리 표현하자면, 그는 자신의 직관을 따른 것이다. "저는 MBA의 스위트SWOT 분석 같은 것은 하지 않았어요."(SWOT는 대부분의 경영자 수업에서 핵심적으로 다루는 내용으로, 각각 강점Strengths, 약점Weaknesses, 기회 Opportunities, 위협Threats을 나타낸다.) 일단 구상한 사업이 실현 가능해 보이 자 그는 여느 지식인들이 그러듯 인터넷에서 아이스크림 만드는 법을 찾아보았다. 캐나다에는 아이스크림공학을 전공으로 가르치는 대학이 있다는 사실을 알고 있었는가? 인터넷에 올라와 있는 아이스크림 제조 에 관한 무료 코스 자료를 모두 다운로드받아 공부하기 전까지는 울버 턴 역시 몰랐다. 동네 아이스크림 가게와 함께 1년 정도의 시행착오 기 간을 거친 끝에 본격적인 사업을 시작했다.

"제게는 이것이 정말 매력적인 부분이었어요. 저는 어떤 사람들에 대 해 잘 몰라도 어떤 것이 그들에게, 혹은 전체 업계에서 통하는지 알아내 는 일이 정말 즐거워요." 이것이 타고난 사업가임을 입증하는 것 중 하 나일 것이다. 무언가를 먼저 알아내고 그것을 더 잘 할 수 있는 방법을 강구하고자 하는 욕구 말이다. 이는 개인의 성격적 특성이라 할 수 있다.

그래서 그는 그 분야를 깊이 있게 연구했다. 먼저 아이스크림을 만드 는 법을 배웠다. "아이스크림을 만드는 건 정말 재미있어요. 반어법이 아니라 진심이에요." 그리고 창업을 하는 것에 대해서도 배웠다. ("그것 도 재미있었죠. 물론 이 말도 진심입니다.") 그리고 또 손익계산법, 소비재 업 계에서 시장에 진출하는 법, 가격 책정, 수익률 책정, 유통 등도 이어서 배웠다.

그 결과 20그램의 설탕, 20그램의 단백질로 만들어진 단 300칼로리 의 헤일로 탑 파인트 아이스크림이 탄생하게 되었다. 그리고 레드 벨벳과 팬케이크 앤드 와플 맛 등을 만들었다. 예전에는 낮은 칼로리의 식품을 만든다는 것은 맛을 포기한다는 의미였다. 어떤 기자는 "헤일로 탑은 맛과 건강 모두를 선사하겠다는 약속을 이행했다"라고 썼다.

울버턴은 벤처 투자자들로부터 투자받는 것을 한 번도 생각해 본 적이 없었다. 그보다는 자신이 예금해 둔 약 15만 달러를 투자했다. 그렇게 함으로써 연구개발 기간과 창업 후 1년을 버틸 수 있었다. 당시 그와 또 한 사람의 대형 로펌 출신인 공동 창업자 더그 부턴Doug Bouton이 가족과 친구들로부터 30만 달러를 투자받아, 그 자금으로 2년을 더 버틸 수 있었다. 그 뒤 또 한 번 가족과 친구들로부터 70만 달러를 지원받았다. "저는 로스쿨에 입학해서 변호사가 된 것을 후회한다고 말해요. 하지만 분명 좋은 점도 있었어요. 그중 하나는 회사를 설립하고도 여전히 통제권을 잃을 수 있다는 사실을 알고 있었다는 것이죠." 울버턴은 헤일로 탑의 일부 지분을 양도했으나 법률상의 지배권은 100퍼센트 유지하고 있었다.

헤일로 탑은 모든 소비자를 위한 것은 아니다. 하지만 상품은 시작부터 반응이 좋았다. 그럼에도 불구하고 그들은 여러 번 도산 위기에 직면했다. 어느 사업가에게든 한번 물어보라. 그것이 최악의 시나리오가 아니라고 답할 것이다. 언제나 일어날 수 있는 일이라고 말이다. 그러나 그들은 사업이 '대박' 날 때까지 어쨌든 버텨 냈다. 좋은 의미에서 말이다.

그래서 어떻게 되었을까?

첫째, 그들은 '칼로리가 낮으면서도 여전히 맛있는 아이스크림'이라는 헤일로 탑의 정체성이 더 확실히 드러나도록 패키지 디자인을 바꿨다. 아이스크림 용기 전면부에 칼로리 수치도 크게 적어 넣었다. 울버턴은 말한다. "상점 진열대 위에서 경쟁할 때 그게 스스로의 광고판 역할을 하죠. 그 변화로 인해 우리의 정체성이 무엇이고 다른 이름 없는 아이스크림들과 무엇이 다른지 말할 수 있게 되었어요."

둘째, 그들은 공급 사슬을 통한 유통 과정에서 회복 탄력성을 높이기 위해 아이스크림에 숨겨져 있는 과학을 개선했다. 그래서 최종 고객인 소비자의 손에 들어가기 전에 아이스크림의 품질이 어떤 형태로든 저하되지 않도록 했다.

셋째, 그들의 무릎 위에 폭탄이 내려앉는 일이 발생했다. 좋은 의미에서 말이다. 잡지 〈GQ〉의 기자가 열흘 동안 헤일로 탑만 먹어 보기로 한 것이다. 울버턴은 이렇게 회상했다. "우리는 그런 일이 생길 줄 몰랐어요. 제 구글 뉴스 알림에 올라왔을 때 저는 너무 흥분해서 기사가 눈에 제대로 들어오지 않을 정도였죠. 기자가 열흘 동안 헤일로 탑만 먹는다고? 솔직하고 흥미로우면서도 어깨가 으쓱해지는 기사였어요. 그 후 완전히 대박이 터졌죠."

그리고 그 기사의 여파로 헤일로 탑은 잠깐 동안 벤 앤드 제리스Ben& Jerry's와 하겐다즈Häagen-Dazs를 앞질러 미국에서 가장 잘 팔리는 아이스크림이 되었다. 두 유명 브랜드 아이스크림보다 훨씬 칼로리가 낮다는 지식으로 무장한 소비자들은 한번에 헤일로 탑 파인트 아이스크림을 두세 개 혹은 네 개씩 구매하기 시작했다. 이는 적어도 보통의 소비자들에게는 전례가 없는 일이었다.

〈GQ〉기사로 히트를 친 것은 2016년 1월이었다. 그 달 말까지의 판매량이 2015년 전체 판매량보다 더 많았다. 2월이 되어서는 판매량이 1월의 두 배로 뛰었다. 3월에는 또 그 두 배가 되었다. 사업은 계속해서 승승장구했다. 2013년 매출 23만 달러에서 출발한 헤일로 탑은 2017년 1억 달러의 매출을 기록했다. 2018년 말에는 해외 진출도 이뤄 냈으며, 미국에서의 발전 궤적을 그대로 따르고 있다.

앞으로의 계획은 전국적으로 직영점을 몇 개 더 오픈하고 해외 시장도 더 확장하며, 새로운 맛도 추가하는 것이다. 피넛 버터 컵과 생일 케이크가 가장 최근에 추가된 맛이다.

미국 2위의 아이스크림 제조 업체인 웰스 엔터프라이즈Wells Enterprises가 헤일로 탑을 인수했다는 사실을 언론을 통해 발표했을 당시 헤일로 탑에는 약 150명의 직원이 근무하고 있었다. 울버턴은 회사에 남지 않기로 결정했다. 이것으로 아이스크림 업계에서 자신이 해야 할 일은 모두 완수했다는 의미일 것이다. 그렇다면 그가 애초에 아이스크림 사업을 계속 이어 간 이유는 무엇이었을까?

아이스크림은 인터넷의 혜택을 보기에 유리한 업종으로 보기는 어렵지만 다른 분야들과 상황은 크게 다르지 않다. 울버턴은 말한다. "진부하게 들리겠지만 인터넷과 소셜미디어가 없이는 신생 기업이 저희가 한 것처럼 이미 자리를 잡고 있는 기존 기업들에 도전하기는 어렵다고 생각해요. 누군가 좋은 것을 발견했을 때 몇 명의 친구에게만 말하는 것이 아니라 한번에 4,000명에게 동시에 말해 줄 수 있는 확성기를 가지고 있는 것과도 같죠."

만약 그가 1980년대에 창업을 시도했다면 광고 측면에서 그가 할 수 있는 일은 (비싼) 신문 광고와 (비싸고 비효율적인) 광고판, 그리고 식품 잡지 광고 정도였을 것이다. 하지만 오늘날의 헤일로 탑은 심리 통계와 지리적 통계, 인구 통계 자료를 활용해 온라인 타깃 광고를 진행할 수 있다. "제한된 마케팅 비용으로 상품을 성공적으로 홍보하는 데 아주 결정적인 요소들이죠. 만일 온라인 광고라는 수단이 없었다면 헤일로 탑이 존재할 수 있었을지 의문이에요."

혹은 이런 것도 생각해 보라. 헤일로 탑은 아이스크림 형태를 띠고 있지만 거의 그리크 요구르트라고 할 수 있다. 모두 천연 재료를 사용한다. 회사는 이를테면 초바니Chobani(미국의 그리크 요구르트 시장 1위 기업-옮긴이)를 SNS에 포스팅할 정도로 좋아하는 사람들을 찾아내 그들에게 무료 아이스크림 쿠폰을 보내 주었고, 나머지는 소셜미디어가 스스로 마법을 일으키도록 맡겨 두었다. 울버턴은 말한다. "순수하게 자연 성장이라고만 보기는 어렵죠. 저희가 무료 아이스크림 쿠폰을 뿌려야 했으니까요. 그래도 투자 수익률은 훌륭했어요. 그리고 페이스북 유료 광고에 비하면 훨씬 자연 성장에 가까웠죠." 하지만 그들은 페이스북 유료 광고 또한 이용한다. 그리고 인스타그램 광고와 트위터 광고도. 하지만 그 광고들은 모두 헤일로 탑 아이스크림을 먹어 보고 싶어 할 것 같은 사람들을 타깃으로 하고 있다. 한때는 마케팅 예산에 마찰을 발생시켰던 곳에 이제는 정확도 높은 대상 고객들이 존재하는 것이다.

그럼에도 소셜미디어는 좋은 홍보 수단이 될 수도 있고 공격 수단이 될 수도 있다. 헤일로 탑은 한 번도 아니고 두 번 소셜미디어를 뜨겁게 달구며 명예가 실추된 적도 있다. 한 번은 칼로리를 축소 표기했다는 논란이었고, 또 한 번은 파인트 용기에 아이스크림 용량을 덜 채워 넣었다는 논란이었다. 우리가 그것에 대해 질문했을 때 울버턴은 아직 소송이 진행 중인 건이라서 입장을 밝히기 곤란하다고 답했지만 다음과 같이 덧붙였다. "저희 일은 이미 너무 스트레스가 심합니다. 그런 와중에 거기 앉아서 사람들을 속일 궁리를 하고 있다? 그런 스트레스는 스스로 감당하기 힘들 겁니다."

그뿐 아니라 우리에게 헤일로 탑을 선사해 준 사람에게 상을 줄 생각은 하지 못할망정 그를 고발했다는 사실은 믿기 어려운 일이다.

울버턴은 아이스크림 업계에서 누구도 시장이 존재한다고 생각하지 못했던 영역에 도달했고 보았고 정복했다. 그가 곧 다시 돌아올 것이라는 데 헤일로 탑 생일 케이크 아이스크림 한 통을 걸겠다. 파티는 아직 끝나지 않았으니까.

남성 고민의 치료 과정에서 발생하는 마찰을 줄이는 '힘스'
'월그린 테스트'를 뛰어넘는 법

탈모와 발기부전은 남성들이 정말 말 그대로 문제가 될 때까지 외면하려고 하는, 마찰이 가득한 주제라고 할 수 있다. 스타트업 힘스는 그런 마찰과 함께 병원 및 약국에 가는 마찰도 제거하고자 한다.

앤드루 두덤Andrew Dudum은 스타트업 업계에서 잔뼈가 굵은 인물이다. 그는 2012년 텔레포니카Telefónica에 그의 첫 회사를 매각했다. 2013년에는 아토믹Atomic이라는 벤처 펀드를 설립하기도 했다. 그리고 몇 년 후 스냅Snap에 또 다른 회사를 매각했다. 그는 연이어 쉴 새 없이 문제를 해결한다.

힘스에 대한 사업 구상은 발기부전과 남성 탈모증 같은 몇 가지 중대한 문제들로 어려움을 겪고 있는 수많은 친구들을 보아 온 그의 경험에서 비롯되었다고 그는 말한다. 하지만 모두가 혼자 고민하고 있다. 아무도 그런 문제들에 대해 이야기하고 싶어 하지 않는다. 그 병증들을 둘러싼 오명은 현실이며 그것이 무엇인지에 관한 대화는 저지당하기 일쑤다. 그래서 그는 그런 오명에 정면으로 반기를 드는 동시에 인생에서 가장 귀찮은 일들 중 하나인 병원 진료 예약의 필요를 제거해 주는, 남성들을 위한 개인 건강 브랜드가 있으면 어떨까 생각해 봤다. 거기다 저렴한 가격과 스타일리시한 상품 포장까지 덤으로 제공한다면 어떨까?

두덤은 말한다. "교육과 논의에서 상당한 격차가 존재합니다. 그래서 저희는 남성들이 걱정하는 주제에 대해 교육하고 그 주제에 대한 논의를 정상화하는 한편, 그들에게 뛰어난 의사의 승인을 받은 가장 신뢰할 수 있는 정보를 제공하는 것을 주요 사명으로 삼고 시작했습니다." 그에 더해 수백 달러에 이르렀던 기존 가격에 비해 한 달에 20~30달러라는 저렴한 가격으로 편의성까지 겸비한 서비스를 제공하는 것이었다.

그리고 이 점을 진지하게 생각해 보자. 아무도 발기부전에 대해 이야기하고 싶어 하지 않는다. 두덤은 힘스의 고객 대부분이 가끔 발생하는 남성 성기능 장애는 말할 것도 없고, 어떤 문제든 편안하게 상담할 수 있는 의사가 없다고 거의 확신하고 있다. "우리가 사람들이 편안한 마음으로 치료받을 수 있게 만든다면 그들은 이제껏 환자들과 소통하지 못해 온 아주 형편없는 의료 시스템에서 긍정적인 경험을 할 수 있게 되는 것입니다."

두덤이 힘스를 창업했을 당시, 통계 수치에 따르면 5,000만~7,000만 명의 미국 남성들이 탈모로 고통받고 있으나 10만 명만이 약물 치료를 받고 있는 것으로 나타났다. 자존심 상의 이유를 포함해 경우에 따라 여러 가지 이유가 있겠지만, 가장 중요한 이유는 너무 성가시다는 것이었다. 그들이 자신의 문제를 직시하고 치료가 필요하다는 사실을 인정하지 못해서 그런 것이 아니었다. 단지 다른 누군가를 찾아가 치료의 필요성을 인정할 시간과 의향이 없을 뿐이었다. 이는 달리 표현하면 마찰을 제거해야 한다는 뜻이다. 그러면 엄청나게 많은 고객이 서비스에 가입하기 위해 줄을 설지도 모른다.

힘스가 훌륭한 이유는 저렴한 가격, 훌륭한 패키지 디자인, 교육 등 다른 D2C 브랜드들과 공통되는 부분들 때문이 아니다. 겉으로는 드러나지 않는 부분들 때문이다. 2018년 후반에 힘스는 전국 50개 주를 통틀어 앞서 언급한 남성 문제들과 관련해 다른 의료기관들보다 더 많은 처방전을 쓰고 있는 1,000여 명의 의사를 하나로 연결하는 네트워크를 만들었다(훌륭하지 않은가? 규모는 정말 중요하다). 그리고 힘스의 전략은 고객과의 소통을 전통적인 의사의 진료보다는 아마존에서 물건을 구매하는 방식에 더 가깝게 만드는 것이다. 힘스 고객의 80퍼센트는 의료 상담, 치료 계획, 처방전 등 이 모든 과정을 전화로 30분 내에 완료할 수 있다. 그 조그마한 파란색 알약을 처방받기 위해 의사를 찾아가는 시대는 끝난 것이다.

다시 말해서, 힘스는 단순히 새로운 세련된 브랜드 명으로 약만 팔고 있는 것이 아니다. 당신이 원하는 것을 얻을 수 있도록 하기 위해 D2C 약국과 D2C 의료 서비스 공급 네트워크, 그리고 D2C 보험을 결합해서 제공하기도 한다. 그래도 브랜드는 여전히 중요한 역할을 한다. 두덤은 이렇게 설명했다. "저희 회사의 장기적인 비전은 사람들이 정말 심각한 문제를 해결할 수 있도록 신뢰를 기반으로 도와주는 브랜드가 되는 것입니다. 그 문제는 탈모가 될 수도 있고 성병이나 고 콜레스테롤, 혹은 금연이 될 수도 있겠죠."

그래서 힘스의 광고를 당신의 페이스북에서 볼 수 없는 것이다. 힘스의 지하철 광고는 뉴욕시에서 유명하다. 이 광고는 뉴욕시가 여성의 성 건강에 관한 광고는 금지한 반면 발기부전 광고는 허가함에 따라 촉발된 논쟁으로 더 유명해지기도 했다. 힘스가 지하철 광고를 하는 이유는 잠재 고객들이 발기부전처럼 민감한 사안에 관해 몇 분 동안이라도 생각해 보도록 하기 위해서다. 그래서 힘스는 (남성들이 인터넷에서 보내는 시간의 75퍼센트를 차지하며 남성들끼리 있을 수 있는 곳이므로) 포르노 사이트에도 광고하고, 한쪽으로 몇 도라도 고개를 돌리지 않고 똑바로 앞을 쳐다볼 수밖에 없는 남성용 소변기 앞에도 광고를 한다. 위의 모든 상황에서 잠재 고객은 사실상 마케팅 메시지를 소화할 시간을 갖는 것이다.

(포르노 사이트에 나오는 발기부전 치료제 광고에 대해 깊이 생각해 보면 무서운 생각도 든다. 많은 남성이 실제 상황에서 더 이상 발기 상태를 유지할 수 없게 된 명백한 이유 중 하나는 여기저기 난무하는 포르노물 때문에 무감각해졌기 때문이다.)

두덤은 무언가를 구입하기보다는 '자산을 창조'하는 개념을 강조하기도 했다. 예를 들면, 힘스는 페이스북 같은 공개 시장에 광고 게재 공간을 따내기 위한 경쟁 입찰에 참여할 수 있고 그렇게 하기도 하지만, 전국의 24시간 피트니스 센터 체인의 모든 라커룸에도 광고를 하고 싶다는 제안을 한다. 피트니스 센터 체인은 그때까지 버려져 온 공간에 대해 대가를 받게 되는 것이고, 힘스는 수년 동안 유지할 수 있는 독점적이고 장기적인 광고 수단을 창조한 것이 된다. 두덤에 따르면, 힘스의 마케팅 비용의 50퍼센트가 그와 같은 방식의 타깃 마케팅에 지출되고 있다.

최근 몇 년 사이 비아그라의 주성분 물질인 실데나필을 포함해 많은 주요 의약품의 특허가 만료되었다는 사실이 두덤에게는 야망을 좇을 수 있는 기회가 되고 있다. 그러나 비아그라 제조사인 화이자가 그들의 영역에서 비아그라를 한 알에 2달러에 판매하며 힘스의 뒤를 좇아올 거라고 생각했다면 오산이다. 그들은 모순적인 이름의 '비아그라 저네릭Viagra Generic'을 출시해 한 알에 35달러에 판매했다. 기존에는 특허가 만료된 경우 고객들은 오리지널 브랜드의 약을 계속 비싼 가격에 구입하거나 복제약을 저렴한 가격에 구입할 수 있었다. 그러나 지금은 두 가지 선택지가 더 추가되었다. 오리지널 브랜드의 제조사가 판매하는 절반 가격의 복제약(비아그라 저네릭)과 아예 다른 브랜드(힘스)에서 출시한 진정한 복제약. 하지만 결국은 오리지널 브랜드의 비아그라와 복제약, 타사 브랜드의 복제약, 이렇게 세 개의 카테고리로 좁혀진다. 그리고 힘스는 세 번째에 해당된다.

그렇다면 고객들의 회원 가입을 유지시키는 방법은 무엇일까? 힘스의 경우 회원 가입을 유지시키는 것이 밀키트 배달 서비스보다 더 쉽다고 한다. 효율성을 위해서는 고객들이 힘스의 상품들을 계속 사용해야 하기 때문이다. 몇 개의 경쟁 업체가 갑자기 등장하긴 했지만(로만www.getroman.com은 힘스www.forhims.com에 정면으로 도전하고 있다), 힘스가 보이지 않는 곳에서 의사들과 약사들, 보험회사들의 네트워크를 조직한 복잡한 과정은 (아주 야심찬 경쟁사가 아니고서는) 모든 경쟁사에게 높은 진입 장벽이 되고 있다.

고객들에게는 출구 장벽이 되기도 한다. 두덤은 해리스와 와비 파커를 비롯해 성공적인 D2C 기업을 운영하고 있는 많은 기업가와도 친하게 지낸다. 그는 그들이 성공하기를 바라지만, 두덤에게 장기적인 경쟁력 차원에서 가장 중요한 문제는 기업의 상품이 소위 '월그린 테스트the Walgreens Test'를 통과할 수 있는지의 여부다.

쉽게 말해서, 당신이 회원 가입을 통해 무언가를 구입했는데 배송에 문제가 생긴다면, 그것이 배송의 문제건 당신이 그것이 필요한 순간에 외부에 나가 있어서건 월그린(미국 최대의 잡화, 식품, 건강 보조 제품 판매 업체-옮긴이)에서 임시 대체 상품을 구입해 사용하겠는가? 당신은 해리스의 면도기를 좋아할지도 모르지만 동네에서 그 대체 상품을 쉽게 구할 수 있다. 그렇다면 쉽게 버리고 대체 상품을 살 수 없는 것은 무엇일까? 처방전이 필요한 발기부전 치료제나 남성 탈모증 약 같은 것들이다.

두덤은 이렇게 말한다. "저희 상품이 잘나가는 것은 약이 훌륭하기 때문만은 아닙니다. 기존의 방식으로는 다른 누군가에게 가서 그 약을 받아야 하는 마찰이 아주 컸기 때문이기도 합니다. 그냥 월그린 매장에 가서 대체 상품을 사 가지고 나올 수 있는 종류의 상품과는 다르죠. 의사에게 진료를 받고 간호사와 이야기하고 진료비를 지불하고 약국에 줄을 서서 기다리지 않고서는 약을 살 수 없으니까요." 그는 로만 같은 경쟁사들이 신경 쓰일까? 그다지 신경 쓰이지 않는다고 한다. 일부 조사에서는 우리가 의사들의 진료실에서 하는 일의 90퍼센트가 앞으로 약 5년 동안 온라인으로 옮겨 갈 것이라는 전망을 내놓고 있으므로 두덤은 앞으로 할 수 있는 사업이 아주 많을 거라고 예상하고 있다.

하지만 시장점유율 다툼은 지금도 진행 중이며, 그런 이유로 힘스는 젊고 개성 있기보다는 경험 많고 검증된 경영진을 채용하려고 한다고 두덤은 말한다. 또한 의사결정 과정에서 관료주의적 절차라는 덫에 걸리지 않도록 하기 위해 직원 수는 최대한 적게 유지하려고 한다. 과거 다른 시기에 이와 비슷한 매출을 올리는 기업이라면 400~500명의 직원을 두었던 데 비해 힘스의 전체 팀은 45명밖에 되지 않는다. "저는 가장 연륜 있는 인재들이 직원들이 역량을 높이도록 도와 각자의 일을 하게 만드는 것보다는 사업에서 굵직한 문제들을 해결하기 위해 노력해주었으면 합니다. 하지만 아주 큰 기회이니만큼 모두가 소매를 걷어붙이고 최선을 다해야 하겠죠." 이것이 바로 의료시스템을 변화시키는 것과 같이 중대한 일을 할 때 필요한 자세일 것이다. 각오를 다지고 새로운 이름 아래서 처음부터 다시 쌓아 올리는 것이다.

6장

~~~~~~~~~~~~~~

마찰이 없는 조직

~~~~~~~~~~~~~~

오늘날의 사무실들은 예전과는 다른 모습이다. 위워크는 물론이고 원격 사무 공간, 공유 큐비클(칸막이로 구분 지어져 있는 사무 공간-옮긴이)과 같이 우리가 들어 본 것 이상의 변화된 모습을 보여 주고 있다.

드웰스튜디오에서는 전통적인 모습의 사무실에서 일했다. 디자인 팀 7명을 포함해 55명의 직원이 있었고, 다른 복지 혜택을 제외하고 디자이너 연봉만으로도 최소 50만 달러가 나갔다. 우리는 일반 전화를 사용했고 심지어 팩스도 썼다. 지금 디인사이드에서는 뉴욕에 디자이너 1명과 다른 곳에서 원격으로 일하는 디자이너 7명을 고용하고 있다.

디인사이드의 사무실을 어떻게 설계할지 고민할 때 가장 먼저 자문했던 질문들 중 하나는 '전화기가 있어야 할까?'였다. 답은 '아니다'였다. 그리고 팩스도 없다(밀레니얼 세대는 어차피 팩스 작동법도 모를 것이다).

우리가 IT 기반 시설에 지출했던 돈을 생각해 보면 이렇게 많은 것이 변했다는 사실을 믿을 수가 없다. 드웰스튜디오 시절에는 '맙소사!' 서버 룸이 있었다. 지금은 우리가 하는 모든 일이 클라우드에 올라가 있고, 기업 운영 비용도 대폭 줄었다(고마워요, 제프 베이조스). 요즘에는 해당 기업의 핵심 경쟁 분야를 제외하고는 거의 모든 일을 외주 업체에 위탁할 수 있다.

드웰스튜디오가 첫 웹사이트를 구축하는 데는 14만 달러의 비용이 들었고, 전자상거래 플랫폼 마젠토에 호스팅 및 개발 비용으로 지불해야 하는 비용은 매달 수천 달러에 달했다(이 사실이 놀랍지 않다면, 이건 어떤가? 골드만 삭스는 고객 응대 웹사이트를 구축하기 위해 10억 달러가 넘는 비용을 지출했지만 곧 폐쇄했다). 뿐만 아니라 한번 어떤 플랫폼에 합류하면 사실상 그들에게 종속되는 것이나 마찬가지였다. 우리 사이트에 새로운 기능을 추가하거나 수정하고 싶을 때 우리는 마젠토에서 얼마를 요구하든 그 비용을 지불했다. 왜 그랬을까? 그들의 손에 온라인 시장에서의 우리의 사활이 걸려 있었기 때문이다. 현재 쇼피파이는 한 달에 79달러의 비용을 지불해야 한다. 디인사이드의 요구를 충분히 충족시키지는 못했지만 2012년에 접근 가능한 선택지들 중 가장 유력한 것이었다.

노동시장에도 지각변동이 일어나고 있다. 직장인들도 사업가가 되기를 원한다. 프리랜서로 일하기를 원한다. 회사에서 일하더라도 전통적인 방식으로 일하기를 원치 않는다. 이제 더 이상 전통적인 사무실에 앉아서 일하기를 원하는 사람은 아무도 없다. 사무실에서 코딩은 하지만 업무가 끝난 뒤에는 서핑을 하러 떠난다.

정규 근무시간에 관해서도 오전 9시부터 오후 5시까지 근무한다는 건 너무 옛날 식이다. 초기에 함께 일했던 직원 중 이후 아쉽게도 그만뒀지만 아마존에서 스카우트한 아이비 장Ivy Zhang이라는 직원이 있었다. 제프 베이조스는 이런 종류의 사업에서 어떻게 조직을 꾸려 나가야 하는지 어느 누구보다도 잘 알고 있었다. 그래서 나는 그들의 비결을 내게 귀띔해 줄 사람이 필요했다. 아이비는 아마존에서 가정용품 카테고리에서 일했다. 그녀가 우리와 함께 일할 때 우리는 아마존에서는 어떻게 했는지에 대해 날마다 그녀에게 지혜를 빌렸다. 특히 고객 경험과 관련된 문제에 대해서는 더욱 관심을 집중했다. 나는 아이비에게 제프 베이조스의 멘토링을 받고 있다는 사실을 알고 있었다. 그렇지만 아이비가 원격 근무에 대한 새로운 기준을 보여 줄 줄은 몰랐다. 그녀는 사무실에서가 아니라 프랑스 남부에서도 업무를 완수할 수 있다는 것을 내게 보여 주었다. 아이비는 내가 본 직원들 중 직업의식이 강한 축에 속한다. 그저 과거에 통용되던 구조적·지리적 완고함에 얽매여 있지 않았을 뿐이다.

아이비는 2019년 여름 더 나은 미래를 설계하기 위해 퇴사했다. 뉴욕에서 레스토랑을 개업하기로 한 것이다. 빨리 그녀의 레스토랑에 방문해서 먹어 보고 싶다. 아이비가 고객들을 접대하는 법을 잘 알고 있다는 사실은 내가 보증할 수 있다. 그리고 그녀가 우리에게 가르쳐 준 모든 것을 잘하는 만큼 음식을 만드는 데도 소질이 있다면 맛있는 식사도 보증할 수 있다.

같은 맥락에서 이 부분은 확실히 해 두고 싶다. 이전의 가부장적인 분위기의 사무실은 이미 과거의 것이다. 더 이상 그런 방식으로 조직을 운영할 수는 없다. 이 부분은 일자리를 찾고 있는 사람들에게도 중요하지만, 회사를 운영하고 있는 이들에게도 마찬가지로 중요하다.

나의 벤처 투자자들은 처음부터 내게 디인사이드에 팀을 구축하라고 강요했다. 하지만 그 팀을 유지할 수 있을 때에만 팀을 만들 가치가 있는 것이다. 내가 함께 일하고 있는 사람들의 절반은 채용되기를 원하지 않는다. 나는 생산성이 유지되는 한 어쨌든 그들과 함께 갈 생각이다. 채용의 뒷면에는 해고가 있다는 사실을 명심하라. 나는 드웰스튜디오에서 정말 많은 직원과 함께 일했다. 2008년 금융 위기가 발생했을 때, 결국 회사에 피해를 주면서까지 직원을 단 한 명도 내보내지 않았다. 그래서 지금도 직원 채용을 주저한다. 나는 내 의지에 따라 회사 규모를 확대하고 축소할 수 있기를 바란다. 프리랜서들은 조직 문화에 적응하는 과정이 거의 없다. 그리고 여기서 솔직히 말하자면, 회사 사정이 어려워지면, 지난 5년 동안 매일 보지 않은 사람을 내보내기가 더 쉽다. 인정사정없게 들리겠지만 어쩔 수 없는 사실이다.

예전에는 구직자들이 괜찮아 보이는 회사를 찾아가 회사가 하라는 일을 해야만 했다. 하지만 지금은 선택하는 쪽이 '당신'이다. 그리고 당신이 열심히 일해서 통찰력과 대응 능력을 개발해 경쟁력을 지니게 되면 당신이 회사를 쫓아가는 게 아니라 십중팔구 회사가 당신을 쫓아가게 될 것이다. 기업들은 직원들을 재배치하기 위해 높은 연봉을 지급하곤 했다. 지금은 재배치는 사실상 고려할 수 있는 사항이 아니며, 높은 연봉은 최고의 재능을 갖춘 인재들이 어느 파트에서 근무하겠다고 선택하건 그들에게 돌아간다. 95퍼센트의 사람들이 직장에서 자신의 가치를 유지하기 위해 새로운 기술을 습득할 필요가 있다고 생각한다고 한다. 하지만 밀레니얼 세대의 3분의 1만이 조직이 자신의 기술과 경험을 최대한 활용하고 있다고 느끼고 있으며, 66퍼센트는 5년 내로 이직을 고려하고 있는 것으로 나타났다.

　하지만 우리 중 가장 똑똑한 사람들은 어떻게 하면 타인과 더 잘 일할 수 있을지를 고민한다. 더 이상 혼자 할 수 있는 일은 없기 때문이다. 끊임없는 협업과 팀 구축, 함께 더 스마트하게 일하는 것이 직장 생활의 전부다. 예전에는 새로운 회사에 입사 지원하면 워드나 엑셀을 활용할 줄 아는지 묻곤 했다. 하지만 요즘에는 구글 행아웃과 슬랙 활용법을 아는 것이 더 중요하다. 2017년에 슬랙이 소프트뱅크와 다른 투자자들에게 2억 5,000만 달러의 투자를 받아 기업 가치가 50억 달러로 오를 수 있었던 이유가 있었다. 팀 커뮤니케이션을 위한 실질적인 온라인 플랫폼으로 자리매김함으로써 슬랙은 기업들 속으로 점점 더 깊숙이 파고

들어 갔다. 그것은 마이크로소프트나 오라클처럼 지속적인 성공을 가져다준 게임 전략이었던 셈이다. 하지만 슬랙은 스스로를 협업의 중심에 두었고 협업은 일의 미래상이라 할 수 있다. 이 말을 믿기 어렵다면 밀레니얼 세대에게 물어보라.

그렇다면 기업의 미래에 대한 네 가지 중요한 질문을 알아보는 것으로 이번 장을 본격적으로 시작해 보자.

1. 미래의 조직은 어떤 모습일까?
2. 미래의 사무실은 어떤 모습일까?
3. 미래의 직원은 어떤 모습일까?
4. 미래의 직업은 어떻게 바뀔까?

이 장에서 소개할 기업가들과의 인터뷰에서는 현재의 기업가들이 자기 자신과 자신의 조직원들, 그리고 그들이 건설하고 있는 조직의 내면을 들여다보며 그들이 직면한 가장 큰 질문들은 무엇인지 살펴볼 것이다.

광고업계의 디지털 혁신 과정의 마찰을 제거한 '인터섹션'
조직이 곧 상품이다

인터섹션은 조직의 변화에서 마찰을 제거함으로써 혁신을 성장 역량으로 제도화했다.

개인적으로는 이 기업이 당신이 이 책에서 얻게 될 가장 중요한 통찰을 담고 있으리라 생각한다. 전 세계를 휩쓸고 있는 스마트 도시 혁명의 최전선에 놓여 있는 기술 중심의 광고 기업 인터섹션Intersection의 CEO 아리 버칼터Ari Buchalter를 소개한다.

버칼터는 광고, 기술, 금융 등 폭넓은 분야에서 세 개의 성공적인 기업을 이끌었다. 우리가 그 기간 동안 무엇이 바뀌었는지 묻자 그는 한 가지를 꼽았다. 혁신 주기가 점점 짧아지고 있다는 것이었다. 그는 지난 15년 동안 엄청난 비용을 들여 개발한 지적재산이 누구나 아주 저렴한 비용으로 사용할 수 있게 된 클라우드 서비스처럼 단 몇 년 만에 얼마나 빨리 일상적인 상품으로 변화하는지를 보고 충격을 받았다고 말한다.

그 변화가 초래한 결과는 무엇일까? 버칼터는 이렇게 대답했다. "과거에는 혁신과 관련된 아이디어는 상품 자체에 초점이 맞춰져 있는 경향이 많았어요. 하지만 이제는 조직도 상품이 되었죠. 당신이 성장시켜야 하는 것은 조직입니다. 무엇을 만들어 내든 2~3년 후에는 일상적인 상품으로 바뀌어 버리기 때문이죠. 그렇게 될 거라고 간주해야 합니다."

바로 그게 핵심이다.

하지만 그가 이런 생각을 갖게 된 근원으로 거슬러 올라가 보자. 버칼터는 여섯 살 때 천체물리학자가 되겠다고 결심했다. 그리고 25년 뒤인 1990년대 후반 그는 박사 학위를 취득하고 박사 후 연구 과정을 밟고 있었다.

"그때 제가 좋아하는 주제와 좋아하는 직업이 맞아떨어지지 않는다는 사실을 발견했죠. 당시 주식시장은 무섭게 치솟고 있었어요. 그래서 저는 우주의 기원을 공부하는 것 외에 주식거래와 파생 상품 가격 결정 원리에 대해 공부하기 시작했어요." 그는 심지어 친구들과 가족들을 위해 작은 투자 펀드도 만들었다. 그렇게 수익이 나쁘진 않았지만, 버칼터가 지적하듯 1990년대 후반에는 더 발 빠르게 움직였더라면 수익을 더 많이 낼 수도 있었을 것이다.

버칼터는 곧 선택의 시기가 다가오고 있음을 깨달았다. 학문을 할 것인가, 비즈니스를 할 것인가? 그는 2001년 매킨지 앤드 컴퍼니에 취직했다. 경영 컨설턴트가 비즈니스 세계의 학자처럼 보였다는 이유도 한 못했다.

'뉴미디어'라는 용어가 유행했던 당시는 인터넷 초창기였고, 버칼터는 완전히 새로운 영역인 빅데이터와 관련된 일을 하면서 의뢰인들이 다음 질문에 대해 답을 찾도록 돕는 일에 빠져 있었다. '고객들을 어떻게 세분화할 것인가?' '어떻게 최적의 가격을 책정할 것인가?' '어떻게 소비자 행동을 예측할 것인가?' 물리학자로서의 그의 기술은 이와 같은 모든 데이터 분석에 특별히 쓸모가 있었다.

2005년 그는 로제타Rosetta라는 틈새 컨설팅 기업에 디지털 미디어 및 기술 부문의 책임자로 채용됐다. 3년 후 벤처 투자자의 투자가 종료되었을 때 그는 미디어매스MediaMath라는 기업을 공동 창업했다. 이 기업은 광고주들이(그리고 그들의 광고대행사들이) '프로그러매틱 광고programmatic advertising(이용자가 필요로 할 것 같은 광고를 프로그램이 띄워 주는 광고 기법-옮긴이)'라 불리는 새로운 범주를 활용할 수 있도록 광고 구매자 플랫폼DSP, demand side platform을 제공하는 일을 한다. 10명의 직원으로 출발한 미디어매스는 10년 후 800명 이상의 직원을 둔 기업으로 성장했고, 이제는 또 다른 변화가 필요했다.

이에 버칼터는 다시 한번 디지털 혁신 상황을 점검했다.

- 1단계는 온라인 태생의 광고, 또는 검색 엔진, 포털, 그리고 기본적인 정보 접근에 관한 점검이었다.
- 2단계는 온라인 세상과 오프라인 세상을 연결하고 있는지에 대한 점검

이다. 아마존에서 상품을 구매하는 것이 될 수도 있고, 우버를 통해 자동차를 주문하거나 에어비앤비를 통해 주택을 임대하는 것이 될 수도 있다.

- 3단계는 사물인터넷Internet of Things을 통한 자율주행차, 스마트 홈, 그리고 그 밖의 기술 발전으로 물리적인 세상의 모습을 변화시키는 것에 관한 점검이었다.

버칼터는 자신의 사업 부문인 광고에서는 공공장소에 엄청난 기회가 있다고 보았다. 그는 고정된 거대한 광고를 보여 주는 간단한 광고판 대신 미래에는 옥외광고가 온라인 세상과 관련된 여러 가지 특징, 즉 데이터, 표적화, 측정 가능성, 상호 소통 가능성 등의 영향으로 훨씬 발전할 거라고 예상했다.

그는 자신의 전문성을 발휘함과 동시에 사회적으로 좋은 영향을 미치고자 하는 열망도 가지고 있었다. 바로 그때 버칼터는 스마트 도시 기술과 공공서비스 연결을 주로 지원하는 애드테크 기업 인터섹션을 만나게 된 것이다. 인터섹션의 주력 상품인 링크NYCLinkNYC는 이미 세계 최대의 초고속 무료 공공 와이파이 네트워크가 되었다. 하지만 버칼터는 옥외광고의 변신은 그저 시작일 뿐이라는 사실을 알고 있었다. 2017년 5월 그는 인터섹션의 CEO로 취임했다.

그렇다면 '조직이 곧 상품이다'라는 개념으로 다시 돌아가 보자. 이 말은 무슨 의미일까? 당신이 만들고 있는 상품과 그 상품의 경쟁 우위를 어떻게 지켜 낼 것인가에 모든 시간을 바쳐서는 안 된다는 것을 의미한다. 그 모든 것은 결국 당신의 손을 떠나갈 것이다(이 부분에 대한 자세한 내용은 업데이터의 데이비드 그린버그 이야기를 보라). 당신이 만든 것을 지키려고 해서는 안 된다는 말이 아니다(버칼터는 가능한 한 오랫동안 당신의 노력의 가치를 극대화해야 한다고 믿는다). 다음에 어떤 변화가 올 것인지 끊임없이 살피고 오늘에서 내일로, 가능한 한 마찰이 없는 방식으로 능숙하게 전환할 줄 아는 조직을 건설하는 데 충분히(혹은 더 많이) 집중해야 한다는 뜻이다.

"어떻게 성장 역량으로서 혁신을 제도화할 수 있을까요?" 버칼터는 뉴욕의 새로운 허드슨 야드 내에 위치한 인터섹션의 반짝이는 본사 건물 임원 회의실에 앉아서 이렇게 물었다. "매일 혁신해야 한다는 건 아니에요. 사무실에 출근해서 월요일이나 화요일마다 혁신 계획을 세울 수는 없겠죠. 하지만 2~3년 주기로 혁신을 단행할 수 있는 내부 역량을 지니고 있어야만 합니다. 그래서 그런 성장 지향적 자세를 가진 인력들을 훈련하고 개발해야 해요. 그렇게 하는 것이 조직이 민첩하게 대응해 다음 성장 곡선으로 진입할 수 있게 만드는 유일한 길이죠."

버칼터는 오늘날 그런 모습을 보여 주고 있는 기업의 대표적인 예로 아마존을 꼽았다. 그는 제프 베이조스가 그와 같은 문화와 공식을 구축했다고 말한다. 아마존은 "우리는 고객들의 요구를 어떻게 충족시킬 수 있는지, 그리고 그렇게 하기 위해 어떻게 데이터를 활용해야 하는지 잘 알고 있으며, 그 공식을 모든 분야에 적용하고 있습니다"라고 밝힌 바 있다. 버칼터의 말이 옳다. 구글은 새로운 사업 분야로 확장하기 위해 그 역량을 제도화하려고 노력했지만 결국은 여전히 인터넷 검색 기업으로 남아 있다. 한때 '모든 것을 파는 상점'이었던 아마존은 이제 '모든 것을 파는 기업'이 되었다. 버칼터는 "아마존은 놀라운 규모로 확장하고 있어요."라고 말한다.

버칼터가 CEO로 취임한 후 인터섹션이 보여 준 전략은 이 분야에서 매우 인상적인 사례로 평가받고 있다. 인터섹션은 (뉴욕시의 공중전화 부스를 포함해) 옥외광고 분야의 선두 주자인 티탄 아웃도어Titan Outdoor와 당시 공항 태블릿 출시로 유명해진 기술 디자인 기업 컨트롤 그룹Control Group의 합병으로 2015년에 설립되었다. 뉴욕시의 노후화된 공중전화 네트워크 개선과 관련해 뉴욕시에 제출한 제안서가 채택되면서 두 기업은 본격적으로 함께 작업하기 시작했다. 공중전화 네트워크의 해결책은 링크NYC였다. 링크NYC는 단순한 무료 공공 와이파이가 아니다. 뉴욕시의 수억 달러에 달하는 연간 광고 매출의 원천이기도 하다.

오늘날 인터섹션은 광고 매출액을 전 세계 여러 도시에 상당히 비싼 스마트 기술을 보급하는 선순환을 만드는 데 쏟아붓고 있다. 그들은 이를테면 시카고 교통국Chicago Transit Authority과 협력 관계를 맺고, 광고를 통한 다양한 파트너십 기회를 상호 소통 방식으로 보여 주는 인터치 키오스크를 보급하기도 했다.

인터섹션은 주 고객층에게 광고 영업력뿐만 아니라 하드웨어, 소프트웨어, 콘텐츠, 정보 경영 등 세분화된 통합 솔루션을 제공한다. 하지만 결코 세계의 공공장소에 있는 모든 스크린을 소유하거나 운영할 수는 없다는 사실을 알고 있으므로 (그리고 파괴적 혁신에 대한 적응 반응을 참작하여) 다른 이들이 개발한 비슷한 솔루션을 보강해 주기 위해 그들의 특허 솔루션 스택을 고객의 요구에 맞춰 제공하기도 한다. 다시 말해서 그들 고유의 미디어 사업과 서비스형 소프트웨어SaaS, Software as a Service 사업을 동시에 하고 있는 것이다. 거기다 그들은 시장 포지셔닝도 잘 하고 있다. 전통적인 인쇄 매체와 라디오, TV 광고 예산이 총 지출에 비해 상대적으로 축소됨에 따라 성장 중인 온라인 광고 외에는 옥외광고가 유일한 다른 형태의 매체다.

다시 말해서, 인터섹션의 주력 상품은 고객이 필요로 하는 모든 것이다. 이는 기업의 정체성이 좀처럼 변하지 않았던 과거와 비교했을 때 엄청난 변화라고 할 수 있다. 몇 년 전 버칼터가 인터섹션에 처음 왔을 때 회사 임원의 90퍼센트가 전통적인 광고업계 출신이었다. 하지만 향후 몇 년 내로 라이선스에 중점을 둔 새로운 수입원으로 균형이 잡히게 되면 그 비율이 절반 정도로 떨어질 것이라고 그는 생각한다.

버칼터는 말한다. "많은 기업은 파도에 맞서 싸우죠. 하지만 파도가 그냥 밀려오게 놔둬야 합니다. 진보의 행진과 기술의 민주화는 멈출 수 없다는 것을 이해해야 합니다. 그것을 주어진 운명으로 받아들이고 당신의 문화에 집중하세요." 버칼터는 진보적인 교육기관들이 그렇듯이 기업들도 고정적인 자세보다는 성장 지향적인 자세를 더 높이 평가함으로써 스스로를 차별화할 수 있다고 생각한다. 그는 기술 팀이 막대한 노력을 쏟아부어 온 기술이 더 이상 유효하지 않다는 사실을 스스로 인정하려 하지 않자 전체 기술 팀을 교체한 적도 있다.

디인사이드의 제품 개발 팀에게 나는 이 말을 누누이 반복한다. "우리가 우리의 사이트 구축을 끝냈다고 말할 수 있는 날은 오지 않을 겁니다. 우리가 '완벽해요! 이제 다음 단계로 넘어갑시다'라고 말하며 서명란에 확인 서명을 할 날은 결코 오지 않을 겁니다." 버칼터도 같은 생각이다. "초창기에는 저도 일을 완벽히 끝내야 한다는 환상 때문에 고통스러웠죠. 하지만 일은 완성은 되어도 결코 끝나는 것이 아닙니다."

디인사이드의 투자 기업들 중 하나인 레러 히포Lerer Hippeau의 벤 레러Ben Lerer는 이렇게 말한다. "우리가 투자하는 기업들 중 가장 성공적인 기업의 경영자들은 일상적인 업무 이상의 것을 고민합니다. 회사의 존재 이유나 사무실 분위기가 어떤지, 직원들이 일을 어떤 방식으로 하는지 등을 고민하죠."

그렇다면 어떻게 계속 존속하는 조직을 만들 수 있을까? 어떻게 하면 제품을 완벽에 가깝게 개선할 수 있을까? 일은 결코 끝나는 게 아니라는 사실을 받아들이지 않는 인력을 채용하기보다는 끊임없이 유동적으로 이어지는 상태임을 이해하는 인재들을 찾기 위해 노력해야 한다. 호기심으로 가득 차 있는 사람들과 함께 일해야 한다. 호기심이 많은 사람이라면 다음에는 무엇이 도래할지 계속 찾아 나설 것이기 때문이다.

버칼터는 "저는 경력보다는 성장 지향적인 자세에 더 많은 가산점을 부여합니다"라고 말한다. 그 결과는 어땠을까? 그가 취임한 이래 인터섹션 직원들의 평균 연령은 계속 낮아지고 있다. 젊은 사람들이 새로운 것을 받아들이는 능력이 항상 월등하기 때문이다. 젊은이들은 특정한 방식으로 일을 해야 한다는 고정된 생각을 가지고 있지 않다(젊은 직원들이 경력이 많은 직원들보다 훨씬 연봉이 싸기도 하다).

우리는 매일 새로운 일을 할 수는 없다. 전략의 다음 단계는 무엇인지, 어느 시점에서 전력투구해 일을 완성시킬지에 대해 모든 직원이 충분히 이해하는 시간이 필요하다고 버칼터는 말한다. 그러나 당신은 고객들과 경쟁사들, 그리고 시장에서 항상 새로운 아이디어가 나올 수 있음을 염두에 두고 있어야만 한다. 그 아이디어들 중 다수는 당신이 정해 놓은 우선순위를 바꾸려 할지도 모른다. "어떤 경우에는 우선순위에 의문을 제기하며 순서를 바꾸고 싶을 때도 있을 거예요. 하지만 대부분의 경우에는 당신의 계획을 고수할 필요가 있습니다. 단기간의 업무 수행에 초점을 맞추되 중기적으로는 지속적인 혁신 가능성을 열어 두어야 해요. 그것이 달성해야 할 어려운 균형 맞추기죠. 저는 이것이 리더십에서 가장 어려운 부분이라고 생각합니다."

버칼터의 말이 옳다. 하지만 이는 오늘날에는 선택이 아닌 의무 사항이기도 하다. 당신의 조직 자체가 상품이 되지 않는다면 당신의 상품은 결국 상품으로서의 가치가 소멸될 것이기 때문이다.

비즈니스 공간과 개인적 삶의 마찰을 제거한 '레벌마우스'
왜 꼭 사무실이 있어야 하나요?

앤드리아 브리나는 사무실에서 직원들이 서로 대면해야 하는 마찰을 제거함으로써 그녀의 비즈니스와 세상을 바꿨다. 분산되고 지리적으로 흩어져 있는 노동력으로 업무를 수행하는 꿈을 현실화시킴으로써 그녀는 매일의 출퇴근이라는 마찰을 제거하고 우리에게 여유 시간을 돌려주었다.

온라인 퍼블리싱 플랫폼 레벌마우스Rebelmouse의 창업자이자 CEO 앤드리아 브리나Andrea Breanna에게 전형적인 사무실이라는 구색이 중요하지 않다는 사실은 놀랄 일이 아니다. 스타트업 생태계에서 눈에 띄는 트랜스젠더 CEO 중 한 명인 브리나는 스스로 어떤 틀에 잘 맞춰 본 적이 없다고 말한다. 국적까지는 아니더라도 말이다.

브리나는 애초부터 컴퓨터 프로그래머로 시작했다. 그녀가 가장 처음 만든 프로그램 중 하나가 1980년대에 나온 〈끝없는 게임Choose Your Own Adventure〉과 같은 게임이었다(더프 또한 '끝없는 게임: CEO편'이라 할 수 있는 〈The CEO〉를 집필하기도 했다). 그녀의 아버지는 스탠퍼드에서 MBA

를 취득한 후 팰로앨토 소프트웨어라는 회사를 설립했다. "초창기에는 그 회사에서 출시되는 모든 디스켓에 여덟 살 꼬마 아이였던 제 손으로 붙인 라벨이 붙어 있었죠"라고 그녀는 회상했다.

팰로앨토의 상품들 중 하나는 소기업들과 기업가들을 위한 사업 계획 소프트웨어였다. 초창기에 그들은 베스트 바이Best Buy와 같은 파트너들을 통해 상품을 판매했고, 그로 인해 흔히들 '도소매의 악몽'이라 부르는 반품 및 수금 처리를 해야 했다.

하지만 당시 1990년대 초반에 인터넷이 보급되기 시작하면서 팰로앨토는 구글 검색어 선점에서 경쟁자들을 앞질러 시장의 70퍼센트를 석권하게 되었다. "인터넷을 통한 다운로드는 마치 무한히 샘솟는 마법의 샘같이 느껴졌어요. 제가 오늘 밤 다운로드를 300회 더 받는다 해도 비용은 정말 무료였으니까요. 1990년대 중반에 제가 따낸 검색어가 여전히 오늘날 회사 매출의 80퍼센트를 견인하고 있습니다." 브리나의 회상이다.

하지만 여기서 한 가지 중요한 점이 있다. 그녀가 전 세계의 사람들과 함께 일하기 시작한 것이 팰로앨토에서 일했을 때부터라는 사실이다. 2000년대로 접어든 후 (MoveOn.org의 자매 사이트인) 아바즈Avaaz.org에서 잠시 근무하면서 그녀는 정교한 플랫폼과 분산된 팀을 활용해 회원 수 4,500만 명의 커뮤니티를 구축하는 일을 도왔다. 프로그래머로서 그녀의 커리어는 급속히 성장했고, 2004년 브리나에게 최대의 기회가 찾아왔다. 켄 레러와 조나 페레티가 그녀에게 신생 인터넷 미디어 기업

허핑턴 포스트의 최고 기술 책임자 자리를 제안한 것이었다. 브리나는 이렇게 회상했다. "아리아나는 허핑턴 포스트의 설립자로 잘 알려져 있는 인물입니다. 하지만 켄 레러가 여러 가지 면에서 허핑턴 포스트를 설립하는 데 공이 컸죠. 그는 함께 일하기에 아주 재미있고 창조적인 인물이지만 사무실에 붙어 있는 유형은 아니었어요. 우리는 전화로 신속히 피드백을 주고받으며 요식 절차 없이 일을 처리하기도 했죠."

브리나는 기술 분야에 대해 사람들이 가지고 있는 무의식적 편견에 대해 아주 언짢아한다. 이를테면 기술 기업을 창업하려면 다섯 명의 남자 직원과 화이트보드가 있어야 한다는 등의 편견 말이다. 직장 생활 초기에 한동안 멕시코에서 원격으로 근무하려고 했던 시도는 성공하지 못했다. 아무도 원격 근무를 하는 프로그래머를 채용하고 싶어 하지 않았다. 심지어 시간당 20달러의 보수를 제안해도 마찬가지였다. 그래서 결국 뉴욕으로 돌아오게 되었을 때 그녀는 뉴욕과 샌프란시스코 사람들의 99퍼센트처럼 세상의 인재들을 몰라보는 사람이 되지 않기로 결심했다. 그녀는 이렇게 말한다. "생각해 보세요. 제가 1년에 한 번 이상 직접 뵐까 말까 한 저희 외할머니께서도 멀리 계신데도 불구하고 제 인생에서 무슨 일이 일어나고 있는지 모두 알고 계셨죠. 심지어 제가 처음으로 애인과 함께 밤을 보낸 날도 아셨어요. 그래서 저는 거리가 멀다고 해서 가까워질 수 없다는 생각에는 동의할 수 없습니다."

일단 허핑턴 포스트에서 자리를 잡고 난 뒤 그녀는 자신의 신념에 따라 행동하기 시작했다. 그녀는 우크라이나에 살고 있는 니케 고렌Nike

Goren이라는 프로그래머를 채용했다. 일부 동료들은 처음에는 우려했지만 그 실험은 성공적이었고 오래지 않아 허핑턴포스트는 분산된 노동력 덕분에 경쟁사들과 차별화되어 갔다. "남자 직원 다섯 명과 화이트보드에 대한 편견은 이제 사라져야 합니다. 저희 비즈니스 모델은 유럽, 아시아, 미국을 넘나들며 팀을 구축할 수 있으며 그들이 서로 연결되어 업무를 수행하는 겁니다."

브리나가 덧붙였다. "저희가 지불하는 급여로 왕처럼 생활한 투르크메니스탄의 스타 직원이 있었습니다. 그는 모든 친구의 부러움의 대상이었죠. 투르크메니스탄 사람에게 저희처럼 많은 보수를 지불하는 기업은 없었으니까요." 구글 행아웃이 등장하기 전 스카이프가 여전히 일대일 대화만 가능했을 때 허핑턴 포스트는 대다수의 의사소통을 이메일과 채팅을 통해 진행했다. 허핑턴 포스트가 시리즈 B 투자로 2,500만 달러를 지원받았을 때 그들은 마침내 25명의 개발자를 뉴욕으로 초청해 처음으로 서로 얼굴을 마주할 수 있게 되었다.

2012년 그녀가 레벌마우스를 창업했을 때 당시 시대의 새로운 패러다임이라 할 수 있었던 콘텐츠 관리 시스템CMS이 제대로 작동하고 있지 않은 것이 분명해 보였다. CMS에 제약이 생기면 결과적으로 엔지니어들을 힘들게 몰아붙일 수밖에 없기 때문에, 그녀의 목표는 엔지니어들을 능력에 걸맞게 대우해 주는 회사를 만드는 것이었다.

그러나 실수를 하고야 말았다. 그녀는 벤처 투자자들이 원하는 비즈니스 모델을 구축했던 것이다. 투자자들의 주요 요구 사항은 뉴욕 소호에 위치한 레러 히포의 건물에 실제 사무실을 입주시키는 것이었다. 사업이 성공할수록 더 많은 인력을 채용하게 되었고, 그로 인해 더 넓은 사무 공간이 필요하게 되었다. 오래지 않아 회사는 25,000달러의 월세에 발이 묶였고, 손실액은 한 달에 거의 80만 달러에 달했다. "이후 누가 회의에 참석할 것인가, 혹은 누가 결정권을 행사하는가가 중요한 것이 아니었어요. 누가 사무실에 남아 있느냐가 중요해졌죠."

브리나는 사무실을 완전히 폐쇄함으로써 그 문제를 해결했다.

그다음으로 그녀가 한 일은 항상 하려고 했지만 그때까지 할 용기를 내지 못했던 일을 추진하는 것이었다. 그녀는 항상 사건·사고와 생산성을 기준으로 직원들을 분류했다. 사건·사고가 많고 생산성이 낮은 직원들은 절대로 오래가지 못했다. 사건·사고가 적고 생산성이 높은 직원들은 오래 남았다. 하지만 진짜 문제인 부류는 사건·사고가 많고 생산성이 높은 직원들이었다. 특히 한 영업자는 사건·사고를 너무 많이 일으켜 그걸 수습하는 데만 브리나의 업무 시간의 30퍼센트를 투입해야 했다.

브리나는 말한다. "그런 일을 처리하기 위해서는 불미스러운 일이 벌어진 것에 대해 사과하는 것이 가장 좋다고 생각했어요. 그렇게 함으로써 그런 상황을 감내해야 했던 일부 직원들에게 사죄하고 제가 그런 행동을 용납하지 않겠다는 입장이라는 사실을 보여줬죠. 그래서 사과한 거였지만 그 직원들을 해고해야만 했어요. 마침내 사무실이 없는 비즈니스 모델로 바뀌면서 우리는 그 유해한 직원들을 모두 해고했죠. 불필요한 과대 포장을 모두 제거한 겁니다. 만약 당신이 그 환경에서 유해한 인물이라면 오래가지 못할 거예요. 왜냐하면 사무실에서 사람들에게 착한 척하면서 그들을 속이는 게 불가능해졌으니까요. 저희는 그런 인물들을 모두 제거했습니다." (신뢰할 수 있는 사람들을 항상 내 주변에 두자는 것이 나의 전략이다. 내 정신 건강을 지키기 위해서라도 그건 꼭 필요한 일이다.)

어쨌든 그로부터 시간이 흘러 브리나는 한 CEO 코치를 만나 워런 버핏의 성공 비결 중 하나를 배우게 되었다. 그 비결은 '사업적' 결정이라는 것은 존재하지 않는다는 것이었다. 모든 결정은 개인적일 뿐이다. 그래서 그런 '사업적' 결정들을 내리는 방법은 자신의 개인적 행복을 가리키는 북극성을 따라가는 것이다. '무엇이 나를 행복하게 할까?' 그래서 그녀는 자신을 행복하게 해 주는 바로 그 일을 하기 시작했다. "저는 끔찍한 고객은 잘라냈어요. 재미있는 사실은 그 고객의 경쟁사였던 또 다른 고객이 그 고객과의 거래를 끊어 달라고 저희에게 부탁했다는 거예요." 그래서 그녀는 자신의 이런 생각을 전체 경영진에게 알리고 '사업적' 결정에서도 자신의 행복을 추구할 것을 독려했다.

"하지만 정말 46명으로 구성된 팀 전체의 행복도를 높일 수 있나요?"라고 묻자 그녀는 그렇다고 대답했다. "저희는 사무실이 존재하지 않는 비즈니스 모델로 전환하면서 많은 직원을 내보냈어요. 하지만 레벌마우스 직원들이 함께 일하는 모습을 보면 이전에는 서로 으르렁거렸다면 요즘은 신나게 일을 즐기고 있죠." 그녀는 회사 투자자가 사무실에서 누구도 과거의 일에 관해서일지라도 목소리를 높여서는 안 된다고 주문한 바 있다고 덧붙였다. 그런 주문을 침착하게 수용하는 법(그리고 그것에 대해 언급하는 법)을 아는 사람들이 있는가 하면, 알지 못하는 사람들도 있다. 후자는 레벌마우스에 채용되지 못하는 것이다.

"우리 삶의 비즈니스적 측면이 개인적인 삶을 침해하거나 삼켜 버려서는 안 됩니다. 비즈니스적 측면이 오히려 당신의 개인적인 삶에 더 많은 여유를 줄 수 있어야 해요." 영상통화가 일반화되어 있는 요즘 브리나는 모두가 모든 회의에 행복한 표정으로 나타나기를 기대하지 않는다. 매번 행복한 표정을 보여 주려고 노력하는 일은 지치는 일이다. 그러나 그녀는 직원들이 그들 각자를 행복하게 만들어 주는 것을 기준으로 결정을 내리기를 원한다. 2017년 그녀가 마침내 커밍아웃을 한 것도 그 일환이었다고 할 수 있다. 커밍아웃을 하려고 했을 때는 두려웠지만 지나고 난 뒤 돌이켜 보니 커밍아웃은 그녀의 커리어에 더 이득이 되었다. 사무실은 솔직한 분위기로 인해 직원들 사이의 관계가 더 친밀해졌다.

그래서 정리하자면, 앤드리아 브리나는 단지 사무실이 없는 회사가 사무실이 있는 회사만큼 효율적일 수 있다는 말을 하려고 하는 것이 아니다. 오히려 사무실이 없는 회사가 월등히 더 좋은 모델이라는 말을 하려는 것이다. 그녀는 자신 있게 말했다. "사무실이 있는 회사보다 저희 회사가 더 빠르다는 걸 보장할 수 있어요. 저는 소호의 훌륭한 사무실에서 일하는 것을 좋아하는 수많은 뉴요커와 함께 일하고 어린 직원들과도 점심식사를 같이할 기회가 많았죠. 하지만 그들은 임무를 수행하기 위해 사무실에 있는 것이 아니었어요."

지리적 제한이 없으므로 누구를 채용할 것인가에 대해 타협을 할 필요가 없어진다고 그녀는 말한다. 그들이 일을 훌륭히 잘 하기만 한다면 어디에 있는 누구든 채용할 수 있다. 그들은 진심으로 그렇게 생각한다. "레벌마우스에서 일하기 위해서는 트랜스젠더인 CEO이자 아주 투명하게 모든 것을 공개하는 수장이자 회사 재정을 책임지는 멕시코계 여성의 존재에 동의하고 계약을 해야 해요. 그리고 당신이 이 회사에서 만나는 대부분의 사람들이 여성이거나 성소수자, 또는 소수 집단의 사람들일 거라는 점도 알아 둬야 합니다."

현재 레벌마우스는 페루, 아르헨티나, 칠레, 유럽의 여러 국가, 그리고 필리핀, 싱가포르, 방글라데시를 비롯해 동남아시아의 여러 국가를 포함해 26개국에 직원들이 산재해 있다. 브리나는 말한다. "저희 고객 서비스 팀장은 세르비아에 있어요. 그녀는 아주 일을 잘하죠. 하지만 아무도 그녀에게 이렇게 일할 기회를 제공하려 하지 않았으리라는 것 또한 확실히 말씀드릴 수 있어요." 작년에 회사의 총수익은 80퍼센트 성장했다.

사람들이 회사 창업에 대해 이야기할 때 충분히 언급하지 않는 사실 중 하나는 회사 창업의 가장 큰 특혜가 돈벌이 기회가 아니라는 점이다. 창업의 가장 큰 특혜는 바로 정말 많은 사람의 삶에 영향을 미칠 수 있게 된다는 점이다. 바라건대 정말 긍정적인 방식으로 말이다. 그리고 내가 세상을 바라보는 방식이 곧 회사가 세상을 바라보는 방식이 되어 버린다. 브리나는 아주 특별한 조직을 창조하고 있다. 그 조직은 이 시대를 15~20년 앞서가고 있다.

"5년 전 제가 원격 팀에 대해 언급하면 사람들은 '그만해, 그만!' 하면서 말도 안 된다는 듯 고개를 저었어요. 하지만 지금은 모두가 '우리도 그렇게 하면 좋을 텐데……'라고 말하며 내심 부러워하죠."

재생에너지 사업에서의 마찰을 줄이는 '팰머토'
방향 전환의 힘

크리스 켐퍼의 재생에너지 기업은 한두 번이 아니라 마찰 지점에 부딪힐 때마다 수차례 방향 전환을 해야만 했다. 끊임없이 변화하는 시장 현실에 아주 신속히 대처할 줄 알아야 한다는 벤처 투자자의 압박에 의한 것이었다. 이는 기업의 회복 탄력성을 보여 주는 사례이기도 하다.

2018년 11월 후반 팰머토Palmetto의 크리스 켐퍼Chris Kemper와 마침내 전화 연결이 되었을 때 그는 안도하며 이렇게 말했다.

"오늘 막 투자 업체와 기업 최종 실사를 마치고 돌아왔는데 때마침 시간이 잘 맞았네요."

"그러셨군요. 그 기분 저도 알아요."

"네, 아주 지치는 일이죠. 저희는 이제 시리즈 B 투자를 받습니다. 첫 회사는 자력으로 운영했어요. 영업 실적을 올리고 조직을 꾸리는 일에 집중할 수 있어서 그게 훨씬 쉬운 방식이죠. 이건 정말 진이 빠져요. 일주일 내내 기업 실사가 진행됐거든요."

켐퍼는 이 분야에서 초심자가 아니다. 그는 청정에너지 분야에서 20년째 일하고 있다. 인도의 아마다바드에서 신재생에너지 경제학을 수학한 후 세계은행에서 경영 컨설턴트로 근무했고, 그 후 골드만 삭스의 투자 금융 분야에서 일했다.

재생에너지 개발 초창기에는 관련 투자 상품들이 투자자들의 많은 관심을 모았다. 이 투자 상품들은 대체에너지 산업과 관계된 정부 관료를 통해 정보를 입수하기 위해 노력하는 투자자들의 경우 20퍼센트 이상의 수익을 챙길 수 있었다. 모험을 감수해야 하는 부분도 있었지만, 이 분야는 산업 육성을 위한 정부 차원의 수용적 정책에 의존하고 있었기 때문이었다. 켐퍼가 창립한 팰머토의 전신은 런던에 근거지를 둔, 신재생에너지로의 전환 계약을 유치하는 회사였다. 그는 처음에는 그 일을 즐겼다고 말한다. "계약을 따내기 위해 가능한 일은 모두 다 해 본 것 같아요. 비유하자면 납치부터 총기 난사에 이르기까지 산전수전 모두 겪었죠. 한번은 밴의 뒤쪽 칸에 갇혀 버려서 엉뚱하게 납치되다시피 한 적도 있었어요."

하지만 켐퍼만이 신재생에너지 분야에서 수익을 바라는 용감무쌍한 기업가인 것은 아니었다. 게다가 업계 수익률은 결국 한 자릿수에 근접하기 시작했다. 그때 드디어 팰머토는 미국 시장에 진출할 준비가 완료되었다. 하지만 켐퍼는 아직 만족하지 못했다. 솔러시티SolarCity와 그 외의 기업들 덕분에 미국에서 자산으로서의 주거용 태양에너지에 대한 인식은 더욱 높아졌다. 그는 사우스캐롤라이나 찰스턴으로 회사를 이

전해 주거용 태양에너지 시설에 관심을 보이는 이들에게 대출 제공을 제안하기 시작했다.

캠퍼는 소비자들이 자신들의 태양에너지를 선택하는 가장 중요한 이유가 재정 지원 자체가 아니라는 사실을 나중에야 깨닫게 되었다. 그보다는 신뢰할 수 있는 브랜드라는 느낌 때문에 선택하는 것이었다.

그래서 캠퍼는 다른 태양에너지 기업들이 하는 방식으로 사업을 진행했다. 그는 태양열 설비 설치를 처음부터 끝까지 모두 책임지고 완료해 주는 수직 통합형 서비스를 구축하고자 했다. 마케팅, 구입 제안, 재정 지원, 주문 처리, 설치 공사의 전 과정을 도맡아 처리해 주었다. 그러나 그런 방식은 재무적 차원에서 팰머토뿐만이 아니라 모두에게 바람직하지 못한 모델이라는 것이 증명되었다.

캠퍼는 말한다. "수직적 모델은 막심한 손해를 안겨 줍니다. 저희가 그렇게 해 봤기 때문에 잘 알죠." 파산 위기에 처한 기업들도 있다. 솔러시티는 2016년 일론 머스크와 테슬라가 구제하지 않았다면 파산했을 것이다. 또 다른 초기 주자 선런Sunrun은 약 17억 달러 상당의 상장 주식을 보유하고 있다. 투자받은 자금 14억 달러와 큰 차이가 없는 액수다. "자본시장이 이 분야를 바라보는 시각을 말해 주는 대목입니다. 이때껏 쏟아부은 자금이 별로 가치가 없다는 뜻이에요. 즉, 기업 가치가 없다는 말이죠."

2017년 말 캠퍼는 7주간 자금 모금 활동을 하고 있었는데, 그때 팀원이 전화를 걸어 사무실로 복귀해야 한다고 말했다. 그들을 도울 '천사'는 더 이상 나타나지 않았다. 그때 그는 현실적인 방향 전환을 모색할 어려운 결정을 내려야 할 때라는 것을 깨달았다. "저는 벤처 투자자들을 만나는 것을 그만두고 찰스턴으로 가는 첫 번째 비행기에 몸을 실었어요."

모든 일이 실패로 돌아가고 있었다. 켐퍼는 파산 신청을 고려하기 시작했다. 그의 변호사는 그에게 벤 호로위츠Ben Horowitz의 책《하드씽The Hard Thing About Hard Things》를 건네주었다. 미래가 어떻게 되든 그는 조만간 여러 가지 어려운 결정을 내려야만 할 것이었다. 결정하는 데 너무 오래 시간을 끌다 보면 아무것도 남지 않을 것이었다.

켐퍼는 수직 통합형 모델에서 전 과정을 하나씩 떼어 놓고 살펴보았다. 세밀한 사업 분석으로 사업 모델을 마케팅/영업, 공사, 소프트웨어 주문 처리 이렇게 세 부분으로 나눴다. 소프트웨어 주문 처리 부분에서만 수익이 조금 날 뿐이었다. 나머지 두 부분은 무서운 속도로 회사 돈을 갉아먹고 있었다. 9개월 만에 700만 달러의 손실이 났다. 켐퍼는 대대적인 정리해고가 목전에 다가오고 있음을 느꼈다.

그 시기에 사업 파트너가 되기를 원하는 한 사업가가 팰머토 플랫폼 사용을 허가해 줄 수 있는지 타진해 왔다. 팰머토의 변호사는 안 된다고 말했지만 켐퍼는 그의 의견을 받아들이지 않았다. 일주일 후 팰머토의 첫 번째 라이선스 계약이 체결되었다. 그 일이 있고 일주일 후 그 마케팅 파트너는 팰머토가 사내 영업 팀을 통해 지난 분기에 올린 매출보다 더 높은 매출을 달성해 왔다.

"그 결정적인 데이터를 근거로 저는 전체 영업 팀을 없애기로 했습니다." 그는 곧 공사 팀도 없었고, 팰머토는 더 작은 사무실로 이전했다.

그와 같은 방향 전환은 효과를 발휘했다. 팰머토는 태양열 설비의 수직 통합형 공급 업체에서 개인 사업자들의 태양열 설비 사업 운영을 지원하는 일종의 소프트웨어 기업으로 거듭났다. 말하자면, 기그 이코노미gig economy(임시 계약 경제)의 형태를 띠게 된 것이다.

요즘 팰머토의 주요 고객들은 팰머토의 브랜드를 빌려서 태양열 전지를 설치하는 가맹점 사업을 시작하고자 하는 사람들이다. 팰머토는 예상 고객 분석, 디자인, 제안서 작성, 재정 지원, 계약 진행, 설치 점검 등을 포함해 고객들이 선택할 수 있는 여러 가지 서비스를 갖추고 있다. 심지어 필요한 이들에게는 성공 코치를 파견하기도 한다. 팰머토의 태양열 설비를 구입하는 주택 소유주들에게는 에너지 절약 정도를 측정해 주는 애플리케이션을 제공하기도 한다.

팰머토는 자신들의 플랫폼을 이용하는 계약 사업자들을 '연금술사'라고 부른다. 그들은 평균적으로 연 68,000달러의 수입을 벌어들이고 있으며, 이는 우버의 모델이나 다른 기그 이코노미 수입에 비교해도 꽤 괜찮은 수준이다. '연금술사'들은 마케팅 비용을 한 푼도 들이지 않고도 사업이 성장한 것에 아주 만족스러워한다. 모두 입소문 덕분이다.

2018년 우리가 켐퍼를 만났을 때 팰머토는 수익성 있는 기업의 자리를 찾아가고 있었다. 그러나 벤처 투자자들의 재정 지원을 받는 대다수의 스타트업과는 달리 켐퍼는 자기 자본에 더해 상당한 액수를 융자받기로 하고 가능한 한 많은 자금을 계속 모금하고 있다. 왜 그러는 걸까?

그는 이렇게 설명한다. "벤처 투자자들과 창업자들 사이에는 커다란 입장 차이가 존재한다고 봅니다. 벤처 투자자들은 20개 기업에 투자해서 그들 중 하나가 유니콘이 되거나 그 중간이라도 가기를 원하죠. 저는 장수하는 브랜드가 되고 싶어요. 그리고 그렇게 되기 위해서는 재정적인 측면에서 자유로워야 합니다. 이 말은 시리즈 B 투자를 받기 위해 600만 달러를 연구개발R&D에 모두 날려 버리지는 않을 것이라는 뜻이죠. 저는 항상 제가 운용할 수 있는 자금을 보유할 것이고, 항상 현금을 쌓아 둘 생각입니다."

왜 그렇게 해야 하는 걸까? 그 이유는 팰머토가 암흑기를 보내던 시기에 회사가 거의 여덟 번이나 부도 위기를 겪었기 때문이었다. "다른 많은 사업가와 마찬가지로 저도 아주 큰 호황을 누리고 난 뒤 대실패를 겪고, 그리고 또 대호황을 누리며 그렇게 부침을 반복했죠. 운이 좋게도 저는 투자자들에게 현금 투자를 받을 때 대출도 따로 받을 것이고 할 수 있는 한 자금 모금도 계속 할 것이라고 말할 만큼 충분히 노련해졌죠. 비록 시리즈 A 투자자들은 그 사실을 반가워하지 않았지만 말이에요."

켐퍼는 말한다. "모금은 시작일 뿐이에요. 그 뒤로 아주 수많은 단계가 있죠. 이를테면 사업을 확장하고, 흑자 현금 흐름을 만들고, 적합한 인재를 고용하고, 대출 금리를 유지시키기 위해 충분한 자기자본을 유지하고, 어려운 시기를 대비해 유동성을 확보해야 해요. 전통적인 벤처 투자를 보면 그들은 기본적으로 사람들을 로또처럼 대우하죠. 그건 위험한 일이에요. 자신도 모르는 사이에 일자리를 잃고 쫓겨날 수도 있으니까요."

2019년 1월 〈뉴욕 타임스〉의 한 기사에도 이 내용이 고스란히 담겨 있었다. "하나의 유니콘 기업의 탄생 이면에는 불필요하게 아주 빠른 속도로 성장해 투자자들의 자금을 소진하고 소멸한 수많은 스타트업의 희생이 존재한다. 스타트업들의 사업 계획은 가능한 최고의 장밋빛 결과를 기준으로 설계되며, 돈은 성공과 실패의 명암을 극대화시킨다. 소셜미디어 상에서도 급성장의 압박 속에서 시들어 가고 있는 기업들의 이야기를 흔히 볼 수 있다. 그들은 이른바 '유독한 벤처 투자자들'에게 압박을 받거나 지나치게 투자를 많이 받도록 강요당하기도 한다. 이를 '푸아그라 효과(오리나 거위의 간을 요리에 사용하기 위해 인공적으로 영양을 주입해서 살을 찌우는 행위에 빗댄 표현-옮긴이)'라고 부르기도 한다."

수많은 시리즈 A와 시리즈 B 투자자들은 켐퍼에게 고객 유치에 더 많은 비용을 투자하지 않는 이유가 무엇인지 물었다. 그는 이렇게 대답한다. "더 좋은 상품을 개발하는 데 비용을 투자하고 있기 때문이죠. 지난 10년 사이 수익 모델과 현금 흐름 모델, 사업의 기본 같은 것들은 점점 사람들의 관심 밖으로 밀려난 것 같습니다. 주변에서 자본을 구하기가 쉬웠기 때문에 그런 것에 신경 쓰지 않았던 거죠. 하지만 언젠가는 무엇이 중요한지 알게 되겠죠. 그때가 되면 다시 자연 성장하는 기업을 인정하게 될 겁니다."

2018년 후반에는 팰머토 제휴 회사의 태양열 설비를 사용하는 가구가 150만에 달했다. 그에 따라 팰머토는 모든 부채를 상환할 수 있었고,

일주일에 100만 달러를 벌어들이며 수익성도 높아졌다. 아울러 훌륭한 기업 문화도 구축하고 있었다. 팰머토는 연말까지 1억 달러의 연간 매출 달성에 다가서고 있었다. 2019년 1월까지 켐퍼는 총 3,400만 달러를 벌어들였고, 그중 1,100만 달러만이 회사 주주들의 지분이었다.

요약해 보자면, 팰머토는 다른 이들처럼 수직 통합형 서비스를 제공하는 기업으로 태양열 사업에 뛰어들었다. 그러나 그 모델은 성공하지 못했고 누구에게도 바람직한 모델이 아니었다. 태양에너지에 대한 때 이른 열정이 신생 분야의 복잡함으로 인해 좌절과 극도의 피로감으로 바뀌면서 회사는 거의 파산 지경에 이르렀다. 켐퍼는 태양열 산업에 다시 활기를 불어넣고 비효율적인 태양열 설비 설치 메커니즘을 바로잡는 데 기회가 있다고 보았다. 다시 말해서 그는 비효율적인 비즈니스 모델에서 마찰을 제거하는 데서 기회를 발견한 것이다.

"이 업종은 자산 경량화가 필요한 분야입니다. 만약 자본력이 있는 일론 머스크조차 해낼 수 없다면 누가 그 일을 하겠습니까?" 켐퍼와 그의 팀은 현재 태양에너지와 관련해 영업 및 설치 파트너들의 편의를 위해서 기그 이코노미를 현실화시키는 데 집중하고 있다. 그들은 최근 파트너들이 사업을 성공적으로 시작할 수 있도록 돕기 위해 2,000만 달러를 신용 대출해 주는 팰머토 은행을 설립하기도 했다.

2018년 후반에 주택 소유주들에게 제공한 팰머토 애플리케이션은 파트너들이 잠재 고객을 유인하는 도구로도 변신했다. 태양에너지로 전환하고자 하는 사우스캐롤라이나의 주택 소유주들은 애플리케이션을 통해 전환을 신청하면 전기료에서 절감되는 비용을 즉시 돌려받을 수 있다. 그것이 어떻게 가능할까? 팰머토는 이를테면 5,000달러의 판매 수수료에서 10~20퍼센트를 떼어 최종 고객들에게 입금해 준다. 그리고 그렇게 유치한 신규 고객들을 설치 파트너에게 연결해 주고 설치 파트너에게 지불하는 수수료에서 그 금액을 공제하는 것이다. 4,000달러의 판매 수수료가 0달러의 판매 수수료보다 나으므로 결국은 모두가 행복해지는 것이다. "2주 후 저희는 1,000여 명의 신규 고객을 얻었어요. 모두 입소문으로 말이죠."

결론적으로 사업가에게는 자신이 무슨 일을 하고 있으며 어디에 가치를 두고 일하는지 아는 것이 중요하다고 켐퍼는 강조한다. "그저 대형 기업으로 성장하고 자금 지원을 받는 것에 가치를 둔다면 그렇게 하세요. 하지만 다른 누군가가 만든 규칙에 따라 사업을 하지는 마세요. 안정은 제게 정말 중요한 것입니다. 처음에는 잘 몰랐지만 어리석은 위험을 감수했고 그 사실을 깨닫기 전에 완전히 실패하고 말았죠. 그제야 비로소 투자자들에게 반기를 들 힘을 갖게 되었어요. 저희 이사회에 아주 공격적인 사람들을 앉혀 놓고 무소불위의 권력을 휘두르려 하는 벤처 투자자들도 있어요." 추측하건대 그들 대부분은 결국 켐퍼의 의견을 수용할 수밖에 없을 것이다.

남성용 바지를 만드는 데 발생하는 마찰을 제거한 '보노보스'
몸에 꼭 맞는 바지를 만들어 드립니다!

보노보스의 성공 비결은 무엇일까? 바로 '단순함'이다. 보노보스의 공동 창업자들은 더 이상의 복잡함 없이 더 잘 맞는 바지를 만든다는 아주 단순한 목표에 집중했다. 그 목표를 추구하는 과정에서 그들은 아무도 마찰투성이라고 여기지 않았던 절차에서까지 마찰을 제거했다. 그들은 마찰이 없는 방식으로 시장에 진출했으며 재고 없이 운영한다. 그들이 발견할 수 있는 모든 마찰을 제거함으로써 보노보스는 남성복 시장에 혁신을 불러일으켰다.

다음의 사례는 이 책에서 가장 놀라운 이야기가 될 것이다. 당신이 한 번도 들어 본 적이 없는 회사에 대해 이야기하려는 것이 아니다. 지구상에서 가장 잘 알려져 있는 회사 중 하나에 대해 아주 놀라운 이야기를 해 볼까 한다. 그 주인공은 다름 아닌 '월마트'다. 그리고 많은 독자들과 마찬가지로 누군가 그에게 언젠가 월마트에서 일하게 될 것이라고 말했다면 대수롭지 않게 웃고 넘어갔을 한 사업가에 대한 이야기다. 그는 바로 남성 의류 브랜드 보노보스_{Bonobos}의 공동 창업자 앤디 던_{Andy Dunn}이다.

앤디 던의 커리어를 생각할 때면 나는 겉으로 보기에는 별개인 것처

럼 보이는 조각들이 한데 모여 하나의 일관성 있는 커다란 전체 그림을
완성하는 퍼즐이 떠오른다. 잠시 후 월마트 이야기도 나오겠지만 먼저
각각의 퍼즐 조각들에 대한 이야기부터 시작해 보자.

노스웨스턴 대학교에서 경제학과 역사학을 전공한 던은 베인 앤드
컴퍼니에서 컨설턴트로 첫 직장 생활을 시작했다. 당시 거래 고객들 중
에 카탈로그 통신 주문 기반의 소매업체 랜즈 엔드Lands' End가 있었다.

던은 이렇게 회상했다. "랜즈 엔드의 콜센터와 일했던 당시 일반적
으로 그리 수익성이 좋지 못한 오프라인 매장을 없애고 고객과의 직접
소통을 추구했을 때 형성되는 고객과의 놀라운 연결성을 목격했죠. 후
에 저희가 보노보스를 론칭할 때 인터넷은 서비스를 개인화할 수 있다
는 장점이 있지만 어쨌든 카탈로그 주문 사업과 비슷하다는 것을 전제
로 했습니다." J. D. 파워의 2012년 온라인 의류 소매업체 만족도 조사
에서 랜즈 엔드가 또 다른 베테랑 카탈로그 통신 주문 업체인 L. L. 빈의
뒤를 이어 2위를 차지했을 때 던은 조금도 놀라지 않았다.

베인 앤드 컴퍼니 이후 던은 윈드 포인트 파트너스Wind Point Partners에
서 사모펀드 애널리스트로 일했다. 그는 그곳에서도 소매 기업 고객들
의 일을 맡아서 했고, 그 경험은 그가 소비재 브랜드 관련 일을 즐긴다
는 사실을 확인시켜 주었다. "소비재 브랜드와 관련된 일을 하다 보면
사람들과 그들이 결정하는 방식에 대해 많은 생각을 하게 됩니다."

이후 그는 스탠퍼드 경영대학원에 들어갔다. 가장 성공적인 사업가
들조차 실행하지 못하는 아이디어가 있다고 한다면 보통 사람들에게

는 위로가 될 것이다. 던은 그런 경우가 세 번 있었다. 그는 다른 나라에서 발견한 아주 멋진 상품들을 미국으로 들여오는 수입 사업에 뛰어들 궁리를 하고 있었다. "그게 새로운 생각은 아니라는 것은 알아요. 하지만 저는 그런 일과 관련된 벤처 투자 인큐베이터를 만드는 일을 구상하고 있었죠." 그가 생각한 후보는 '빌통Biltong'이라 불리는 남아프리카 육포와 최고 프리미엄급 럼주, 팔라펠과 후무스를 전문으로 판매하는 패스트푸드 체인점 등이었다. "팔라펠과 후무스는 중동 사람들 사이에 호불호가 없는 유일한 음식입니다."

그는 경영대학원 교수들 중 한 명에게 찾아가 위의 세 가지 아이템과 관련해 벤처 투자 기업을 시작하고 싶다고 말했다. 그러자 교수는 그건 정말 안 좋은 생각이라고 답했다. 빌통은 조리되지 않은 육류라서 미국에서 불법이라는 것이었다. 훌륭한 럼주는 좋은 아이디어였다. 세계 최대의 주류 기업들 중 하나인 다이어지오Diageo는 후에 던의 아이디어에 영감을 주었던 브랜드인 과테말라의 사카파 럼을 인수했다. 사실 교수에게 집중적인 공격을 받은 아이템은 패스트푸드 체인이었다. 벤처 투자자들에게는 오프라인 매장과 물류 창고를 고수하는 사업의 유리한 점이 그것의 불리한 점을 상쇄해 줄 만큼 크지 않다고, 교수는 실망한 던에게 말해 주었다.

그럼에도 던은 완전히 단념하지는 못한 채 2년 동안의 경영대학원 생활 중 그런 종류의 기업에 투자할 것으로 보이는 유일한 벤처 투자 기업인 매버론Maveron에서 일하며 여름방학을 보냈다. 매버론은 스타벅스의 하워드 슐츠가 만든 회사다. 여름이 끝나 갈 무렵 매버론으로부터 취업 제안을 받았을 때 던은 여전히 빌통 사업을 지원하는 꿈을 간직하고 있었다. 그러나 애초에 그가 매버론에서 여름 동안 일할 수 있도록 도와준 사람은 그에게 취업 제안을 받아들이지 말라고 말했다. 왜 그랬을까? 그는 "자네는 사업가 유형이지 벤처 투자자가 아닌 것 같네"라고 대답했다. 던 스스로도 확신은 없었지만 사업가는 너무 위험 부담이 커 보였다. 그러나 그 한 마디의 말은 그가 투자자가 아니라 창업자로서의 자질을 가지고 있는지 스스로 자문해 보도록 만들기에 충분했다.

2007년 스탠퍼드에서 던의 룸메이트였던 브라이언 스펄리Brian Spaly 가 그에게 자신의 창업 계획에 대해 이야기했다.

"바지를 만들 생각이야."

"왜?"

"시중의 바지는 맞지가 않아서 말이지."

던은 갑자기 뒤통수를 한 대 맞은 듯 멍해졌다. "저는 그동안 제 모든 아이디어를 수도 없이 이야기하고 다녔어요. 그런데 브라이언은 자신의 사업 계획에 대해 별로 말이 없다가 어느 날 갑자기 '바지가 맞지 않는다'고 말하는 거예요." 스펄리는 소위 '하키 선수 엉덩이'라고 부르는 잘록한 허리에 거대한 엉덩이와 허벅지를 가진 운동선수였다. 그래서 몸에 맞는 바지를 찾기가 하늘의 별 따기처럼 어려웠다. 그는 결국 허리가 너무 큰(그래서 허벅지는 맞는) 바지를 사서 수선해 입는 수밖에 없었다. 그래서 그는 많은 사람들을 위해 몸에 맞는 바지를 만들겠다고 결심한 것이다. 지금까지 남성 의류 분야에서 그 누구도 하지 않았던 일이었다. 독자들이여, 이런 것이 바로 '완전히 단순한 아이디어'라는 것이다. 그리고 인터넷은 이런 완전히 단순한 아이디어를 아주 좋아한다.

케냐로 자원봉사 여행을 떠나 식료품점을 운영하는 한 가정을 도와주게 된 던은 그곳에서 마침내 깨달음의 빛을 보았다. 그 가족은 야외 임시 샤워장에서 샤워를 했는데, 물이라고는 따뜻하게 데운 한 양동이의 물뿐이었다. 그게 다였다. 캘리포니아의 애서턴으로 돌아온 그는 더블 샤워기 아래 서서 깨달았다. "'제기랄, 미국에서 창업하는 건 위험한 일이 아니야. 건강관리가 제도적으로 이루어지지 않는 것이 위험한 일이지. 다음 식사를 어떻게 해결해야 할지 모르는 것이 위험한 일이야!' 그 깨달음의 순간을 생각하면서 저는 만약 자신을 영적으로 흥분시키는 일을 할 수 있는 특권을 가지고 있다면 시도해야 할 의무가 있는 것이라고 믿기 시작했죠." 우리 모두를 위해 스펄리와 던이 그 사업을 시작한 것에 우리는 감사해야 한다. 그들이 하지 않았다면 아직도 몸에 맞는 바지가 없었을 테니까.

던이 케냐에 가 있는 동안 스펄리는 결혼식 참석을 위해 브라질에 가야 했지만 가지 않았다. 대신 원단을 구입하기 위해 로스앤젤레스로 갔다. 던은 이렇게 회상했다. "스펄리는 바지 한 벌을 위해 두 세트의 원단을 구입했어요. 겉감과 안감의 원단을 세트로 골랐어요. 그는 뒷주머니에 예쁜 무늬가 살짝 드러나 보이는 포켓 라이너를 만들 생각이었던 거죠. 그렇게 해서 제품에 약간의 포인트를 주는 거예요. 그는 최고의 멋쟁이랍니다. 수선한 자신의 바지를 샌프란시스코에 있는 패턴사에게 보내면 그녀가 패턴을 제작해 주죠." 그들은 2007년에 온라인 전용 브랜드로 출범했다. 제트블루 회장이자 스탠퍼드 강사인 조엘 피터슨Joel Peterson이 창립 이사회 회원으로 참여했다.

던이 랜즈 엔드에서 일하는 동안 알게 된 또 한 가지는 롱테일 개념이었다. 인터넷 판매로 인해 인기 있는 상품의 대량 판매뿐만 아니라 구하기 어려운 상품을 소량 판매하는 것도 가능해졌다. 랜즈 엔드는 당시 고전 중이던 소매업체 시어스에서 인수해 그곳에서 상품이 판매되고 있었다. "저희 브랜드에는 멋진 핑크색 캐시미어 스웨터가 있었어요. 아주 훌륭한 상품이었죠. 하지만 국내에서 핑크색 캐시미어 스웨터를 파는 곳이 별로 없었기 때문에 어떤 매장에 어떤 사이즈의 옷을 몇 벌이나 보내야 할지 알 수가 없었어요. 전국적으로 따져 보면 미국인들이 핑크색 캐시미어 스웨터를 충분히 많이 구입하기 때문에 랜즈 엔드 같은 브랜드에서 이 스웨터를 판매하는 게 맞긴 하지만, 어느 매장에서도 지역 수요가 충분하지 않아 상품 분류를 할 수가 없었던 거죠. 그래서 개성 있는 디자인과 색상, 프린트의 옷에 대해서는 스타일과 몸에 딱 맞는 사이즈도 포기해야만 했죠. 브라이언과 저는 이른바 무한 매대로 이 문제를 해결하기로 했어요. 스타일, 색상, 사이즈의 관점에서 벗어나 상품을 판매해 보자고 했죠."

던은 400벌의 바지를 가지고 뉴욕으로 갔다. 주문이 들어오면 그의 아파트에서 바로 포장해 배송했다. 6개월이 채 되기도 전에 그들은 연간 예상 매출이 100만 달러에 이르렀다. 그래도 그들은 시장 공세를 멈추지 않았다. 던은 인터넷 취업 사이트에 '고객 지원 닌자'를 찾는다는 광고를 내 그들의 첫 번째 고객 서비스 담당자를 채용했다(2020년에는 그런 표현이 과하게 들릴지 몰라도 2007년에는 그렇지 않았다). 그때부터 모든 일은 속도를 더해 갔다. 그들은 2010년에 첫 번째 기관 투자 자금으로 1,850만 달러를 지원받았고, 2012년에는 1,640만 달러를, 2013년에는 3,000만 달러를 또다시 지원받았다. 그리고 4년 후, 월마트가 3억 1,000만 달러에 그들의 회사를 사들였다(곧 그 이야기도 나올 것이다).

던은 돌이켜 보면 보노보스가 세 가지를 최초로 만들었다고 주장할 수 있다고 말한다. 첫 번째는 더 잘 맞는 남성 바지이며, 두 번째는 인터넷 브랜드를 구축하는 새로운 방식이다. 그리고 세 번째는 재고가 없는 매장인 보노보스 가이드숍이다.

지금은 그리 혁신적인 아이디어가 아니지만 2011년에는 판매 매장이 아니면서 옷을 구입하기 전에 입어 볼 수 있는 물리적 공간을 제공하는 실험을 한 최초의 온라인 소매점 중 하나가 보노보스였다. 첫 번째 가이드숍은 보노보스 뉴욕 본사에 있었다. 2년 사이에 그들은 9개의 가이드숍을 오픈했다.

가이드숍은 온라인 전용 판매의 감춰진 문제를 해결하기 위해 만들어졌다. 전자상거래 업계에서 돈을 버는 이는 거의 없다는 문제 말이다. 던은 말한다. "온라인 업계는 배송, 반품, 마케팅, 팀 유지 비용으로 인해 아주 어렵습니다. 그리고 의류 생산 팀, 고객 서비스 팀, 기술 팀, 운영

및 주문 처리 팀이 있어야 하죠. 그와 함께 홍보비와 무료 배송 및 반품 비까지 더해지면 남는 게 없어요." 던은 2012년에 '회색 곰이 지배하는 전자상거래'라는 글을 올리기도 했다.

그렇다면 무엇으로 수익을 올릴까? "옴니채널을 통해 돈을 법니다. 수익을 내는 '네 개의 벽 모델'을 구축할 수 있다면 전자상거래에서 발생하는 손실을 메울 수 있어요. 네 개의 벽 모델이 돈을 벌 수 있는 이유는 여전히 물리적인 세계에 존재하고 있는 사람들이 놀랍게도 물건을 사기 위해 매장에 가기 때문에 마케팅에 별도의 비용을 들일 필요가 없기 때문이죠. 그래서 이론상으로는 오프라인 매장에서 절약되는 고정비용을 가지고 온라인 시장을 운영할 수 있을 거라고 생각하는 겁니다. 하지만 결코 그렇지가 않아요. 어마어마한 규모로 성공하지 않는 한, 그리고 다른 브랜드를 판매할 수 없는 한 돈을 벌기 어려울 거예요."

그렇다면 중개인 제거 현상에 관한 말들은 다 무엇일까? D2C 브랜드들이 증가하면서 공급 사슬에서 도매상들이 사라지고 있다는 말이 사실일까? 던은 그것이 사실이며, 그 중개인들이 이제 마크 저커버그와 래리 페이지라는 새로운 중개인들로 대체되어 대다수의 전자상거래 기업들로부터 요금을 징수하고 있는 것이 현실이라고 말한다. "보노보스 가이드숍을 통해 고객들이 그냥 인터넷에 접속해서 구매하는 게 아니라는 사실을 알게 되었습니다. 물리적인 매장이 필요하죠." 그는 이 아이디어를 설명하기 위해 약자를 만들기도 했다. 소비자 경험을 전체적으로 관리하는 온라인 브랜드라는 의미로, DNVB Digitally Native with a

Vertical Brand로 약칭했다.

2007년에 던과 스펄리는 자신들의 브랜드를 소유하는 것이 수익률을 충분히 높여 주어 결과적으로 돈을 벌게 될 거라고 생각했다. 하지만 문제는 '결과적으로' 벌어야 하는 돈이 사실상 아주 큰 액수였다는 것이다. 던이 개인적으로 추산한 바에 따르면, 수익이 남는 지점에 도달하기 위해서는 매출이 거의 2억 달러에 도달해야 한다. 그렇지 않으면 전자상거래계의 거인들에게 결국 밟히고 말 것이다.

던은 말한다. "그게 보노보스를 월마트에 매각하게 된 주된 이유였어요. 주식 공개 기업이 된다는 것은 대단히 어려운 일이라는 우려가 컸죠." 그는 보노보스가 월마트에 매각되었다는 소식이 모두에게 환영받기 어려운 일임을 알고 있었다. 매각이 발표된 날 월마트의 주가는 5퍼센트 하락했다. "저는 제 아이폰을 바라보며 '보노보스가 그렇게 투자하기에 위험한 대상인가?'라고 생각하고 있었죠." 하지만 이유는 그게 아니었다. 같은 날 아마존은 홀 푸드Whole Foods를 인수했다고 발표했다. 그래서 주식시장은 그것을 월마트의 식품 프랜차이즈가 현재 위기에 놓여 있다는 신호로 받아들인 것이었다.

놀라운 점은 이것이다. 던이 회사를 매각할 적당한 상대로 월마트를 생각한 또 다른 이유는 월마트를 선한 기업이라고 생각했기 때문이었다. 그렇다, 당신은 글자를 잘못 읽은 것이 아니다. 1990년대에만 해도 많은 사람이 나쁜 기업의 전형이라 여겼던 월마트는 직원들과 환경을 위해 좋은 일을 하는 소매 기업으로 스스로를 재포장하기 시작했다. 그에 더해 전자상거래 분야에서 아마존에 크게 뒤처져 있어 월마트는 이제 예기치 않게 약자가 되어 있었던 것이다. 그리고 미국은 약자를 사랑한다.

"월마트의 관심 분야는 저의 관심사인 온라인 소매업보다 훨씬 광범위합니다. 그들은 그래서 보노보스를 인수했지만, 저희는 회사의 생존 보장 이상의 이유들로 보노보스를 월마트에 매각한 것이었죠."

던이 말한 이유들 중 첫 번째는 월마트의 지속 가능성이다. 던의 아내 마누엘라 조닌세인Manuela Zoninsein은 던보다 더 오랫동안 지속 가능성에 관심을 가져 왔다. 그가 집에 가서 아내에게 아칸소주의 벤턴빌로 (당분간만이라도) 이사해서 살자고 설득할 때 그녀의 관심 분야에 대해 언급하면 설득이 쉬워질 거라고 생각했다. 그래서 그는 "월마트는 지속 가능성에 있어 정말 진보적인 기업이야"라고 그녀에게 설명했다. 그러자 그녀의 반응은 어땠을까? "이것 보세요, 멍청한 남편님! 월마트는 세계에서 가장 진보적인 공급 체인이라고요."

던은 말한다. "지속 가능성에 있어서 월마트의 노력은 저희가 보노보스에서 기울였던 노력보다 훨씬 대규모로 여러 분야에서 진행되고 있습니다. 의류 산업은 정유 및 가스의 뒤를 이어 가장 환경오염을 많이 발생시키는 산업 2위를 기록하고 있는 만큼 지속 가능성과 관련해 해야 할 일이 아주 많습니다." 그는 기가톤 프로젝트를 하나의 예로 들었다. 이 프로젝트는 2025년까지 월마트가 대기에 가스 배출을 1기가톤(10억 톤)만큼 줄이겠다는 계획이다. 하지만 이 밖에도 해야 할 일이 많다고 한다. "월마트에서 오래 일할수록 한 세대에 한 번 있을까 말까 한 바로 그 변화의 일부가 될 수 있을 만큼 저희가 운이 좋다는 사실을 실감하게 됩니다."

던은 이커머스 디지털 브랜드의 상무로 월마트에 합류했다. 그는 온라인 D2C 브랜드의 총책임자로서 월마트 이커머스 US의 사장 겸 CEO 마크 로어Marc Lore에게 직접 보고했다. 또한 월마트의 CEO 더그 맥밀런이 말하는 '영혼이 담긴' 브랜드를 구축하거나 사들이는 임무를 부여받았다. "이것은 단순히 사업에 관한 일이 아닙니다. 브랜드가 세상에 중요한 영향을 미치는지 여부에 관한 것이죠."

던이 그것을 바라보는 방식과 그 브랜드들을 만들어 내는 방식은 독립적이고 열정적인 팀들이 자신의 이야기와 사회적 목적을 가지고 자신의 일을 할 수 있게 하는 것이었다. "월마트 내부에 그런 것을 만들 수 있을까? 저도 처음에는 의문을 품었습니다. 하지만 대다수의 사람들처럼 '아니오'라고 속단하는 대신 우리는 실험을 감행해 보기로 했어요." 시간이 흘러 네 개의 브랜드가 탄생했다. 보노보스, 모드클로스 Modcloth(로스앤젤레스에서 탄생한 페미니스트 성향의 인디 빈티지 여성복 브랜드), 엘로키Eloquii(롱아일랜드시티에서 탄생한 빅 사이즈 여성복 브랜드), 그리고 올스웰Allswell(사내에서 개발한 특별 배송 매트리스 브랜드)이 그 주인공들이다. 올스웰 팀은 월마트 사내에서 일하지 않고 위워크의 사무실을 이용했다. 그곳에 방문해 보면 마치 스타트업 같은 느낌이 난다. 그들은 투자자 모집을 걱정하지 않아도 된다는 차이만 있을 뿐이다. 그것이 바로 던이 원했던 것이다.

우리는 던과 같이 높은 자리에서 전자상거래의 세계를 훤히 내려다볼 수 있는 사람들에게서 많은 것을 배울 수 있다. 그래서 그에게 어떤 트렌드가 하락세에 있으며 우리가 더 이상 모험을 하지 말아야 할 분야는 무엇인지 물었다. 그는 두 가지 분야를 언급했다.

던은 D2C 브랜드에서 온라인에서의 초기 승자는 면도기나 안경, 매트리스와 같이 소비자들이 불만족스러운 경험을 한 분야였다고 지적했다. "이제는 고객들의 눈높이가 더욱 높아졌어요. 정말 온라인 판매가 불가능한 분야들은 모두 철수했죠. 그리고 고객 경험의 만족도를 높이는 일이 더 어려워지면서 고객들의 온갖 섬세한 취향을 만족시켜야 하기 때문에 판매자의 열정에 문제 제기를 하는 일이 많이 생길 수 있어요. 온라인 패션 및 뷰티 분야에서는 아직 해야 할 일이 아주 많지만, 그 일을 하는 데 있어 고객들의 기대치는 예전보다 훨씬 높다고 봅니다."

그는 "저도 인터넷 멀티브랜드 사업에는 뛰어들고 싶지 않아요"라고 덧붙였다. "아마존과 월마트, 타깃, 코스트코에 정면으로 맞서서 싸워야 할 테니까요. 스티치 픽스Stitch Fix는 훌륭하고 추이Chewy 또한 선방하고 있긴 하지만, 제가 볼 때는 그다지 운신의 폭이 넓어 보이지 않아요. 온라인 테니스 브랜드나 낚시, 골프와 같은 틈새시장 공략과 1,000만~2,000만 달러 규모의 사업을 구축하는 것은 가능하지만, 벤처 투자자로 인해 더 큰 결과를 내야 하는 상황이라면 그건 아주 어려울 거예요."

아마존에 관해서라면 던은 2010년에 아마존의 시가총액이 월마트를 넘어설 거라고 예측했었다. 그의 예측은 옳았다. 그는 이제 월마트가 이 신생 라이벌 기업을 다시 뛰어넘을 수 있을 거라고 생각한다. 그는 "그야말로 티탄들의 전쟁이 되는 거죠"라고 말했다. 던이 월마트에 회사를 매각했을 때 그의 이발사는 그에게 이렇게 말했다. "던, 당신은 이제 코끼리 등에 올라탄 거예요. 하지만 시애틀에 있는 이 사나이(제프 베이조스)는 문어죠." 던은 이발사와의 대화를 들려주며 미소를 지었다. "코끼리와 문어, 책 제목으로 붙인다면 기가 막히겠죠?"

그는 얼마나 오랫동안 코끼리 등에 머물러 있게 될까? 던은 가능한 한 오랫동안 머물 생각이라고 말했다. 하지만 내가 웨이페어로 갔을 때 느꼈던 것과 똑같은 것을 그도 느꼈음을 인정했다. "한번 사업가가 되어 본 사람은 다시 직원으로 돌아가 일한다는 것이 정말 힘든 경험이에요. '아, 이제 갑자기 직원이었을 때 어땠는지 기억이 난다. 이건 정말 어려운 일이었어'라고 떠올리게 되는 거죠."

2019년 12월 월마트는 던이 회사를 떠난다고 발표했다. 초기의 전략이 계획대로 모두 진행된 것은 아니었다. 모드클로스는 10월에 매각되었다. 그리고 월마트는 인수 기반 전략과는 반대 개념인 인큐베이션 전략으로 전환하기로 결정했다. 던 또한 다음 기회를 받아들여야 할 시기였고, 그는 자신의 새로운 출발을 선선히 받아들였다. 그렇다면 던의 다음 행선지는 어디일까? 시간이 곧 말해 줄 것이다. 하지만 어쨌든 지금도 그는 몸에 잘 맞는 바지를 입고 있다.

7장

~~~~~~~~~~~~~~~~~~~~~~~~

마찰이 없는 개인

~~~~~~~~~~~~~~~~~~~~~~~~

이 책에서 만나 본 대다수의 사업가들은 '마찰이 없는 서비스' 개념을 이용해 고객 경험이나 기업의 경쟁력, 혹은 조직 자체의 적응력을 증진시킴으로써 그들의 조직 경쟁력을 더욱 높여 나가고 있다. 우리는 또한 가장 중요한 프로젝트를 진행하고 있는 여러 인물을 만나기도 했다. 그 프로젝트의 주제는 바로 '우리 개개인'이다.

'마찰이 없는 서비스'의 영향력 덕분에 우리 주변에서 일어나고 있는 지각변동을 어떻게 설명하면 좋을까? 당신은 아마 발밑의 땅이 움직이고 있다고 말할 것이다. 그래서 뱁슨 칼리지Babson College의 하이디 넥 Heidi Neck과 동료 교수들은 유동적인 미래 상황에 학생들이 더 잘 대처하도록 하기 위해 경영 교육 프로그램의 커리큘럼을 조정했다.

바람직한 일이다. 스타트업을 창업하고 경영하는 일은 아주 스트레스가 심하기 때문이다. 나는 사업 외의 다른 어떤 일도 하지 못했다. 디인사이드를 꾸리느라 내 건강을 희생했다. 자금을 모금하고 사업을 시작하면서 여러 전문의에게 장누수증후군에 대해 상담해야 했다.

의사들이 하나같이 가장 먼저 물어보는 질문 중 하나가 커피를 너무 많이 마시지 않는가였다. 혐의를 인정한다. 프랑스계 캐나다인으로서 나는 항상 약간의 와인도 즐겼다. 하지만 나이가 들면서 다른 몸의 기능들과 마찬가지로 최소한의 음주라 할지라도 그 영향을 이겨 내는 능력이 줄어든다는 사실을 확실히 알게 되었다. 그렇다 하더라도 소화기 건강의 두 적인 커피와 와인을 줄여야 한다는 사실은 기분 좋은 일이 아니었다. 그 이상의 대안이 필요했다.

그러던 중 나는 장 생물군계 개념과 '제2의 신경계'에 관해 진행 중인 놀라운 연구에 대해 알게 되었다. 그 즉시 나는 내 건강에 관해 연구하기 시작했다. '마찰 제거'의 영향력은 우리 몸 밖에서만 작동하고 있는 것이 아니다. 우리 개개인의 건강에 관한 한 '마찰 제거'의 영향력은 피부 속까지도 침투해 들어가게 해 주었다.

비타민을 생각해 보라. 최근까지도 우리 대다수는 의사의 추천(비타민 D를 보충해야 한다는 말을 들어 보지 못한 사람이 있을까?)과 우리 스스로 우리의 몸에 필요하다고 생각하는 영양소를 기반으로 비타민을 복용했다. 하지만 그와 같은 방식은 시대착오적이다. 요즘에는 자신이 실제로 부족한 비타민(또는 미네랄 등)을 중심으로 전체 건강관리 계획을 설계할 수 있다. 우리는 우리 몸 안을 실제로 들여다볼 수는 없지만, 이제 우리의 건강과 관련해서 더 이상 어둠 속을 더듬지 않아도 되게 되었다.

앞으로 이 책에 등장할 나머지 사업가들은 우리가 더 나은 삶을 살 수 있도록 돕고 있는 이들이다. 길 블랜더와 닥터 에리카 에벨 앵글은 당신의 건강 상태를 정확히 측정하는 것을 용이하게 하는 일에 집중하고 있다. 그다음에 등장하는 알렉산드라 파인은 마찰 제거의 영향력을 이용해 즐거운 성관계에서 아주 필요한 동등함을 실현시키기 위해 노력하고 있다. 마지막 인물인 브랜던 크리그는 우리 모두가 궁극적인 은퇴를 위해 1달러씩 저축해 둘 수 있도록 돕고 있다.

인터넷에서 배울 수 없는 암묵지를 가르치는 '뱁슨 칼리지'
우리는 창업가의 정신을 가르칩니다!

하이디 넥과 뱁슨 칼리지의 동료 교수들은 오늘날 비즈니스 세계에서 일어나고 있는 지각변동 앞에서 본격적인 창업을 앞둔 학생들을 교육함으로써 그에 대한 해결책을 제시하고 있다. 창업을 위해서는 여전히 극복해야 할 마찰이 많다.

하이디 넥Heidi Neck은 2001년부터 뱁슨 칼리지Babson College에서 창업학을 강의하고 있다. 그래서 그 후로 무엇이 바뀌었을까?

뱁슨의 창업학과 과정은 전통적으로 학생들에게 벤처 기업 창업을 필수로 요구한다고 그녀는 말한다. "우리 학생들이 배우는 것은 어느 분야에나 적용 가능합니다. 세계는 우리 학생들이 무슨 일을 하든 사업가처럼 생각하고 행동하기를 원해요."

우리는 넥에게 관심 있는 어떤 분야에 대해서 무엇이든 인터넷에서 찾을 수 있는 요즘 시대에 대학 교육이 지닐 수 있는 가치에 대해 물어보았다. 모든 지식이 클라우드에 올라와 있다면 대학 캠퍼스의 존재 이유는 무엇일까?

"제가 가장 좋아하는 노래가 스티비 닉스Stevie Nicks의 〈랜드슬라이드 Landslide〉라는 곡인데요. 구글은 가사를 제공할 수는 있지만 어떻게 노래를 부르는지 가르쳐 줄 수는 없어요." 넥은 교육자의 역할은 학생들이 실제로 창업의 여러 측면을 경험하고 연습할 수 있는 환경을 조성해 주는 것이라고 말한다. "학생들이 노래를 부를 수 있도록 돕는 것이 저희가 하는 일이죠."

기술 발전이 가져온 변화가 커리큘럼에는 얼마나 반영이 되어 있을까? 어떤 방식으로 반영할 수 있을까? "일의 본질이 바뀌고 있는 상황을 고려해 볼 때, 학생들이 점점 더 불확실해져 가는 환경 속에서 어떻게 행동해야 하는지를 가르치는 것이 저희가 해야 할 일입니다. 그들은 우리 시대의 불확실성에 대해 편안해질 필요가 있어요. 다시 말해서, 배우는 방법을 배우는 능력을 개발해야 한다는 뜻이죠."

그리고 그러기 위해서 학생들은 배울 용기를 개발해야 한다.

이 부분은 아직 노동시장에 몸담고 있지 않은 이들에게 중요한 만큼 오늘날 노동시장에 몸담고 있는 이들에게도 중요하다. 아니, 어쩌면 더 중요하다. 왜 그럴까? 날이 갈수록 기술 혁신이 점점 더 많은 수의 일자리를 무용하게 만들어 버리고 있기 때문이다. 기술의 최전선에 있지 않더라도, 한때는 소비자 경제의 중추였던 콜센터 직군이 이 세계에서는 오래가지 못할 것임을 짐작할 수 있다. 이제는 고객이 가장 자주 하는 질문 50개는 챗봇(인공지능 고객 응대 소프트웨어)이 답변해 줄 수 있기 때문이다. 내가 브릿에게 챗봇에 대해 알아보라고 했을 때 그녀가 두 시간 뒤에 와서는 우리도 적용 가능하다고 말해 주었기 때문에 나도 챗봇에 대해서는 익히 알고 있다. 우리 회사(디인사이드)는 챗봇을 이미 운영하고 있다.

모호함과 불확실성의 차이는 무엇일까? "제가 볼 때 모호함은 '약간 혼란스럽긴 하지만 해결 방안을 찾을 수 있겠어'라고 생각하는 것인 반면, 불확실성은 '일이 어떻게 돌아가고 있는지 전혀 모르겠지만 뭔가를 해야만 해' 하는 상황에 더 가까운 것 같아요. 교육자의 관점에서 보자면, 저희는 학생들이 배우기 위해 어떻게 대처해야 하는지 가르쳐야 해요. '대처하기 위해 배워야' 했던 구시대적 방식과는 정반대죠."

넥은 자신이 '어수선한 창업 준비'라고 부르는 것에 대해 가르친다. 마음가짐, 아이디어 창출, 기회 파악, 분석 등의 주제들은 문서 자료에 다 담을 수도 없는 내용들이다. 지난 20년 동안 바뀐 것은 무엇인가? "더 많은 교육자가 사업 계획을 만드는 것보다 근거 기반의 창업을 더 강조하고 있습니다. 저는 계획에 반대하는 것이 아니라 사업 계획 자체에 반대하는 거예요." 그녀가 지적하는 또 한 가지는 그들이 가르치는 내용이 창업에서 창업자의 마음가짐으로 바뀌었다는 것이다. 그것이 의미하는 것은 무엇일까? "경영대학원 밖에서 가장 인상적인 일들이 벌어지고 있다는 것을 의미하죠. 공대에서도 창업 과정을 도입하고 있어요. 예술대학에도 창업 과정이 있죠…… 모두가 20년 전보다 인터넷과 관련된 일에 대해 훨씬 수용적이에요."

디인사이드에서 나는 직원들에게도 사업가처럼 행동하라고 주문한다. 요즘에는 수많은 불확실성과 모호함이 사업의 모든 측면으로 침투해 들어오기 때문에 스타트업의 CEO만 사업가적 자세를 갖는 것만으로는 부족하다. 모두가 사업가적 자세를 가질 필요가 있다. 한때는 견고했던 사업 기반이 문자 그대로 지각변동이 일어나고 있으므로 이런 상황에 대해 수용적인 태도를 지닌 사람들만이 살아남게 될 것이다.

하지만 이런 상황이 스타트업에만 해당되는 것은 아니다. 넥은 이렇게 말한다. "20년 전만 해도 대기업에서 일하고 싶어 하는 학생들은 창업 강의를 듣는 것에 대해 미심쩍어 했어요. 대기업은 그런 것에 관심이 없을 거라고 생각했기 때문이죠. 하지만 오늘날의 상황은 그 반대예요. 대기업들은 '우리는 창업 마인드를 가진 인재를 원해요. 설사 그들이 우리 회사에 오랫동안 머물지 않는다 해도 말이죠'라고 말합니다. 이건 아주 커다란 변화예요."

뱁슨 칼리지가 창업 교육을 진행하는 의도는 학생들이 사업을 만약을 대비한 스펙 쌓기의 일부로 간주하지 말아야 한다는 사실을 깨닫게 해 주기 위해서라고 넥은 말한다. 교수들은 학생들이 수용적인 태도를 갖도록 가르치기 위해 노력하고 있다. "모든 사업가는 궁극적으로 마케팅이 어떻게 판매와 연결되는지를 이해하고 있습니다. 판매가 어떻게 운영과 연결되고, 운영이 어떻게 전체 사업 모델과 연결되는지를 이해하고 있죠. 사업에서는 모든 것이 다 연결되어 있으니까요." 그렇다면 최종 목표는 무엇일까? 졸업생들에게 모호함을 견뎌 내고 불확실성을 헤쳐 나가는 데 도움이 될 수단을 제공하고 사업의 전체 그림을 볼 줄 아는 능력을 갖춰 주는 것이다.

넥은 창업을 전제로 창업 강의를 하고 있지만 그녀가 정말 가르치고 있는 것은 삶의 기술로서 창업가의 정신이다. 나도 그녀의 말에 동의한다. 미래에 성공하려면 창업가의 마음가짐은 당신이 원하는지 여부와 상관없이 반드시 갖춰야 하는 것이다.

물론 모든 기업가는 성공적인 기업가를 만드는 대다수의 조건은 가르칠 수 있는 것이 아니라고 말할 것이다. 우리가 넥에게 하버드 경영대학원의 과대 포장된 사례 연구 방식에 대해 물었을 때 그녀는 웃었다. "학생들은 실제로 해 보기 전에는 현실에서 시스템을 어떻게 만들어 나가는지 몰라요. 사례 연구는 실제로 경험하는 것이 아니잖아요." 그래서 실제 경험을 제공하는 게 아니라면 경영대학원은 궁극적으로 무엇을 해 줄 수 있을까? 넥은 "여러 가지 면에서 학생들에게 시도해 볼 용기를 북돋워 주고 있다고 생각해요"라고 말했다. 이것은 아주 중요한 부분이라고 할 수 있다.

뱁슨 칼리지 졸업생들이 창업한 회사들 중 어느 회사가 그녀가 볼 때 가장 벤처 기업가적 정신을 잘 보여 주는 사례일까? 바로 짐 포스_{Jim Poss}가 설립한 빅벨리 솔러_{Bigbelly Solar}라고 한다. 빅벨리는 복잡하고 비싼 폐기물 집하 시설에 재생에너지(태양열)와 이동 통신 기술을 모두 적용했다. 폐기물 처리를 간소화하기 위해 폐기물과 재활용품 수거함에 센서를 장착해 그 상태가 실시간으로 지방자치 센터로 자동 전송되도록 한 것이다. 한마디로, 쓰레기가 가득 찰 때까지 수거하러 오지 않아도 된다.

학생들의 태도와 관련해 넥이 걱정하는 것은 무엇일까? 그녀는 학생들 모두가 창업을 해서 5,000만 달러를 투자받아 1~2년 내에 회사를 키워 매각하겠다는 생각을 할까 봐 걱정이라고 했다. "학생들이 출구 전략에 너무 많은 관심을 보여요. 젊은 사업가들은 빠르게 성장하는 유니콘의 출구 전략보다는 확장 가능한 사업체를 구축하는 데 집중해야 해요. 사업체를 확장 가능하도록 구축해 놓으면 적당한 시기에 합당한 이유로 회사를 매각할 수 있게 되죠."

그녀의 말이 맞다. 이 문제에 관해서라면 내 말을 믿어도 된다. 창업은 단순히 도박의 동기를 가지고 시작하기에는 너무나 어려운 일이다. 도박을 원하는 거라면 가서 주사위 놀이나 하길 바란다.

장수를 위한 식단 관리의 마찰을 제거하는 '인사이드트래커'
생명 연장을 꿈꾸는 CEO

인사이드트래커는 당신의 몸이 최상의 컨디션을 유지하도록 돕기 위해 어떤 음식을 먹어야 하는지 정확히 알려 줌으로써 건강관리에서 마찰을 제거하고자 한다. 스스로 웰빙 지수를 측정하도록 함으로써 약품 수납장에서 찾던 예방약을 냉장고에서 찾을 수 있도록 도와준다.

길 블랜더Gil Blander 는 운이 좋은 사람들이 그렇듯 평생의 일이 운명적으로 그를 찾아왔다. 자신의 강박을 커리어로 승화시키는 법을 찾은 것이다. 블랜더의 강박은 무엇이었을까? 아주 어린 나이에 그는 자신이 언젠가는 죽게 될 것이라는 사실을 깨달았다. 그때부터 그가 한 대부분의 일은 죽음을 늦추기 위한 일들이었다. "제 목표를 영원히 사는 것으로 정하기로 결심했죠"라고 그는 말한다. 어떤 직업적 목표도 그보다 높은 이상일 수는 없다는 점에서 매우 인상적이다.

블랜더는 대학교에서 생물학을 전공한 후 이스라엘에서 군 복무를 마치고 노화 문제를 연구하는 적당한 연구소를 찾아보기로 했다. 정확히 원하는 곳을 찾지는 못했지만 그는 바이츠만 연구소Weizmann Institute 를 알게 되었다. '인류에게 혜택을 제공하는 과학'을 슬로건으로 삼고 있는 이 연구소가 불멸의 문제를 연구하고 있을지도 모른다고 추측했지만 실제로는 그렇지 않았다. 그러나 그곳에서 그가 이스라엘 최고의 과학자라고 생각하는 인물을 만났다. 바로 모셰 오렌Moshe Oren 교수였다. 하지만 오렌 교수는 노화를 연구하고 있지 않았다. 그는 암을 연구했다. 젊은 블랜더의 탐구심에 깊은 인상을 받은 오렌 교수는 그에게 암과 노화 사이에 중첩되는 부분을 찾을 수 있다면 그를 채용할 수 있을 것이라는 언질을 주었다.

몇 주 뒤 블랜더는 자신이 발견한 사실들을 교수에게 들려주었다. 그 것은 ('베르너 증후군'으로도 알려져 있는) 조로증을 유발하는 것으로 알려진 단백질이 암 연구자들도 아주 관심을 많이 가지고 있던 단백질과 붙어 다니는 것이 관찰되었다는 내용의 연구 결과였다. 오렌 교수는 그 정도면 충분하다고 생각했고, 블랜더는 그때부터 5년간 바이츠만 연구소에서 연구했다. 그리고 박사 후 연구원 과정으로는 미국으로 건너가 MIT의 레니 과렌트Lenny Guarente 교수와 함께 연구했다. 과렌트 교수는 노화 연구 분야의 세계 최고 권위자 중 한 사람이다. 2002년경 원래 계획은 논문만 쓰고 다시 이스라엘로 돌아갈 생각이었지만, 그는 지금도 매사추세츠주에서 살고 있다.

왜 그랬을까? 케임브리지의 켄들 광장이 그에게 마법을 걸었기 때문이었다. 기업 투자와 학계의 충분한 협업이 가능했고, 수천 명의 생명공학 기업 직원들이 MIT의 노벨상 수상자들과 함께 일하고 있었다. 그야 말로 최고의 지성들을 끌어들이고 그들이 떠나고 싶지 않도록 만드는 곳이었다. 블랜더의 경우에는 화장품 대기업 에스티 로더가 피부 노화에 대한 그의 연구 내용 일부에 관한 정보를 입수했고, 그는 곧 MIT 역사상 몇 번 없었던 거액의 연구 지원비를 확보했다는 사실을 알게 되었다. "그때 저는 교수로 남아 한 해에 연구 논문 몇 건을 쓰기보다는 사업을 시작한다면 인류에 더 많은 공헌을 할 수 있겠다는 생각이 들기 시작했어요."

그럼에도 그는 사업을 시작하기 전에 시스템 생물학 기업에서 임시직으로 일했다. 그곳에서도 휴식기를 이용해 그는 연구를 계속 이어 나갔다. 과학자들이 '칼로리 제한'이 수명을 연장할 수 있다는 것을 보여준 것은 100년도 더 된 일이다. 어떤 생물체를 모델로 가져다가 섭취 칼로리 양을 50퍼센트로 줄여 보면 50퍼센트 더 오래 산다는 것을 알 수 있다. 하지만 아직도 그 이유는 정확히 규명되지 않았다. 그 이유를 알아내기 위해 블랜더는 칼로리 제한과 관련해 지금까지 진행된 모든 실험의 거대 데이터베이스를 구축해 예외의 경우가 있는지 알아보기로 했다. 몇몇 동료가 그에게 회사를 그만두고 그 아이디어와 관련된 사업을 해 보라고 권했다. "동료들의 충고를 따를 만큼 제가 순진했던 거죠"라고 말하며 그는 웃었다.

현재 인사이드트래커의 창업자 겸 과학 담당 책임자인 블랜더는 모든 사람이 각자 다르기 때문에 일반적인 건강 및 영양 정보는 사람들에게 실제로 그다지 의미가 없다는 결론을 전제로 시작한 운동의 최전선에서 활동하고 있다. 당신이 건강을 증진시키기 위해 노력하고 싶다면, 당신의 몸 안에서 어떤 일이 일어나고 있는지 알아내야 하고, 그 정보에서 과학을 기반으로 한 정확한 권고를 끌어내야 한다.

이 모든 것은 혈액 검사에서 출발한다. 물론 인간의 몸속에는 모든 혈액 검사를 다 할 수 있을 정도로 많은 양의 혈액이 존재하지 않는다. 그래서 블랜더와 그의 팀은 먼저 검사하고자 하는 혈액 생체지표의 수를 줄이는 일에 집중했다. 그들은 엄격한 기준을 가지고 출발했다. 그것은 바로 질병을 찾아내기 위한 것이 아니라 건강을 유지하기 위한 생체지표를 얻는다는 것이었다. 블랜더는 말한다. "저희는 의사의 역할을 대신하려는 것이 아닙니다. 현재 건강한 사람들이 최적의 상태를 유지할 수 있도록 도우려는 거예요. 정상적인 상태를 계속 유지한다는 것은 어려운 일이니까요."

두 번째 기준은 생체지표는 자연적인 간섭 요소들, 즉 음식, 보충제, 운동, 생활 방식 등에 의해 크게 영향을 받을 수 있다는 것이었다. "저는 약물을 사용하고 싶지도 않고, 생체지표를 이용해 20년 후에 치매를 앓게 될 거라고 선고하고 싶지도 않습니다. 그렇게 되지 않을 수도 있으니까요."

마지막 기준은 경제적 차원에 근거한 것이다. 생체지표는 인구의 1퍼센트 이상이 특정한 시기에 겪고 있는 건강 문제와 관련된 어떤 정보를 보여 줄 수 있어야 한다는 것이었다.

결국 그들은 생체지표를 약 40개로 축소했다. 그렇게 해서 생체지표에 관한 동료 연구자들의 검증을 거친 연구 자료를 개인 맞춤 서비스를 위해 다시 종합 정리했다. 만일 당신이 혈당 수치를 관리하고 싶다면, 혈액 검사 결과만을 바탕으로 자신의 건강을 판단하는 것은 시대착오적이다. 일반적인 혈액 검사는 모든 사람에게 해당되는 전반적인 정보들을 보여 준다. 하지만 당신이 원하는 것은 당신의 나이와 성별 등을 고려해 최적화된 정보를 보여 주는 것이다.

생명 연장에 관해 블랜더 혼자 연구하고 있는 것은 아니다. 인사이드트래커는 마라톤 선수부터 크로스핏 선수와 군대, 〈포천〉 50대 기업과 비타민 제조 업체에 이르기까지 모든 이들과 함께 연구하고 있다. 인사이드트래커는 처음에는 혈액 검사로 시작했지만 이제는 DNA뿐만 아니라 심장박동 수와 수면 시간, 체중 등의 수치를 나타내 주는 활동 추적을 포함해 신체에 관한 다른 층위의 정보로 그 영역을 확장해 나가고 있다. 그렇다면 그들이 하지 않는 일은 무엇일까? 그들은 장내 세균 분석과 그것을 기반으로 한 권고를 보내 주는 서비스는 제공하지 않고 있다. 그는 아직 과학 발전이 그 단계에 미치지는 못한 상태이며 장내 세균 분석 결과를 기반으로 한 어떤 권고도 '시기상조'라고 주장한다(우리는 이 주장에 분명히 반대 의견을 피력하는 닥터 에리카 에벨 앵글도 만나 보았다. 블랜더의 이야기부터 들어 본 후 닥터 앵글의 이야기도 들어보자).

건강과 관련된 이 모든 분석이 정말 효과가 있는 것일까? 블랜더는 그렇다고 대답한다. 증거를 요구하자, 그는 7개월 동안 500건 이상의 개인별 간섭 조건을 적용한 인사이드트래커 플랫폼의 사용자 1,000여 명의 동료 연구자 검증을 거친 연구 자료를 보여 주었다. 그 결과는 어땠을까? 대부분은 효과가 있는 것으로 나타났다. 연구를 시작한 당시에는 20명 이상의 참가자가 17개의 생체지표에서 적정 범위를 벗어나 있었지만 거의 모두가 눈에 띄게 개선되어 있었다.

여기 정말 놀라운 통계 수치도 있다. 우리가 먹는 음식들을 모두 살펴보면(인사이드트래커는 8,000가지를 추적한다) 평균적인 미국인은 일주일에 20가지 정도의 음식을 먹는다. 하지만 그 자체가 잘못된 것은 아니다. 그렇다면 무엇이 문제일까? 동일한 20가지의 음식을 매주 몇 년 동안 계속 먹는 것이 잘못된 것이다. 우리는 나쁜 식습관 때문에 건강하지 못한 것이다. 콜레스테롤 약을 복용하면서 패스트푸드점에서 파는 햄버거를 먹는 것은 답이 될 수 없다. 애초에 우리가 먹는 음식을 더 신중히 선택하는 것이 중요하다.

블랜더는 "저희 회사의 목표는 화장실에 있는 약품 수납장을 냉장고로 옮기는 것입니다"라고 말한다. 심지어 그는 자신을 예로 들기도 했다. 블랜더는 항상 콩을 싫어했지만 인사이드트래커의 건강관리 서비스가 혈당과 콜레스테롤 수치를 정상화하기를 원한다면 콩을 싫어하는 마음을 극복하고 먹어야 한다고 조언했을 때 그는 실제로 콩을 먹었다고 한다. 그리고…… 콩을 좋아하게 되기에 이르렀다고 한다.

인사이드트래커의 광고를 페이스북에서는 본 적이 없을 것이다. 그 이유는 무엇일까? 페이스북 친구 그룹에 있는 자칭 영양 전문가들의 공격을 받기에는 이것이 너무 진지하고 복잡한 주제이기 때문이라고 블랜더는 설명한다. 그들이 발견한 정보 중 일부가 평범한 내용이라 할지라도 인사이드트래커는 그들이 수집해 온 데이터에 더해 자체 데이터 세트를 구축하고 있다. 그리고 그것을 분석하는 과정에서 하루에 한 번 이상 외식을 하는 사람들이 집에서 요리해 먹는 사람들보다 훨씬 안 좋은 생체지표를 가지고 있다는 사실을 분명히 밝혀내기도 했다.

더프 : 우리도 이거 검사해 봐야겠어요.

크리스티안 : 아, 제 생체지표는 엉망일 것 같아요.

길 블랜더는 여전히 영원히 살 계획을 하고 있다. 하지만 그는 그 사명을 확장했다고 말한다. "제 목표는 2050년에 지구상에 존재할 100억 명의 인구를 고객으로 모시는 것입니다." 그의 건승을 빈다.

영양 보충제 선택의 마찰을 줄여 주는 '익셀라'
장 건강이 내 몸을 좌우한다!

장내 세균 연구는 상당히 첨단 과학 분야에 속한다. 하지만 에리카 에벨 앵글 박사의 익셀라는 이 비주류 연구 분야를 주류로 끌어올려 어떤 영양 보충제를 얼마나 자주 복용하는 것이 좋은지에 관한 궁금증을 해소해 주고 있다.

닥터 에리카 에벨 앵글Dr. Erika Ebbel Angle이 기억하는 한 그녀가 현재 하고 있는 모든 직업적 일은 악어의 자살 이야기에서 비롯되었다고 말할 수 있겠다. 열한 살 소녀 에리카는 방학 때 가족들과 함께 악어 농장을 방문했다. 그녀는 악어가 극도로 상처받았을 때 등이 바닥에 닿도록 몸을 뒤집어서 혼수상태에 빠져 죽음을 재촉한다는 사실을 알고는 깜짝 놀랐다. 다시 말해서, 그들은 모든 것을 잃었다고 생각할 때 자살한다는 것이었다.

그 해에 마이클 크라이튼 원작의 영화 〈쥬라기 공원〉이 개봉되었다. 그녀는 그 영화가 몹시 좋았다. 그래서 리처드 프레스턴Richard Preston의

《핫 존The Hot Zone》도 읽게 되었고, 유전학과 면역학에도 관심을 갖게 된 것이었다. 그러고 난 뒤 첫 번째 과학 박람회가 열렸다. 사람들이 베이킹 소다와 식용 색소로 점토 화산을 만드느라 분주할 때 어린 에리카는 다음 질문에 대한 답을 찾고 있었다. '바이러스에 감염된 개별 세포들이 전체 유기체를 보호하기 위해 자살하는 것이 가능할까?' 달리 표현하자면, '우리는 악어보다 더 진화한 존재일까?'

인터넷이 생겨나기 전이었으므로 이 열한 살 소녀 과학자는 그에 대한 답을 찾기 위해 전화로 실제 연구소들에 전화를 걸어서 도움을 청해 보기로 했다. 어떤 연구소는 그녀의 부모님께 전화를 걸어 딸이 무슨 일을 하고 다니는지 아느냐고 따지기도 했다. 대부분의 연구소들은 그녀의 전화를 그냥 무시했다.

하지만 20~30통 정도 전화를 걸었을 때쯤 집에서 그리 멀지 않은 곳에 위치한 한 연구소의 연구원이 그녀의 요청에 응해 주었다. 그의 이름은 마이클 나티걸Michael Nachtigall이었고 샌 마테오 카운티 공중보건 연구소의 소장이었다. "그는 업무가 끝난 후 저를 도와주기 위해 머물러 주었어요." 그녀는 그런 놀랍도록 이타적인 행동이 지금도 여전히 가능할지 모르겠다면서 말했다. "그는 제게 시간을 내주고 참고할 만한 책도 한 무더기 주면서 궁금한 것이 있으면 다시 와서 물어보라고 말해 주었어요. 정말 훌륭하신 분이었죠."

닥터 앵글은 해마다 그 연구소에 찾아갔다. 그리고 자신이 과학자가 될 수 있도록 길을 열어 준 사람이 나티걸이었다고 말한다. 악어 사건

이후 그녀는 한 단계 수준을 높여 입술 발진의 원인인 단순 포진 바이러스를 치료할 가능성이 있어 보이는 식물을 연구하기 시작했다. 이후 그녀는 생명공학 회사 몇 군데에서 일하면서 수년간 그 식물 연구 프로젝트를 연장해서 진행했다. 박사 학위 과정을 마칠 때쯤 그녀는 헌팅턴 무도병의 혈액 검사 기반의 생체지표 발견을 위한 조사 도구를 개발했고, 질량 분석계를 포함해 그녀가 이후 사용할 일부 기구들에 이미 익숙해져 있는 상태였다. 닥터 앵글은 말한다. "어린 시절의 관심 분야를 성인이 될 때까지 연결성 있게 발전시키는 것이 아주 중요해요. 빌 게이츠가 수년 동안 이야기했던 것과 일맥상통하죠. '필요한 것은 당신이 어떤 것에 접근할 수 있도록 예스라고 말해 주는 한 사람이다. 그의 허락이 없었다면 접근할 수 없었을 것이고, 그것이 당신의 삶을 바꿔 놓을 수 있다.'" 닥터 앵글이 경영하는 두 회사 모두 어린이 인턴을 채용하고 있다. 그렇게 선순환의 고리는 끊어지지 않고 계속 이어지는 것이다.

에리카는 MIT에 진학했다. 그녀는 똑똑했을 뿐만 아니라 2010년 미스 아메리카 선발 대회에서 미스 매사추세츠로 뽑히기도 했다. 매사추세츠주 베드퍼드에 있는 재향군인 병원에서 있었던 미스 매사추세츠 행사에 참석했을 때, 병원 연구소장은 그녀에게 소개해 줄 사람이 있다면서 웨인 맷슨Wayne Matson이라는 사업가를 만나게 해 주었다. 두 사람은 대화가 잘 통했다. 어느 학교로 갈지는 결정하지 못했지만 대학원 진학을 계획하고 있던 앵글은 맷슨과의 우연한 만남으로 인해 보스턴 대학교 의학 박사 과정에 지원하게 되었다. "캘리포니아 공과대학도 합격

했지만 그냥 동부 쪽에 머물기로 했죠. 부모님께서는 많이 실망하셨지만, 웨인과 함께 일할 기회를 놓칠 수는 없었어요."

웨인 맷슨의 이름을 들어 본 적이 없는가? 아마 납중독에 대해서는 들어 보았을 것이다. 1970년대에 세계가 처음으로 위험한 혈중 납 농도에 대해 알게 되었을 때 닥터 맷슨이 어린이들을 대상으로 한 최초의 납 중독 검사를 개발했다. 그는 100개 이상의 특허를 보유하고 있다. 맷슨은 '실행 가능한 진단법과 치료법'을 추구하며, 이론에 만족하지 않고 연구의 성과를 실전에서 확인하는 것을 중시하는 의사다. 하지만 닥터 앵글을 만나기 전까지는 자신의 연구를 소위 '소비자'에게 적용할 생각을 하지 못하고 있었다.

의사로서 훌륭한 경력을 쌓아 가는 과정에서 맷슨은 신경 퇴행성 질병(루게릭병, 파킨슨병, 헌팅턴병, 알츠하이머병)을 비롯해 당뇨병, 심장병, 암, 뇌진탕, 우울증, 불안증 등 수많은 질병에 관한 놀라운 데이터를 보유하게 되었다고 닥터 앵글은 말한다. 두 사람은 그 데이터 세트들을 살펴보면서 특정 유형 질병의 위험 요소로서, 또는 질병 진행 지표나 일반적인 건강 보건 지표로서 반복적으로 나타나는 공통된 분자들이 존재한다는 사실을 알아냈다. 그들 중 대다수는 마이크로바이옴(미생물 군집)과 연관되어 있었다. 이는 곧 그들이 장내 특정 박테리아에 의해 분비되거나 어떤 형태로든 장에서 조정되고 있다는 의미였다.

닥터 앵글은 이렇게 설명했다. "세로토닌을 한번 살펴볼게요. 대부분의 사람들은 세로토닌이 뇌에서만 발견된다고 생각합니다. 하지만 몸속 대부분의 세로토닌(90~95퍼센트)은 장 속의 장크롬친화성 세포에 의해 분비됩니다. 장에 문제가 있으면 그로 인해 세로토닌 수치에도 문제가 있을 가능성이 높습니다. 그리고 세로토닌에 문제가 있다면 감정 불균형 문제를 겪을 확률이 아주 높아요. 중추신경계와 팔다리, 근육, 신경 사이의 상호 연결성에 대해서는 많은 이들에게 잘 알려져 있습니다. 하지만 아무도 벽재신경총에 대해서는 언급하지 않는데, 이것은 장과 뇌를 연결시켜 주죠."

물론 일각에서는 이런 이야기들을 한다. 굉장한 프로바이오틱스 열풍을 한번 생각해 보라. 그 열풍을 주도한 주역들은 자신들이 무엇을 하는지도 잘 모르면서 그것에 돈을 쏟아부은 기업들과 마케터들이다.

어느 날 앵글이 맷슨에게 물었다. "사람들이 집에서 간단히 혈액 검사를 받을 수 있도록 해 그들의 식습관과 영양 상태를 점검해 주고 특정한 영양 보충제를 복용하는 것을 포함해 가능한 행동 지침을 제시해 줄 수 있는 사업을 시작해 보면 어떨까요? 미신이나 근거 없는 말이나 맹목적인 추측이 아니라 과학에 근거한 검사를 제공하는 거죠."

그렇게 해서 익셀라Ixcela가 탄생하게 되었다. 과학에 기반한 방식으로 가정에서의 건강관리 서비스에 접근하자는 것이다. 손끝을 바늘로 따서 몇 방울의 혈액을 회사로 보내 주면 그들이 식단 계획에서 운동 및 수면 계획까지 모든 것이 담겨 있는 보고서를 보내 준다. 그리고 당신에게 필요한 영양 보충제도 보내 준다. 당신에게 꼭 필요한 것만 골라서 담은 맞춤 영양 보충제를 먹는다고 생각해 보라.

'대사체 네트워크metabolomic network'는 복잡한 개념이다. 우리도 그에 대해 모두 알지는 못한다. 우리가 알고 있는 것은 대사체와 유전체의 상호작용을 보여 주는 생체지표가 있으며, 장내 마이크로바이옴과 대사체를 검사함으로써 전반적인 건강 증진에 도움을 주는 것은 물론 만성 질병의 발생 위험을 낮추기 위해 어떤 치료법을 사용할 수 있는지에 대해 통찰을 얻을 수 있게 된다는 사실이다.

그렇지만 이 점에 주목해야 한다. 익셀라가 고객들에게 제공하는 조언이 특별히 독점권이 있는 것은 아니다. 병원의 생체지표에 대해 보유하고 있는 대다수의 데이터와 그것의 결과 또한 그러하다. 무슨 의미인가 하면, 체혈한 혈액 샘플을 회수하고 분석하는 과정은 생각보다 어렵다. 엘리자베스 홈스와 테라노스를 기억하는가?

닥터 앵글은 말한다. "어느 순간 우리 직원들은 검정색 터틀넥 스웨터를 즐겨 입는 또 다른 금발의 CEO에게 대중의 관심이 집중되고 있다면서 재미있어 하고 있었어요. 그와 동시에 혁신적인 개념임에도 불구하고 저희 과학자들은 홈스가 가능하다고 주장한 것을 테라노스가 어떻게 할 수 있었는지 당혹스러워했죠. 한 방울의 혈액(약 5마이크로리터)으로 수백 가지 검사를 그 즉시 할 수 있다는 것은 저희가 볼 때 과학적으로 말이 안 되니까요. 아니나 다를까, 저희 생각이 옳았어요. 30년 후라면 가능할 수도 있겠지만 현재로선 그런 기술이 존재하지 않습니다." 익셀라는 7~8방울의 혈액(30~40마이크로리터)을 채혈해서 열한 가지 개별 검사만을 시행한다.

여러 개의 마이크로바이옴 기업이 등장했다가 사라졌고, 그들 중 대다수는 소비자들이 실제로 구매한 것은 미래에 더 안 좋아질 수 있는 가능성을 차단한 것이었지만, 잘못된 정보에 근거해 완벽한 건강을 실현할 수 있는 특효약을 구매했다고 생각했기 때문에 퇴장하게 된 것이다. 닥터 앵글은 2~3개월간만 음식, 운동, 보충제 등으로 개입해 주면 장내 세균 상태의 큰 변화를 확인할 수 있게 된다고 말한다. 그리고 전반적인 삶의 질의 변화는 더 빨리 느끼기 시작한다고 한다. "저희가 정기 회원 프로그램을 진행하는 이유가 뭘까요? 물론 매출에 도움이 되기도 하지만 재검사를 해야만 장 환경 개선을 위한 여러 가지 요법이 효과를 발휘하고 있는지 확인할 수 있기 때문입니다."

익셀라의 정기 회원 프로그램은 한 달에 140달러에 운영되고 있다. 저렴한 비용은 아니다. 하지만 유기농 식품 코너에서 고급 프로바이오틱스 한 병을 사려고 해도 가격이 60달러에 육박한다. 저렴하지 않기는 마찬가지인 것이다. 익셀라의 장점은 프로바이오틱스가 건강관리를 위한 조언과 함께 배달된다는 것이다.

그리고 건강에 병적으로 관심이 많은 친구들이 이미 요가와 명상을 하고 하루에 30분씩 걷기 운동을 하고 있다 할지라도 모두가 그렇게 하고 있는 것은 아니다. 인간은 무언가의 필요성을 스스로 이해했을 때 지침을 잘 따르기 마련이다. 원인이 X이고 결과가 Y라면, 그리고 Y가 증진된 건강과 더 나은 삶이라면 대다수의 사람들은 (제정신이라면) 그런 결과를 얻을 수 있는 방법을 따르려 할 것이다.

여성 성인용품 사용의 마찰을 제거하는 '데임 프러덕츠'
여성의 오르가슴도 존중받아야 한다!

알렉산드라 파인은 여성들은 혁신적인 성인용품에 관심이 없을 것이라는 선입견을 바꿔 놓았다. 아무도 관계 맺고 싶어 하지 않는 성인용품 기업의 재정 마련을 위해 크라우드 펀딩 서비스를 이용하고 마찰 없는 마케팅을 위해 소셜미디어를 활용함으로써 그녀는 여전히 소외되어 있는 여성들에게 민주화와 성 평등을 가져다준 것이다.

알렉산드라 파인Alexandra Fine은 어른이 되면 섹스 치료사가 되고 싶었다. 많은 사람들이 그렇듯이 그녀 또한 성생활을 둘러싼 금기, 즉 예의를 지켜야 하는 사람들 앞에서는 성과 관련된 이야기는 해서는 안 된다는 사실에 사로잡혔다. "저는 섹스 치료사가 되는 게 제 관심사를 진정으로 인정해 주는 유일한 길이라고 생각했어요"라고 그녀는 말한다. 그 목적을 달성하기 위해 그녀는 컬럼비아 대학교에서 임상심리학 석사 학위를 취득했다. 교육의 유일한 문제라면, 그녀 자신이 다른 사람의 말을 잘 듣는 사람이 아니며 인내심이 매우 부족하다는 사실을 깨닫게 해 주었다는 것이었다.

파인은 결국 일자리를 찾아 전전하다가 뉴욕 스카스데일에 위치한 작은 생활용품 기업에 취직했다. 어린이 천연 샴푸를 판매하는 곳이었다. 그곳에서의 일은 콘셉트 잡기부터 제품화까지의 방법, 소싱, 유통 등을 배울 수 있는 소기업 경영을 위한 단기 집중 훈련 코스나 마찬가지였다. 그래서 그녀는 스스로 사업을 시작할 수도 있겠다는 생각을 하기에 이르렀다. 그리고 곧 그럴 수 있는 기회를 얻었다. 회사에서 해고되었기 때문이다.

데임 프러덕츠_{Dame Products}의 탄생은 숙명처럼 보인다. 파인은 삽입 섹스 중 안정적인 클리토리스 자극을 제공할 수 있는 초소형 바이브레이터를 착안했다. 그녀는 여성의 생식기에 편안하게 삽입되어 사용 중 빠지지 않도록 설계하기 위해 고심해야 했다. 자신이 25센트짜리 동전과 고무줄로 제작한 시제품보다 훨씬 나은 설계를 원했다. 그러기 위해서는 공학자가 필요했고, 여성 공학자라면 더 좋았다. "우리가 직접 시제품을 사용해 보고 그 경험을 토대로 제품을 개선해 나가야겠다고 생각했어요. 그래서 반드시 여성이어야 하는 것은 아니지만, 여성이면 분명히 도움이 되니까요."

하지만 자위 기구를 디자인하겠다는 제품 디자인 공학자를 찾는 일은 쉽지 않았다. 1년 반 동안 찾아다녔지만 마땅한 사람을 찾을 수 없어 거의 포기하다시피 한 어느 날, 누군가가 그녀에게 말했다. "요전에 당신과 함께 일하면 좋을 것 같은 사람을 만났어요." MIT 출신의 기계공학자이자 결국 파인의 공동 창업자가 된 재닛 리버먼_{Janet Lieberman}에게도 똑같은 일이 벌어졌다. 얼마 후 두 사람은 만났고 아침식사를 함께 했다. 그리고 첫 만남에서 사업 동반자의 관계를 맺기로 했다. 디인사이드에서 나도 공동 창업자인 브릿 번과 똑같은 일을 겪었다. 때로 당신은 찾던 사람을 만났다는 것을 그냥 알게 된다. 찰스와 레이 임스(미국의 디자인 역사에서 빼놓을 수 없는, 1900년대 중반에 활발히 활동했던 가구 디자이너 부부─옮긴이)처럼 실제로 결혼을 할 필요까지는 없다. 서로 같은 사명을 공유하고 있다는 사실만 확인한다면 그것으로 충분하다.

파인은 3D 프린팅을 독학했고 리버먼에게 자신이 만든 시제품을 사용해 보라고 건네주었다. 일주일이 채 지나지 않아 리버먼은 파인의 아마추어적인 실력으로는 6개월이 걸렸을 작업을 다시 해서 출시해도 될 정도의 시제품을 만들어 왔다. 더 작은 날개가 달려 있어 여성의 음부 내에서 고정할 수 있는 달걀 모양의 작은 바이브레이터였다. 두 창업자가 OXO의 부엌용품에서 디자인적 영감을 얻었다는 내용을 어딘가에서 읽은 기억이 난다. 제품을 보면 정말 그렇다는 것을 확인할 수 있다. 부엌 서랍장에 넣어 둔다 해도 그다지 눈에 띄지 않을 정도로 비슷한 느낌을 주기 때문이다.

만난 지 6개월이 되기도 전에 두 사람은 에바Eva라는 이름으로 상품을 출시할 준비를 마무리하고 인디고고Indiegogo에서 크라우드 펀딩을 시작했다. 그 결과 45일 만에 그들은 575,000달러의 자금을 조성했다. 회사 지분을 배당하지는 않고 상품 할인을 제공하는 것을 전제로 투자를 받았다. 2014년 공식적인 판매를 시작했는데, 초기 반응이 정말 좋아 데임 프러덕츠는 에바와 그 후속작인 에바 II를 10만 개 이상 팔았다. 이때 파인은 자신이 오랫동안 원했던 성에 대한 대화를 절실히 나누고 싶어 하는 사람이 아주 많을지도 모른다는 사실을 절감했다.

데임 프러덕츠는 상품 체험단 참여자가 부족하지 않았다. 그들이 에바를 디자인할 때는 고객 피드백을 기반으로 2밀리미터의 작은 수정도 마다하지 않았다. 더프와 그의 여자 친구 조이는 데임 프러덕츠의 체험단이었다. 그들은 다양한 섹스 체위 중 가장 완벽한 각도를 찾아내는 것을 도와주는 데임의 필로 웨지를 체험해 보았다. 우리가 파인에게 더프의 그런 인연으로 애초에 인터뷰를 요청하게 되었다고 하자 그녀는 "완전 환영해요!"라며 열렬히 반겨 주었다.

파인의 말에 따르면, 데임 프러덕츠의 신제품들 중 가장 훌륭한 제품 몇 가지는 고객들의 아이디어였다고 한다. 고객들은 그들의 커뮤니티에서 이렇게 서로 질문했다. "데임의 제품 중 가장 맘에 드는 것이 뭐였어요? 그 이유는 뭐죠?" 그리고 회원들이 올려놓은 이유를 한눈에 보기 좋게 정리해 놓기도 했다. "정성적 정보를 코드화하려고 노력했었죠. 하지만 지금은 그냥 시각화합니다. 저희 고객들은 성인용품과 관련해 앱을 사용하고 싶어 하지 않아요. 눈에 띄지 않게 설계된 단순한 제품을 원할 뿐이죠."

파인이 덧붙였다. "이는 중요한 말이에요. 성인용품을 가지고 있지 않은 것은 그것을 가지고 있어서 잠재적으로 피해를 일으킬 수 있는 것만큼이나 사회적으로 피해를 끼칠 수 있어요. 성생활에 대해 이야기하지 않음으로 해서 더 나아지지 않는 문제들도 있습니다."

두 번째 제품인 두 손가락 사이에 편안하게 씌워지는 핸즈프리 방식의 75달러짜리 바이브레이터 핀Fin을 출시할 때 그들은 킥스타터에서 394,000달러의 자금을 조성했고, 그 사이트를 사용한 최초의 성인용품 업체가 되었다. "사람들은 저희에게 아주 많은 성원과 피드백을 보내 줍니다. 고객들은 저희 상품 개발 과정에 참여하고 기업 사명을 공유하는 일에 열성적이에요. 성인용품은 특히나 여성용인 경우 입소문이 전부죠."

이것은 이중 잣대의 결과라고 한다. 어떤 이중 잣대를 말하는 것일까? 뉴욕시 교통공사에서는 남성의 성기를 상징하는 선인장을 보여 주는 남성 발기부전 치료제 광고는 승인한 것에 반해 지하철 광고로는 최초로 바이브레이터 광고를 내려고 했던 데임 프러덕츠의 시도는 단칼에 거절했다. 2019년 6월 데임 프러덕츠는 평등한 광고 경쟁의 장을 만들겠다는 취지에서 뉴욕 메트로폴리탄 교통공사를 상대로 맨해튼의 미국 연방 지방 법원에 소송을 제기했다. 하지만 뉴욕 메트로폴리탄 교통공사는 마음을 바꾸지 않을 것으로 보인다.

신성한 척하는 태도를 보이는 것은 뉴욕 메트로폴리탄 교통공사뿐만이 아니다. 페이스북 또한 데임 프러덕츠가 광고를 내지 못하게 했으며 트위터도 마찬가지였다. 〈뉴욕 타임스〉가 파인에 대한 기사를 냈을 때 그녀는 페이스북에 기사 링크를 올리고 "영광스럽게도 제가 〈뉴욕 타임스〉에 나왔어요"라고 적었다. 페이스북은 그것조차 차단해 버렸다.

사람들은 페이스북이 용감하고 젊은 여성 혁신가들의 글을 단속하기에 앞서 증오 글이나 가짜 뉴스를 먼저 사이트에서 걸러 내는 데 더 집중해야 한다고 생각하지만, 페이스북은 그런 식으로 사용자들을 혼란스럽게 만들고 있는 것이다. 역사상 가장 돈벌이에 혈안인 기업 중 하나이며 돈을 가진 누구에게라도 당신의 데이터를 팔 수도 있는 그들은, 그럼에도 불구하고 여성의 성에 관해서는 '논의 금지'인 것이다. 어쩔 수 없는 일이다.

파인은 말한다. "금기에 관해 정말 흥미로운 사실은 아무도 '오, 제 바이브레이터가 고장났어요'라는 말은 안 한다는 거예요. 다른 사람들이 어떻게 생각할지 항상 걱정하죠. 하지만 모든 사람은 기회와 도전이 결국 같은 것이라는 사실을 깨닫게 되죠. 모든 것은 금기와 그 금기를 깨뜨리는 일과 관련이 있어요."

파인의 말에 따르면, 결국은 '언론'의 문제로 귀결된다. "사람들이 저희 회사의 광고비를 원하지 않는다 해도 성에 관해서는 정말 이야기하고 싶어 합니다. 그래서 언론에서 성에 관한 재미있는 이야기가 나오면 널리 퍼지는 거죠." 메긴 켈리Megyn Kelly가 NBC 방송국에서 단기간 방송된 토크쇼에 파인을 초대했을 때, 파인은 '클리토리스 자극'이라는 표현을 공영방송에서 겨우 사용했다. "정말 짜릿했죠. 감사합니다, 메긴 켈리"라고 그녀는 말한다. 더 최근에 데임은 대다수의 최고 D2C 브랜드들이 입점해 있는 플랫폼으로 확장해 갔고, 그곳에서는 성과 관련된 별자리 운세와 자주 업데이트되는 블로그 글을 포함해 자신의 콘텐츠를 직접 생산하고 있다.

그렇다면 크라우드 펀딩을 이용하는 이유는 무엇일까? 세계 최대의 담배 기업들과 총기 기업들은 주식 투자자들이 많은 반면, 시장 자체가 심하게 고상한 척하는 관계로 최근까지 포르노 산업에서는 공개 기업이 단 하나밖에 없었다. 게다가 벤처 투자 업계는 고령의 백인 남성이 유난히 많은 업계 중 하나인데, 그들은 몇몇 20대 여성 창업자들과 여성 자위 기구에 대해 이야기하는 것을 불편하게 생각한다. 모든 상황이 과거보다 훨씬 나아진 것은 아니다.

"미투 캠페인이 확실히 긍정적인 방향으로 대화를 바꿔 놓긴 했지만 예전보다 오히려 더 불편해하는 사람들이 분명히 존재합니다. 그들은 이제 성에 관해, 특히 직장에서 연관되는 부분에서는 아주 혼란스러워하죠."

파인이 덧붙였다. "성관계를 즐기는 차원에서는 남성과 여성 사이에 즐거움의 차이가 큽니다. 그리고 이성애자 여성들이 즐거움을 느끼는 비율이 가장 낮아요." 그녀의 분석은 사실이다. 최근 조사에 따르면, 지난해 성관계를 전혀 즐기지 못했다는 남성의 수에 비해 그렇게 느끼는 이성애자 여성의 수는 그 4배에 달한다고 한다. "오르가슴을 느끼는 차이 또한 큽니다. 하지만 여성과 남성 모두 수치화할 수 있는 것만을 통해 판단하려고 하죠."

무엇이든 인터넷으로 주문할 수 있는 오늘날 성인용품 기업이 발 빠른 D2C 사업에 동참한다는 사실은 성인용품 구매자들의 사생활 보호가 필요하다는 점을 고려했을 때 놀랄 일이 아니다. 그러나 데임은 대량 구입에 관심을 보이는 어번 아웃피터스Urban Outfitters, 프리 피플Free People, 리볼브Revolve, 기네스 팰트로스 굽Gwyneth Paltrow's Goop 같은 고객들도 만나게 되었다. 데임은 아마존에서도 판매한다. 하지만 파인은 고객들이 편안하게 느끼는 어느 곳에서라도 그들을 만날 의향이 있다고 말한다. "저는 여러분이 건강한 성과 성의 즐거움, 그리고 성생활 기구를 재정의하고자 하는 데임 프러덕츠의 완전히 새로운 고객 경험을 누리시기를 바라요. 그것은 전통적인 포르노 숍에서 나누는 대화를 뛰어넘는 것입니다."

파인이 덧붙였다. "모두에게 해당되는지는 잘 모르겠지만 저희에겐 사실이에요. 이 회사를 시작했을 때 저희는 저희 목적을 위해 활동가가 되었죠. 어떨 때는 정말 힘들어요. 사람들이 금기가 정말 아무에게도 상처를 주지 않는다고 생각한다는 사실도 저희의 활동을 저해하는 세력에 포함되기 때문이죠. 하지만 금기는 사람들에게 상처를 줍니다." 업계의 비공식 단체인 '성 기술 산업을 지지하는 여성들Women of Sex Tech'은 그들의 노력에 대해 집단적 압력을 행사하기 위해 함께 일하고 있다.

마침내 파인은 사람들이 처음에는 조금 불편해할지도 모를 대화를 시작하기를 원한다. 필요하다면 그녀가 먼저 시작할 것이다. "에바 II는 약간 기대에 못 미쳤어요. 사람마다 몸에 잘 맞는 정도가 다르죠. 처음에 삽입할 때는 분명히 제자리에 머물러 있어요. 하지만 그 부분이 미끄러워지면 제자리에 고정시키기가 꽤 어려워요. 그래서 가끔은 그것을 빼내기 위해 말 그대로 재주넘기를 하다시피 할 때도 있죠."

알렉산드라 파인은 결국 어린 시절 자신이 원했던 전형적인 의미의 섹스 치료사가 되지는 못했다. 하지만 다른 형태의 섹스 치료사로서의 역할을 하고 있으며, 관련 석사 학위를 가지고 있는 다른 섹스 치료사들보다 훨씬 넓은 범위의 사람들을 상대하고 있다.

그것은 알렉산드라 파인이 단순한 활동가가 아니기 때문이다. 그녀는 개척가다. 지금까지 여성이 창업한 성인용품 기업이 몇 개나 되겠는가? 파인은 Z세대로부터 비난을 받고 있다고 한다. 그들에게 성은 환상이기 때문에 여성 중심적인 성인용품 기업 또한 환상이다. "네, 그건 괜찮아요. 하지만 여성들도 생식기관을 가지고 있어요. 그건 환상이 아니죠."

그렇다. 여성의 성은 환상이 아닌 현실이다.

개인 투자의 마찰을 제거하는 '스태시'
노후를 위한 1달러

브랜던 크리그는 저축과 재정적 책임을 행사하는 일에서 마찰을 제거했다. 스태시는 아주 단순하면서도 가치 사슬 안에 있는 모든 이들이 승리하게 해 준다.

2015년 브랜던 크리그Brandon Krieg는 이미 성공한 기업가였다. 그는 1996년 기관 투자가들이 소위 다크풀 거래에 (브로커를 통해서가 아니라) 직접 접근할 수 있게 해 주는 에지트레이드EdgeTrade를 공동 창업해, 2007년 나이트 캐피털 그룹Knight Capital Group에 매각했다. 나이트 캐피털 그룹에서 몇 년간 전자거래를 운영한 후 매쿼리 증권 그룹Macquarie Securities Group의 글로벌 전자거래 책임자로 자리를 옮겼다. 하지만 그의 내면에서는 무언가가 그를 괴롭히고 있었다. 특히 월스트리트가 자신의 투자 목표를 달성하려고 노력하는 소액 투자자들을 기본적으로 부당하게 대우한다는 사실이 그를 신경 쓰이게 했다.

에지트레이드에서 크리그는 거액 투자자들이 더 효율적으로 거래하는 것을 돕기 위해 기술을 활용했다. 그다음으로 그가 하고 싶었던 일은 비슷한 기술을 활용해 소액 투자자들을 돕는 일이었다고 그는 말한다. 하지만 그는 (결국 그의 공동 창업자가 된 에드 로빈슨Ed Robinson과 함께) 어떤 형태로 그 활동을 펼쳐야 할지 잘 몰랐다. 그래서 그들은 고민 끝에 거리로 나가 사람들에게 원하는 게 무엇인지 직접 물어보는 게 가장 좋은 방법이라는 결론에 도달했다.

크리그는 이렇게 회상했다. "돈이나 투자, 혹은 저축에 관해 사람들에게 물어볼 때마다 그들은 똑같이 대답했어요. '저는 그런 거 안 해요. 저축을 안 해서 투자를 할 수 없어요' 같은 답변들이었죠." 집요하게 묻자 거리의 사람들은 투자를 하지 않는 주된 이유가 할 수 있다고 생각하지 않기 때문이라고 답했다. 그 이유는 또 무엇이었을까? 자신이 '부자'가 아니라서였다. 다시 말해서, 노후를 위해 투자와 저축이 가장 필요한 사람들이 투자와 저축을 부자들만 하는 것이라 생각하고 하지 않고 있었던 것이다.

스태시Stash라는 이 기업은 금융 서비스에서 배제되어 온 약 1억 명의 미국인을 위한 디지털 투자 플랫폼으로, 세 가지 이해를 기반으로 세워졌다. 첫째, 미국 사회에서는 금융 교육이 심각하게 부족하다. 둘째, 모든 사람은 금융에 관한 조언을 받을 자격이 있다. 셋째, 저축 및 투자 계획을 세우는 최고의 방법은 습관 형성이다. 크리그는 말한다. "이는 체중을 감량하는 것과 똑같습니다. 내일 아침에 일어나서 갑자기 15킬로그램을 빼겠다고 결심하지는 않잖아요. 1킬로그램 감량부터 시작해서 성공하면 그걸 축하하고 몇 킬로그램을 더 빼는 식으로 단계를 밟아 나가죠. 그렇게 열심히 계속 하면 결국 15킬로그램을 감량하게 되는 겁니다. 투자에도 이와 똑같은 원칙이 적용되는 거예요."

스태시는 소액 투자자들이 일주일에 5달러 정도의 금액으로 작게 투자를 시작하는 것을 돕고 있다. 거기부터가 바로 출발점인 것이다. 대부분의 투자 플랫폼은 고객들에게 온전한 주식을 사라고 요구하는 반면, 스태시는 최소 5달러 투자가 가능하도록 주식 한 주를 여러 개로 쪼개 유동화하여 운용한다. 현재 스태시의 300만 명에 달하는 고객들이 오토스태시 애플리케이션을 통해 연평균 1,432달러를 투자하고 있다. 스태시는 개인연금Roth IRA과 개인 퇴직연금Traditional IRA 가입을 도와주는 스태시 은퇴 계획도 제공하고 있다. 그리고 혁신이 필요한 금융업계를 민주화하기 위해 주요 기술을 빌려 전체 과정에서 마찰을 제거했다.

목표는 그달 벌어 그달 먹고사는 80퍼센트의 미국인들이 월급의 일부를 따로 떼어 둘 수 있는 방법을 찾도록 돕는 것이다. 스태시는 그 일을 성공적으로 잘하고 있는 것 같다. 스태시 이용자의 84퍼센트가 투자를 처음 해 보는 사람들이다. 스태시의 스톡백 프로그램은 직불카드 고객들에게 월마트, 아마존, 스타벅스 등 다양한 기업의 주식으로 혜택을 돌려준다. 스태시 캐시백 프로그램은 주식이 아닌 현금을 다시 고객의 투자 계좌에 넣어 준다. 그리고 직불카드는 예상치 못한 수수료가 붙지 않는 은행 계좌와 묶여 있다. 마지막으로 스태시의 자녀 양육 서비스는 부모들이 18세 이하의 자녀를 대신해 양육 계좌를 만들어서 자녀들이 일찍 투자를 시작할 수 있도록 도와준다.

스태시의 존재 이유는 은행들이 소득 및 생활 수준이 낮은 고객들에 대해서는 무관심해 왔다는 사실 때문이라고 크리그는 말한다. "다음에 기회가 될 때 은행에 가서 (어떤 은행이든 상관없다) 이렇게 말해 보세요. '미래를 대비하기 위해 돈을 조금씩 넣어 두고 싶은데요. 50달러로 시작하고 싶습니다. 어떤 상품이 있나요?' 그리고 나서 어떻게 반응하는지 살펴보세요. 사람들에게는 이 문제를 도와줄 새로운 종류의 금융기관이 필요해요. 그것이 저희가 하고 있는 가장 중요한 일입니다."

또 다른 존재 이유는 다음과 같다. 당좌대월(마이너스 통장) 수수료가 미국에서만 200억 달러 규모의 사업이라는 사실을 생각해 보라. 스태시의 고객들은 현재 시중 은행에서 금융 수수료로 평균 연간 약 360달러를 지불하고 있고, 그들 중 30퍼센트는 한 달에 70달러 이상을 지불하고 있다. 이는 결국 무엇을 의미하는가? 스태시가 고객들의 계좌에서 돈을 걷어 갈 방법을 끊임없이 궁리하는 전통적인 은행들에 맞설 준비를 하고 있음을 의미한다.

크리그와 로빈슨도 자신들의 배를 불리기 위해 그렇게 수수료를 징수하고 있는 걸까? 그렇지 않다고 크리그는 말한다. 그들의 고객들은 애초에 돈이 많지 않기 때문에 스태시를 경영하면서 자산 확대에 집중하고 있지 않다는 것이다. 그가 스태시에서 정말 하고 싶지 않은 일은 고객들의 쌈짓돈을 이용해 많은 이득을 취하려는 행위다. 그보다 스태시는 고객들에게 정기 회원 회비를 징수해서 돈을 벌고 있다. 5,000달러 이하의 계좌에서 한 달에 1달러만 받고 있다. 그 이상의 금액을 가지고 있는 이들에게는 자산의 0.25퍼센트를 회비로 받고 있다.

역설적이게도 크리그가 부당하게 혜택을 누리고 있다고 생각하는 당사자인 기관 투자가들이 스태시가 추구하는 사명에 동조하고 나섰다. 창립 이후 스태시는 코투 매니지먼트Coatue Management, 유니언 스퀘어 벤처Union Square Ventures, 굿워터 캐피털Goodwater Capital 같은 투자 기업들에게 1억 1,600만 달러 이상을 투자받았다.

경영이 항상 순조로웠던 것은 아니다. 크리그와 로빈슨은 아주 작은 실수들을 허용하자는 철학을 수용하는 한편 회사가 실수를 통해 빨리 배워 나가도록 하기 위해 데이터 과학에도 의존하고 있다. 때로는 기업의 사명도 변하기 마련이지만 이것만큼은 굳건히 지켜 나갈 것으로 보인다. '경제적으로 형편이 어려운 이들이 한 달에 1달러로 은퇴를 대비해 저축하도록 돕는다'는 사명 말이다. 브랜던 크리그는 원한다면 아주 작은 실수들을 저지를지도 모른다. 하지만 그 결과 큰 차이를 만들어 낼 것이다.

8장

마찰을 제거한 시스템

1970년에 경제학자 밀턴 프리드먼은 〈뉴욕 타임스 매거진〉에 '비즈니스의 사회적 책임은 수익을 높이는 것이다'라는 제목의 글을 쓴 적이 있다. 그의 주장은 주주 자본주의의 기습 공격이 시작되었음을 알리는 포성이었다. 최고로 훌륭한 유형의 CEO는 사회적 양심에 눈뜬 인물이라는 20세기 중반의 시각을 무시한 프리드먼은 그런 경영자는 자본주의 체제를 전복할 가능성이 매우 높다고 주장했다.

프리드먼은 여전히 역사상 가장 훌륭한 경제학자 중 한 명으로 기록

되어 있지만, 이 생각만큼은 오랫동안 사회적 지탄을 받아 왔다. 심지어 재계와 학계에서도 반대 여론이 거셌다. 〈하버드 비즈니스 리뷰〉 2017년 5/6월호에서 하버드 경영대학원 교수 조지프 바우어Joseph Bower와 린 페인Lynn Paine은 '기업 리더십의 핵심적 오류'라는 제목의 논문을 발표했다. 여기에서 그들은 프리드먼의 관점은 구식일 뿐만 아니라 잘못됐다고 주장한다. "기업들이…… 사회적 책임을 질 수 없으며 그 사회적 문제는 비즈니스의 영역을 넘어서는 것이라는 (그래서 정부에 맡겨져야 할 부분이라는) 주장은 수많은 위험 요인과 기회들에 영향을 미치는 것은 말할 것도 없고 기업 경영자들의 눈을 가려 시야를 협소하게 만든다."

미국 최고 경영대학원의 훌륭한 입장 선회다. 그러나 그런 결론에 도달한 것은 하버드 경영대학원이 전체 사회적 분위기를 따라간 것일 뿐이었다. 주주들을 만족시켜야 한다는 압박감이 어느 때보다 강한 요즘이지만, 현재 가장 성공적인 수많은 스타트업의 창업자들은 기업의 수익과 사회적 책임이 서로 대립되는 목표가 아니라는 인식을 자신들의 것으로 받아들이고 있다. 그 둘은 모두 필수적이며, 어떤 이들은 둘 다 의무적으로 추구해야 할 일이라고까지 말할 것이다. 기관 투자자들 또한 점점 더 많은 수가 그런 입장을 취하게 되었다. 이른바 '임팩트 투자자'들은 주주의 수익만 추구하는 것이 아니라 주주의 수익과 사회적 책임 모두를 추구하는 기업에 투자한다.

결론은 1970년 프리드먼의 그릇된 주장만큼이나 분명하다. '오늘날 당신은 그냥 사업을 시작할 수 없다. 그것이 가져올 사회적 파장 또한

고려해야 한다.'

그런데 가구 업계에서는 그것이 그렇게 직관적으로 받아들여지기 힘들다. 우리 회사는 큰 가구들을 판매하기 때문에 이렇게 자문해야 한다. "정말 실질적인 영향력을 미치기 위해서는 어떤 일을 하면 좋을까? 판매 수익의 일부를 기부해야 할까? 아니면 반품된 가구들을 모두 노숙자 쉼터로 보내 줘야 할까?" 우리가 최종적으로 어떻게 결정하든 사회적 선을 행해야 한다는 요구는 명령이다. 과거에는 기업 설립의 부차적인 목적으로 넣을 것인지를 고민했던 사항들이지만, 지금은 그것을 아예 기업을 경영하기 위한 판돈의 일부로 봐야 한다.

디인사이드에 대해 최근에 호의적인 기사를 썼던 기자가 우리가 제품을 너무 많이 생산해 발 빠른 패션 업계의 가구 버전으로 경쟁에 나섰다고 지적하면서 이전 기사의 내용을 모두 번복하는 일이 발생했다. 그것은 틀린 분석이었다. 우리는 시장에 디자인 트렌드를 선보이는 데 '발 빠르다'. 하지만 그 상품들이 판매될 때까지 상품을 만들지 않는다. 그러므로 팔리지 않을 상품을 많이 생산하고 있는 것이 아니다. 팔리지 않는 상품은 어떤 것도 생산하지 않을 것이다. 우리는 발 빠르고 책임감 있으며, 상품으로 가득 차 있는 물류 창고 없이도 무한대의 상품을 제공할 수 있다. 물론 섬유 산업은 환경에 대한 파급력이 대단한 것으로 유명하다. 그러나 최근의 새로운 제조 기술은 환경과 소비자의 건강 모두를 고려한다. 아주 놀라운 성과라 하지 않을 수 없다.

밀레니얼 세대는 자신이 몸담고 있거나 고객 또는 파트너로서 함께 비즈니스를 하는 기업들에게 사회적 책임을 요구하고 있다. 딜로이트의 조사 결과에 따르면, 밀레니얼 세대의 42퍼센트가 해당 기업의 상품이나 서비스가 사회에 긍정적인 영향을 미치고 있다고 여겨지는 경우그 기업과 비즈니스 관계를 맺거나 관계를 더 발전시켰다고 답했다. 더나아가 37퍼센트는 해당 기업의 윤리적으로 의심스러운 행태로 말미암아 비즈니스 관계를 중단하거나 줄였다고 답한 것으로 나타났다. 할리우드의 거물 영화제작자 하비 와인스타인Harvey Weinstein의 행태를 폭로해 폭발적인 반향을 불러일으킨 〈뉴욕 타임스〉의 기사를 시작으로언론들이 얼마나 발 빠르게 성추문에 연루된 남성들을 요직에서 물러나게 했는지 알면 놀랄 것이다.

그리고 당신의 기업이 성공하면 성공할수록 수익 추구를 훨씬 뛰어넘는 기업의 윤리 강령을 지키라는 고객들의 압력은 더욱 거세진다. 〈이코노미스트Economist〉는 2017년 11월호에서 다음과 같이 밝혔다. "특히 다국적 기업들은 세계화에 대한 지지 입장과 환경보호, 인종의 다양성, 동성애자 권익 보호 같은 더 폭넓은 사회적 목표에 대한 지지 입장을 연결시킬 가능성이 더 높다. …… 아직 소수이긴 하지만 점점 더 많은 기업이 단순한 수익 추구 이상의 더 광범위한 목표를 선언하며 새로운 기업 목표를 추구하고 있다. 우리는 지난 10년 동안 투자자들을 위해서뿐만 아니라 사회를 위한 특정 목표 달성을 위해 일하는 '베네핏 기업benefit corporations'의 탄생을 지켜보았다. 이런 베네핏 기업은 전 세계적으로 2,300개 이상 존재하며 미국에 가장 많다."

그리고 베네핏 기업은 그저 옳은 것을 말하고 행동하는 것만이 다가 아니다. 위선이 밝혀지면 그에 대한 처벌은 즉각적이고도 혹독하다. 2017년 12월 매트리스 스타트업 캐스퍼는 나비스톤NaviStone이라는 업체에서 제공받은 소프트웨어를 사용해 고객들의 신상을 알아내기 위해서 캐스퍼 웹사이트 방문자들의 정보를 불법적으로 수집해 온 것으로 밝혀져 소송에서 불리한 상황에 처해 있다.

캐스퍼의 경영진은 자사의 온라인 광고 활동이 업계 기준을 준수하고 있다며 혐의를 부인했다. 하지만 그것만으로는 충분하지 못했다. 나비스톤의 활동이 2017년 초 철저히 조사를 받게 되자 웨이페어와 로드 스칼러Road Scholar 등의 기업들은 나비스톤의 소프트웨어 사용을 중단했다. 앞으로도 단잠을 자기를 원한다면 캐스퍼 역시 적극적으로 대응하는 모습을 보여야 할 것이다.

캐스퍼는 고객 정보를 불법적으로 수집해 왔다는 오명을 벗기 위해 변명하느라 2017년 대부분의 시간을 쏟았다. 잘못된 소프트웨어 사용 외에도 캐스퍼의 실책은 또 있었다. 몇 개월 전 캐스퍼의 경쟁사가 자금을 댄 사실을 숨겼다는 이유로 몇 개의 매트리스 후기 사이트를 고소한 캐스퍼는 그 후 완전히 입장을 달리해 그 사이트 중 하나인 슬리포폴리스를 매입하는 데 자금을 지원한 사실이 밝혀졌다. 캐스퍼도 얼마 전 자신들이 고소한 회사들과 비슷한 부정행위에 가담할 가능성이 농후한 것이다.

물론 스타트업 부정행위의 전형적인 예는 우버의 경우다. 우버의 비윤리적 사업 관행에 관한 뉴스는 대수롭지 않은 수준으로 시작했지만, 2017년 중반에는 연달아 충격적인 사실들이 걷잡을 수 없이 폭로되면서 큰 파장을 불러일으켰다. 우버는 창업자들 모두에게 많은 교훈을 준다. 첫 번째는 리더십이 조직 실패의 근본적인 원인이라는 것이다. 오늘날에는 기업 활동을 오점 없이 해야만 한다. 말로만은 충분치 않다. 이 부분은 소비자들에게 정말 중요하게 작용한다. 따라서 스스로 끊임없이 자문해야 한다. "우리가 우리의 기업 가치에 맞게 행동하고 있는가?"

누구도 당신의 스타트업에게 세상을 구제하라고 요구하지는 않는다. 그리고 당신은 회사의 사회적 사명을 스스로 자유롭게 정해 나갈 수 있다. 위선적인 행동만 하지 않으면 된다. 소비자들은 사회적 사명을 다하는 기업들에게 보상해 주려고 하는 만큼 그렇지 않은 기업들 또한 처벌할 것이기 때문이다.

그 영향력은 생각보다 더 멀리까지 미칠 수 있다. 소비자들은 점점 더 특정 기업의 상품을 구매함으로써 만족감을 느끼고 싶어 하며 기업들에 그것을 요구한다. 심지어 이는 상품 자체에 대한 만족감을 말하는 것이 아니다. 소비자들이 구매하는 상품뿐만 아니라 상품을 구매함으로써 스스로 자신이 어떤 사람이라고 느껴지는지에 관한 것을 말한다. 이것이 새롭게 퍼져 나가고 있는 (기업과의 관계 속에서 만들어지는) 커뮤니티의 개념이다.

좋은 사업을 하는 동시에 좋은 일을 할 수 있을까? 물론 할 수 있다.

하지만 당신이 몰랐던 사실을 말해 주려는 것이 아니다. 대다수의 사람들은 품위와 수익이 나란히 병존할 수 있다는 사실을 잘 알고 있다. 다음에 만나 볼 기업인들이 현재 그렇게 하고 있는 다양한 예를 보여 줄 것이다.

두 가지 목표는 어쨌든 상호 배타적이라는 유해한 생각이 역사적으로 인류의 운명과 지구 자체에 최악의 기여를 한 서구 자본주의로 이어져 왔는지도 모른다. 감사하게도 자본주의의 가장 완고한 구성원들만이(학계의 심복들을 포함해) 아직도 그런 생각을 버리지 못하고 있다. 2019년 8월 비즈니스 라운드테이블Business Roundtable(미국 200대 기업 최고 경영자로 구성된 협의체-옮긴이)은 주주의 이익이 다른 모든 사람의 이익에 앞선다는 생각을 버렸다는 내용을 골자로 하는 공동 성명을 발표했다(이에 대해 더 자세히 알고 싶다면 더프의 저서 《골든 패스포트》를 참고하라. 기업들의 180도 변한 입장에 대한 그의 반응은 "그렇게 변할 때가 되었다"는 것이다).

마찰 제거의 영향력은 편협한 자본주의자들이 한 세기도 넘게 차고 있었던 족쇄에서 벗어나 뭔가 가치 있는 일을 하고자 하는 욕구를 해방시켰다. 당신은 일을 하면서 좋은 일을 할 수 있으며, 좋은 일을 하루 종일 할 수도 있다. 그렇게 하겠다고 선택하기만 하면 된다.

그와 비슷한 맥락에서 나는 능력 있는 여성 리더들이 마침내 그들의 시대를 맞이하고 있다는 사실을 인정할 수 있게 되어 아주 기쁘다. 이 책에 등장하는 여성들은 그 사실을 확실히 입증해 주는 증인들이다.

(적어도 여성들 사이에서) 공공연한 비밀 중 하나는 많은 사업에서 여성

들이 그들의 남성 사업 파트너보다 더 일을 잘한다(혹은 더 잘할 수 있다)는 사실이다. 물론 모든 여성이 다 그렇다는 말은 아니다. 일반화는 어떤 경우에서든 좋지 않다. 다만 나는 사업에서의 능숙도와 역량, 그리고 그것을 어디서 발견할 수 있는지에 관해 이야기하고 있는 것이다. 과거에는 그런 역량을 여성에게서 찾기 힘들었다. 하지만 정보 소통이 자유로워지면서(마찰이 제거되면서) 현재 가장 능력 있는 사업가들 중 일부가 여성이라는 사실을 부정하기 어려워졌다.

이 장에 실린 인터뷰들은 이 책에서 가장 흥미로운 프로젝트에 동참하고 있는 사람들의 이야기를 담고 있다. 앞서 등장하는 세 기업은 우리에게 가장 시급한 당면 문제들 중 하나인 기후변화와 식량 문제를 해결하기 위해 노력하고 있다. 지구를 파괴하지 않고 어떻게 인류의 식량 문제를 해결할 수 있을까? 이는 중요한 문제다. 마지막 네 번째 기업은 우리 모두의 더 나은 삶을 위해 시스템적 차원의 문제 해결을 도모하고 있다. 우리의 노력에 대해서도 그렇게 말할 수 있다면 좋겠다. 나는 각각의 기업의 노력에 경외감을 감출 수 없었다.

실내 농장으로 전통 농업의 마찰을 제거한 '플렌티'
우주선에 그걸 놓을 수도 있나요?

마찰을 제거한 예로 수직 농장보다 더 좋은 예는 찾아보기 힘들 것이다. 맷 바너드와 플렌티는 흙과 농약, 환경오염, 다른 농작물의 피해 없이 맛있는 먹거리를 재배할 수 있도록 만들고 있다. 어떤 아이디어들은 너무나 혁명적이어서 누군가의 호응이 없으면 현실화할 수 없다. 플렌티도 바로 그런 아이디어 중 하나였을 것이다.

맷 바너드Matt Barnard의 직원들은 그가 창업한 수직 실내 농장 사업인 플렌티Plenty를 위해 최근 진행한 투자 유치 활동 중 그가 가장 마음에 들어했던 기업 실사 질문이 적혀 있는 티셔츠를 그에게 만들어 주었다. "제 우주선에 그걸 놓을 수도 있나요?"

이 질문은 농담이 아니었다. 플렌티의 투자자들 중에는 실제로 우주선을 소유하고 있는 이가 있다. 바로 제프 베이조스다.

바너드는 자신을 현재의 위치로 이끌어 준 세 가지 요인이 있었다고 말한다.

첫 번째는 급수 시설이다. 바너드는 항상 시스템 차원의 거대한 변화에 매력을 느꼈다. 그는 수년 동안 지구상의 급수 시설 문제에 집요하게 매달렸고, 언젠가는 수자원 기술에 투자하는 사모펀드 투자자를 모집하기까지 했다. 급수 시설 문제를 종식시키기 위한 것이었다. "가장 우려스러운 것은 급수 시설의 대단히 심각하고도 장구한 역사적 문제들 사이의 불균형과 그것에 대한 사회적 의식 수준이 너무 낮다는 거예요. 사람들은 여전히 아무 생각 없이 자유롭게 자원을 사용하죠."

바너드가 사모펀드 투자자를 모집하면서 배운 것은 농업이 물 사용의 70~80퍼센트를 차지하기 때문에 급수 시설에 관한 문제를 해결하고자 한다면 농업 문제부터 해결해야 한다는 사실이었다.

바너드는 식량 문제에도 집요하게 매달렸다. "저는 요리를 아주 좋아해요. 음식과 사람들을 연결시키는 방법을 찾는 것을 좋아합니다. 저는 디너파티를 퍼즐처럼 바라보는 경향이 있죠." 바너드는 위스콘신의 한 농장에서 자랐다. 가족들은 사과와 체리를 상업적으로 팔았고 개인 소비용으로 거대한 정원을 소유하고 있기도 했다. 그들이 상점에서 농산물을 살 때면 그의 반응은 항상 똑같았다. "이건 도대체 뭐죠?" 수년 동안 그는 자신이 위스콘신에서 재배하지 않는, 그래서 식료품점을 통해서만 얻을 수 있고, 그래서 정원이 아닌 식료품 가게 통로의 맛이 나는 토마토나 수박을 좋아하지 않는다고 생각했다.

그리고 또 한 가지 요인은 건강 문제였다. 수년 전 바너드는 치료법이 없는 것으로 알려져 있는 자가면역 질환을 진단받았다. 그러나 신선한 채소 위주의 식단을 시작하면서 그는 완전히 그 질환에서 벗어날 수 있었다. 몇 년 뒤 그의 아내가 희귀성 유방암 4기 삼중양성 진단을 받았고 의사는 치료를 위해 노력해 볼 가치가 없다고 말했다. 80퍼센트의 환자들이 5년 내로 사망에 이른다는 질병이었지만, 바너드의 아내는 현재 완전히 건강을 회복한 상태다. 그녀는 치료에도 호전 반응을 보였는데, 부부는 그녀의 식습관이 바뀐 것도 한몫했을 거라고 믿고 있다. 그들은 염증 유발 식품을 줄이고 채식 위주의 식단을 실천했다. "음식이 약입니다"라고 그는 말한다.

시스템 차원의 문제 해결로 다시 돌아가 보자. 바너드는 현재 세계 식량 시스템은 약 20억 명의 인구를 먹여 살리기 위해 마련된 것이라고 지적한다. 그렇다면 문제는 무엇인가? 지구상에는 75억 명의 인구가 살고 있다는 것이다. 바너드와 플렌티의 공동 창업자 네이트 스토리Nate Storey가 식량 시스템 개선을 위해 필요한 기술을 찾아내려고 (농장에서 각 가정까지 공급되는) 글로벌 식품 공급 사슬에 관한 프로젝트에 착수했을 때 그들은 실내 수직 농장에 대해 알게 되었다. 2014년 그들은 구글 사옥 내에 농장을 조성해서 사내 카페에 재배 작물을 공급했다. "주방장들은 저희 식재료를 아주 좋아했죠. 수직 농장 작물들은 일반 작물들보다 유통기한이 3~4배 길어요. 더 적은 양을 조리해서 더 적게 폐기하게 되니까 사람들은 음식을 더 맛있게 즐길 수 있었죠." 바너드의 말이다.

초기 사업 콘셉트 시연으로 이보다 강력한 것은 없을 것이다. 구글 사람들은 우리 몇 사람 앞에서가 아니라 많은 사람들 앞에서 그들의 투자 여부를 판단할 수단을 가지고 있었던 것이다. 그 후로 플렌티는 영양가 높은 식품을 더 많은 식료품 매장에서 소득 수준과 상관없이 더 많은 사람에게 제공할 수 있는 대규모 농장 시스템으로 발전했다. "영양소가 풍부한 다양한 음식을 먹는 식습관은 더 건강하고 행복하게 오래 사는 것과 아주 밀접한 상관관계가 있어요. 저희가 문제를 해결하고자 하는 방법이 바로 그것입니다."

플렌티는 500여 종의 농작물을 재배 실험했다. 현재는 케일, 다채, 겨자잎을 비롯해 약 12종의 농작물을 판매하고 있다. 그들은 두 개의 재배 시설을 갖추고 있는데, 사우스 샌프란시스코 공항 근처에 하나가 있고 와이오밍에 또 하나가 있다. 와이오밍의 재배 시설은 세계 최대의 인공지능 농법 훈련 센터라고 한다. 그 시설에서 그들은 수확량과 에너지 소비, 맛을 최적화하며 식물들을 더 효율적으로 기르는 방법을 배우고 있다. 그의 계획은 비용을 가능한 한 낮게 유지하면서 전 세계에 이 농장을 보급하는 것이다.

바너드는 농업은 제조업이며, 농작물을 야외에서 경작하건 비닐하우스를 이용하건 완전히 실내에서 하건 중요하지 않다고 말한다. 모두 똑같은 제조라는 것이다. 제조업에 비유해 표현하자면, 야외 농사는 지붕이 없고 통제가 되지 않는 공장을 운영하는 것이므로 어렵다. "그래서 저희는 완벽한 통제권을 갖기 위해 농사를 실내로 들여왔습니다"라고 그는 말한다. 그리고 그들은 식물 재배를 실내에서 하는 것이 야외 밭에서 하는 것보다 훨씬 효율적일 수 있다는 사실을 발견했다. 훨씬 빨리 더 맛 좋고 영양가 높게 재배할 수 있는 것이다. 그래서 플렌티가 지역 농장과 수많은 농작물을 두고 정면으로 경쟁하는 걸 본 적이 없는 것이다. 현재 야외에서 경작되는 농작물들은 안정성과 신뢰성, 환경 변화에 대한 회복력 같은 특성 때문에 선택받는다. 반면 플렌티는 맛과 영양 때문에 선택받는다. "완전히 다른 기준을 가지고 최적화에 힘쓰고 있는 거죠"라고 그는 말한다.

내가 그에게 버클리에서 맛본 상추 맛이 아주 깨끗하고 살아 있는 독특한 맛이었다고 말하자 바너드는 놀라지 않았다. "그렇게 말씀하시니 재미있네요. 저는 음식 맛을 '깨끗하다'고 묘사해 본 적이 없는데, 많이들 그렇게 말씀하시네요. 일반적인 반응입니다."

샌프란시스코에서 미슐랭 별 세 개를 받은 레스토랑 아틀리에 크렌을 경영하는 도미니크 크렌Dominique Crenn이 플렌티 공장을 방문했을 때, 바너드는 그녀가 처음에 매우 미심쩍은 태도로 왔다고 말한다. 하지만 그녀는 공장을 떠나며 "케일에서 어떻게 이런 맛이 나게 할 수 있죠? 저는 케일 맛이 싫어서 원래 안 먹는데, 이건 정말 맛있네요"라고 말했다.

그렇다면 실제로 우주선에 수직 농장을 놓을 수 있을까? 바너드는 말한다. "특별히 그렇게 하려고 해 본 적은 없어요. 그렇지만 전력과 물, 영양소 공급만 가능하다면 어디서든 재배할 수 있습니다." 그는 플렌티가 (지중해나 캘리포니아처럼) 야외 밭에서 재배하는 것이 아주 생산적인 몇 지역에서 과일과 채소 생산 장소를 확대하고 과일과 채소 생산지가 아닌 곳에서는 생산이 가능하도록 해 줌으로써 이 지구상에서 가장 중요한 영향을 미칠 수 있다고 생각한다.

플렌티의 재배실은 어떤 모습일까? '벽면'을 이용해 작물들이 옆으로 뉘어져서 재배되는, 40미터 길이에 5미터 높이의 길을 떠올리면 된다. 이는 축구장 절반 길이이며 2층짜리 건물 높이에 해당된다. 플렌티는 하이브리드 토양과 수경 재배법, 수기경 재배법을 이용하기도 한다. 식물의 광합성 과정을 최적화하기 위해 데이터과학과 머신 러닝 기술도 적용하고 있다. 그리고 옮겨심기와 수확에는 자동화와 로봇공학도 이용된다(야외 농장에서 트랙터가 하던 역할을 실내 농장에서는 로봇공학이 담당하는 것이다). LED 불빛을 사용함으로써 식물에게 빛의 스펙트럼에서 밝기, 조광 시간에 이르기까지 '이상적인' 빛을 제공할 수 있게 되었다고 바너드는 말한다. 또한 사물인터넷IoT 센서 기술과 클라우드 컴퓨팅을 접목해 어디서든 농장 운영을 가능하게 할 수도 있다.

바너드가 모든 기술 유행어(데이터과학, 머신 러닝, 로봇공학, 사물인터넷, 클라우드)를 한 회사에 총집결시켜 놓은 것처럼 보였다면 제대로 본 것이다. 하지만 그는 생산적인 목적을 위해 그 기술들을 이용한 것이다. 그들이 처음으로 구글 사옥에서 농장 시범 운영을 시작했을 때 한 해 동안 11회의 작물 주기를 달성했다(그에 비해 옥외 농장의 상추는 작물 주기가 1회다). 현재는 작물 주기가 30회 이상이다. 그 모든 기술이 상업화가 가능할 정도로 가격이 내리자 4년 전 바너드는 플렌티의 잠재력을 보게 되었다. 2년 전 상업화가 가능하다고 보았고, 지금은 상업적으로 확대가 가능하다고 보고 있다.

이것이 농업의 미래일까? 플렌티는 농부들에게 밭에서 허리를 굽히고 일하는 대신 숙련된 기술자이자 공학자이자 물류 전문가가 되라고 요구하고 있다. 여전히 작물을 돌볼 '재배자'는 필요하다. 하지만 대다수의 실내 농장 일꾼은 단순한 재배자가 아니라 기술자이자 공학자이자 물류 전문가로서 한 단계 진보한 형태로 작물을 관리한다. 바너드는 티그리스Tigris라는 이름의 플렌티 농장 최신 버전은 현재의 농장들이 재배할 수 있는 잎채소 양의 350배 이상을 생산하고 있다고 말한다.

따라서 기술 전문가들이 플렌티의 가장 열성적인 후원자라는 사실은 놀랄 일이 아니다. 플렌티는 제프 베이조스와 전 구글 CEO 에릭 슈미트에게 후원을 받았을 뿐만 아니라 소프트뱅크로부터 2억 달러의 투자를 받았다. 트위터의 전 최고 재무 책임자CFO 마이크 굽타는 플렌티의 최고 재무 책임자로 합류했다.

플렌티는 전 세계 유기농법 농부들의 친구일까, 적일까? 바너드는 말한다. "우리는 복잡한 관계예요. 그들은 저희를 위협이자 조력자로 보죠." 세계 최대의 잎채소와 베리류 재배업자들 중 일부는 생산 능력의 물리적 한계로 인해 플렌티 농장의 네트워크 사용 가능성을 타진해 왔다. 그와 동시에 버몬트주의 독립 농부들 단체는 미국 농무성USDA에 플렌티가 세계 유일의 유기농법 실내 재배업자라는 인증을 박탈해 달라고 요구했다.

그럼 다시 물 문제로 돌아가 보자. 바너드의 말에 따르면, 플렌티는 전통적인 농법이 사용하는 물의 5퍼센트 이하를 사용하며 1퍼센트 이

하의 토양을 사용한다. 당신은 실내 재배가 식량과 물, 기후 문제에 대한 해답이라고 생각하지 않을 수도 있다. 하지만 그런 생각 여부와 상관없이 앞으로 실내에서 재배되는 과일과 채소의 비중이 점차 늘어날 것이라는 점은 믿어도 좋다. 바너드의 야심 또한 만만치가 않다. "아마존이 이렇게 많은 사람에게 영향을 미치는 자리에 오르기까지 25년이라는 시간이 걸렸죠. 플렌티가 그 정도로 성장하는 데는 그리 오랜 시간이 걸리지는 않을 겁니다."

친환경 먹거리의 마찰을 제거한 '더뉴팜'

위기의 환경에서 벗어나 건강하게 먹고 삽시다!

더뉴팜의 브렌트 프레스턴과 질리언 플라이스는 사람들이 지구와 사이좋게 소통할 수 있도록 마찰을 제거하고 있다. 그들의 고귀한 의지를 만나 보자.

15년 전 브렌트 프레스턴Brent Preston과 질리언 플라이스Gillian Flies는 주변에서 흔히 볼 수 있는 평범한 커플이었다. 기후변화의 위협이 높아지고 있다는 사실을 인식하고 있으며 개인의 노력(쓰레기 재활용, 비닐봉지 사용 안 하기)이 아무것도 변화시키지 못하고 자기중심주의를 넘어서지 못할까 봐 두려워하는 도시의 전문직 종사자들이었다.

그러다 그들은 마침내 그런 진퇴양난을 타개할 결정을 내렸다. 미디어와 국제 개발 분야의 잘나가는 직장을 박차고 나와 유기농 농장을 시작하기로 한 것이다. 프레스턴은 아주 흥미로운 자서전《더뉴팜: 건강한 음식 혁명의 최전선에서의 10년The New Farm: Our Ten Years on the Front

Lines of the Good Food Revolution》에서 그들의 여정을 상세히 기록하고 있다. 유명한 레스토랑 경영자 다니엘 불뤼Daniel Boulud는 이 책을 '우리의 푸드 시스템이 어떤 방향으로 나아갈 수 있고 어떠해야 하는지에 대해 통찰을 주는, 열정적인 농부의 솔직 겸손하고도 재미있는 이야기로 반드시 읽어야 할 책"이라고 극찬했다.

그러나 불뤼의 설명에서 가장 결정적인 부분은 '나아갈 수 있고 어떠해야 하는지'이다. 문제는 우리가 그럴 수 있고 그래야 한다고 해서 우리가 반드시 그럴 것은 아니라는 점이다. 플라이스는 2018년 후반에 TED 강연에서 '우리는 위기의 환경에서 벗어나 더 건강하게 먹고 살 수 있다'라는 주제로 이야기했다. 그녀는 기후의 미래와 더 나아가 인류애에 대해 언급했다. 그 강연을 한번 찾아서 보시라. 그러면 당신은 희망과 절망 사이를 넘나드는 자신을 발견하게 될 것이다. 그 내용을 역순으로 살펴보면 다음과 같다.

절망의 근거

- 우리가 오늘날 전 세계 탄소 배출을 100퍼센트 중단한다면 대기 중 이산화탄소 농도를 1970년 수준으로 회복시키는 데 200년이 걸릴 것이다. 자그마치 200년이다.
- 전 세계 30퍼센트 이상의 농경지는 '사막화'되었다. 잘못된 농법으로 인해 곡식을 경작하기에 적합한 농경지에서 불모지로 바뀌었다.
- UN은 현재의 농법을 지속한다면 지구상의 나머지 농경지도 심하게 노

후화하거나 파괴되어 수확이 가능한 농경지는 60개도 남지 않게 될 것으로 추산하고 있다.

희망의 근거

- 토양에서 대기로 방출되는 탄소의 흐름을 역전시킬 수 있는 기술들이 개발되고 있다.
- 새로운 농법들로 인해 경작 면적은 줄어들고 화학비료 사용도 사라지고 가축들을 사육장에 가둬 기르기보다는 방목할 수 있는 환경이 조성되는 등 농부들의 노동량은 늘어나기보다는 줄어들고 있다.

그런데 왜 그런 일이 아직 일어나지 않는 걸까?

문제 #1 : 더 적은 투입으로 더 많은 양을 산출하게 된 농부들은 분명히 많은 돈을 벌게 될 것이다. 하지만 다른 사람들은 그 농부를 통해 버는 돈이 더 적어질 것이다. 농가의 시스템은 농약 및 농기계 제조사, 유전자 변형 종자 제조사 등 수많은 사람이 농부에게 수익을 얻도록 구축되어 있다.

프레스턴은 이렇게 설명한다. "이런 기술들이 더 빨리 대규모로 상용화되지 못하는 근본적인 원인은 그것이 본질적으로 저투입 시스템이기 때문입니다. 그리고 우리는 농사에 투입되는 상품들을 팔아서 남는 수익에 의존하는 농업 시스템을 가지고 있죠. 만약 미래의 시스템이 그

투입 상품들을 필요로 하지 않는 것이라면 돈을 가진 누구라도 그 시스템을 지지하기 어려울 거예요."

문제 #2 : 대다수의 농부들은 어쨌든 잘못 선택된 작물들을 재배하고 있다. 산업 농가 대부분은 이른바 '상품 작물'을 재배하는데, (북아메리카에서) 가장 큰 비중을 차지하는 작물이 옥수수다. 농사에 적합한 날씨로 인해 작황이 좋고 가격도 적당해서 수익이 아주 많이 나는 해에 농부 한 사람이 옥수수 재배 면적 1에이커당 얻을 수 있는 수익은 약 750달러다.

그에 비해 더뉴팜은 수작업으로 재배하는 샐러드용 녹색 채소와 오이 등의 재배 채소 면적 1에이커당 4만 달러 이상의 수익을 지속적으로 벌어들이고 있다. "저희 사업이 얼마나 수익성이 좋은지 금액만으로 말씀드리긴 어려워요. 하지만 우리 농장이 1에이커당 얼마큼의 수익을 지역사회에 가져다주는지와 어느 정도의 부를 창출하고 있는지는 확실히 아실 수 있을 겁니다." 프레스턴의 말이다.

그렇다면 다시 농부의 노동이 줄었다는 이야기로 돌아가 보자. 농지를 경작하는 시스템에서 경작이 필요 없는 시스템으로 바뀌자 프레스턴과 플라이스는 상추 생산량이 25퍼센트 급증하는 것을 목격했다. 그뿐만이 아니라 새로운 작물들은 잡초가 훨씬 적기 때문에 그에 따라 노동량도 훨씬 줄어들었다.

문제 #3 : 우리가 현재 농사의 '수익성'을 측정하는 방식은 이렇게 중대한 문제를 논하기에는 너무 지엽적이다. 플라이스는 "돈은 우리가 토지의 '수익성'을 측정하는 유일한 단위가 되어서는 안 됩니다. 아니, 될 수가 없습니다"라고 말한다. 토양의 상태, 생물의 다양성, 지역사회에 대한 기여 등 다른 요소들도 고려되어야 하는 것이다.

플라이스가 덧붙였다. "우리가 하나의 종으로 생존하기를 희망한다면 대기의 탄소 농도를 다시 낮출 수 있는 시간은 12년밖에 남지 않았어요. 이 시점에서는 농부들을 위해 탄소 격리를 하는 것이 작물 재배보다 더 중요합니다."

더뉴팜의 다음 목표는 자신들의 자취를 더 많이 남기는 것이다. 그들의 원래 계획은 근처의 농장들을 매입해서 새롭게 얻은 토지를 이용해 진보적인 벤처 사업을 시작하는 것이었다. 그런데 문제는 땅이 비싸다는 것이었다.

그래서 현재의 계획은 토지를 매입하는 대신 주말에만 방문하는 부유한 토지 소유주에게 빌리는 것이다. 이런 형태의 토지 소유주들은 프레스턴과 플라이스 커플과 같은 도시의 전문직 종사자들로서, 기후변화 문제를 해결하는 데 자신들이 뭔가 일조하고 있다는 느낌을 갖기를 원하는 사람들일 가능성이 높다. 더 좋은 소식은, 현재 상황으로 판단했을 때 더뉴팜이 토지 소유주에게 비용을 지불하고 그들의 토지에서 농사를 짓는 것이 아니라 오히려 토지 소유주가 더뉴팜에 돈을 지불하고 농사를 지어 달라고 의뢰하게 될 것이라는 점이다.

그들은 애초에 탄소 격리를 위해 재생 방목 기술을 이용하는 방목 운영을 생각하고 있었다. 더 작은 면적을 활용해서 나무를 많이 심고 가축들을 사료보다는 풀을 먹이며 사육장에서가 아니라 방목해서 키우겠다는 계획이다.

그렇다면 디지털 혁명은 어떤가? 더뉴팜과 같은 유기농 농부들은 어떻게 디지털 도구를 그들의 농장 운영에 접목시킬 수 있었을까? 작물 재배는 상당히 아날로그적인 일인데 말이다.

그들은 다음과 같이 기술을 활용하고 있다.

- 그들은 인터넷과 소셜미디어를 통해 입소문을 퍼뜨렸다. 키스더그라운드닷컴KissTheGround.com이나 앞서 언급한 2018년 후반에 플라이스가 했던 TED 강연을 보라.
- 그들은 '애그리후드agrihood'와 같이 떠오르는 신개념을 현실화하기 위해 미디어의 힘을 이용하고 있다. 애그리후드는 작물을 재배하는 농장(이를테면 수영장이나 골프 코스 대신에)과 근린주구를 결합함으로써 '농장에서 식탁까지'의 건강한 생활 방식을 용이하게 해 주는 새로운 형태의 지역을 일컫는다.
- 그들은 탄소세와 재생 농업의 국가적(그리고 전 지구적) 지지를 옹호하는 정치적 입장을 취하고 있다.

플라이스는 TED 강연에서 말했다. "이제 초조해하며 세상이 끝나기를 기다리는 것은 그만둬야 할 때입니다. 우리는 모두 해야 할 역할이 있습니다. 지구를 지키는 일은 누군가 다른 이가 해야 하는 일이 아닙니다. 지속 가능성을 추구할 시기는 지났습니다. 이제 우리는 재생해 낼 수 있습니다. 이 위기의 환경에서 벗어나 건강하게 먹고 삽시다!"

푸드 공급 사슬에서의 마찰을 제거하는 'S2G 벤처스'
시스템적 사고만이 불가능을 가능으로 바꾼다!

모든 대형 시스템에는 마찰 지점이 존재한다. 푸드 시스템 또한 예외일 수 없다. 산지브 크리슈난과 S2G 벤처스의 파트너들은 새로운 비즈니스 모델에 투자함으로써 이런 마찰 지점들을 제거하고자 한다.

산지브 크리슈난Sanjeev Krishnan은 자신이 어느 분야에서 명성을 떨치게 될지 불과 얼마 전 깨달았다. 소비자들은 2013년에 이미 자신들의 얇은 주머니 사정을 이유로 여러 업계가 사업 방식을 바꾸도록 만들었다. 첫째, 업계에서는 다양한 영역에서의 도매 수익을 없애 버리고 혁신적인 D2C 사업 모델을 전적으로 받아들였다. 그러나 2013년에는 그들의 관심이 식품 부문으로 모아졌고, 1조 2,000억 달러 가치의 이 견고한 비즈니스 모델에는 원하는 사람이라면 누구라도 참여할 수 있었다.

크리슈난은 "소비자들은 지속 가능성과 건강을 고려해서 구매하기 시작했어요"라고 말한다. 유기농, 미량 영양소, 추적 가능성 같은 단어들은 이제 이론적인 지식으로만 존재하는 것이 아니라 통합적인 문제들의 중심에 놓여 있었다. "우리는 몇 가지 수십억 달러 규모의 틈새시장에 집중하기로 했습니다. 위험 자본과 사업 활동, 혁신이 한데 어우러지면 그것은 곧 적당한 가격, 일관성, 안전성, 편리성을 낳게 되죠."

영양소와 적당한 가격이 서로 상반되는 요소로서가 아니라 함께 중요한 요소로 작동하는 식품의 시대로 가는 길을 선도하겠다는 것은 그 자체로서 과도한 목표라고 할 수 있다.

이 말이 조금 모호하게 들린다면 더 구체적으로 이야기해 보자. S2G 벤처스는 농사, 식재료 확보, 유통 기술에서 식품 가공 설비, 브랜드 마케팅, 레스토랑 영업 콘셉트에 이르기까지 전체 식품 가치 사슬에 투자하는 데 집중하고 있다. 지금까지 이 기업은 약 40개의 기업에 투자하고 있으며, S2G의 파트너들에게 시장 실패 또는 기회가 발생할 때마다 수요와 공급 시그널에 대한 통찰을 제공하는 한편 식품 가치 사슬 전체를 효과적으로 관리하고 있다.

그들은 신생 기업이나 기술의 탄생부터 성장까지 전체 주기에 참여하기 위해 시드-벤처-성장 투자로 이어지는 다단계식의 투자를 진행하고 있다. 새로운 식품 기술은 전력, 물, 에너지, 운송 같은 '어려운' 기술 영역들과 함께 발전한다고 그는 설명한다. 상용화를 위한 준비 기간이 길고 엄청난 자본이 필요하며 유통 경로도 '디지털'보다 '물리적' 경로가 더 중요하다. 이는 인간의 개입이 거의 없이 확장 가능한 페이팔 PayPal과 같은 소비자 인터넷 기술에 투자하는 것과는 다르다. 식품은 그 본질적 성격 때문에 계절을 타고 물리적일 수밖에 없다. 식품 기술은 매주 또는 매달 발전해서 완성되는 것이 아니다. 크리슈난은 말한다. "저희는 스타트업을 주기별로 지원할 수 있도록 단계적인 투자를 할 필요가 있어요. 어떤 기술이 단거리 달리기 하듯 단기간에 채택될 것이라고 가정할 수 없습니다. 그보다는 마라톤에 더 가깝죠."

하지만 S2G가 흥미로운 이유는 전체 포트폴리오 구축에 많은 영향을 미치는 '시스템적 접근'의 투자 방식 때문이다. 그것이 무슨 의미일까? 이를테면 S2G는 농산물 클러스터를 보유하고 있다. 그들이 농산물 대기업인 드리스콜스Driscoll's나 테일러 팜스Taylor Farms를 접촉할 때 굳이 경쟁적인 사안을 언급해 자극하지 않고도 한꺼번에 4~5개의 기업에게 영향을 미칠 수 있는 논의를 이끌 수 있다는 것을 의미한다. 아니면 그들은 '전력을 배가시키는' 투자를 한다. 예를 들면, S2G는 농작물 보험회사인 크롭 프로 인슈어런스Crop Pro Insurance에 투자하고 있다. 그렇게 함으로써 농업 기술 분야에서 그들이 하고 있는 여러 건의 투자에 대한 위험을 단번에 해소할 수 있기 때문이다.

그들은 또한 자신의 투자 기업들 사이에서 시너지 효과를 낼 수 있는 방법이 없는지 찾으면서 서로에게 판매 회사나 파트너의 역할을 해줄 수 있는지를 살핀다.

S2G의 투자 기업들 중 하나인 미드웨스턴 바이오아그Midwestern BioAg는 30년 가까운 역사를 자랑하는 다수확 유기농 곡류 생산의 선두 기업이다. 이 기업은 자신들의 특허 농법과 처리 과정을 통해 농부들이 유

기농 곡물과 콩류를 전통적인 농법에서와 동일한 비용으로 재배할 수 있도록 해 준다. 또한 5,000명의 농부와 100만 에이커 이상의 농장을 보유하고 있으며, 92퍼센트가 고정 매출인 미드웨스턴 바이오아그는 농부들이 그 상품을 시장에 유통시키는 일도 돕고 있다.

S2G의 또 다른 투자 기업 메르카리스Mercaris는 유전자를 조작하지 않은 유기농 농산물의 판매 및 구매를 위한 거래 플랫폼을 만들었다. 그들 사이에 시너지 효과가 발생하는 부분도 있다. 미드웨스턴 바이오아그는 자신들의 수많은 고객에게 메르카리스의 플랫폼을 사용하도록 추천해 주었고, 그에 대한 보답으로 메르카리스는 미드웨스턴 바이오아그 상품의 판촉을 도와주기도 했다.

그리고 또 다른 기업으로는 환경보호국의 인증을 받은 고성능 유기농 생물농약을 생산해 유기농법으로 농사를 짓는 농부들이 병충해와 잡초 문제를 해결할 수 있도록 도움을 주고 있는 테라메라Terramera가 있다. 크리슈난은 "생물농약과 생물비료가 지속 가능한 농업을 선도할 다음 주자라는 믿음으로 이 기업에 투자하게 되었습니다"라고 설명한다. 테라메라 또한 미드웨스턴 바이오아그 고객들의 도움을 받고 있다.

그렇다면 하나의 의문점이 떠오른다. 'S2G는 어떻게 해서 오랫동안 도입되지 않았던 친환경 농법을 도입하게 만들 수 있었던 것일까? 친환경 농법의 도입은 대중적인 추세를 고려했을 때는 '필연적'으로 보이지만, 업계에 이미 확립되어 있는 관행으로 인해 다양한 단기적 장애에 부딪힐 수밖에 없는 것이 현실이다. "이 문제들이 해결되기 쉬운 문제였다면 10년이나 20년 전에 해결되었을 겁니다. 시스템적 사고가 중요한 이유가 바로 이 때문이죠. 온라인 시장에서보다 오히려 물리적인 시장에서야말로 이런 분야를 혁신할 수 있을 만큼의 남다른 사고 모델이 필요합니다. 컴퓨터 소프트웨어로 먹거리와 관련된 문제를 해결할 수는 없어요. 여러분은 시장과 가치 사슬에 대해 전체 포트폴리오를 구축하듯 훨씬 전체적인 시각을 가져야 해요."

S2G가 영향력을 가질 수 있는 이유는 시스템적 사고뿐만 아니라 100여 개의 전략적 공동 투자사가 있기 때문이다. S2G와 함께 스미토모Sumitomo, 신젠타Syngenta, 타이슨Tyson, 켈로그Kellogg, 홀 푸드Whole Foods가 함께 공동으로 자금을 투자하고 있는 것이다. 시장 선두 기업들이 왜 그런 변화에 동참하고 있는 것일까? 그들 또한 소비자들이 가치 사슬을 변화시키고 있는 현실을 인식하고 있으므로 소비자들이 가고자 하는 곳의 길목에서 그들을 기다리고자 하는 것이다.

이는 결코 작은 변화가 아니다. 2015년 이후 상위 100개 식품 브랜드 중 90개 기업이 시장점유율이 하락했다. 그리고 2015년 이후 등장한 가장 잘 팔리는 900개의 새로운 식품 브랜드 중 88퍼센트가 중소기업 브랜드다. 과거와 뚜렷이 달라진 부분은 소비자들이 이제는 국내산이나 천연, 청정 같은 특성을 표방하는 식품보다는 팔레오 다이어트, 엄격한 채식주의, 케톤식 등 소비자들의 특정한 요구를 충족시켜 주는 브랜드로 옮겨가고 있다는 점이라고 크리슈난은 진단한다. 식품시장에서 크기는 이제 더 이상 예전처럼 성공을 보장해 주는 요인이 아니다.

"소비자들은 세계에서 가장 강력한 힘을 발휘하고 있어요. 자본시장보다 더 큰 힘이죠. 그들은 미국 GDP의 70퍼센트를 차지하고 있기 때문에 그들이 시장에서 어떤 태도를 취하는지에 따라 근본적인 변화의 방향이 달라지는 것이죠." 물론 벤처 투자자는 열풍에 투자해야 한다는 위험 요소를 감수해야 한다. 열풍은 많은 인구의 참여와 문화, 미디어, 과학, 기술 등이 뒷받침될 때 트렌드로 발전하기도 한다.

크리슈난은 아마존의 홀 푸드 인수에 대해 어떻게 생각할까? 그는 아마존이 식료품이 소비자의 손에 들어가는 '최종 구간'의 디지털화를 가속화하고 있는 것이 분명하다면서, 역사적으로 시장에서 일어난 커다란 변화들은 디지털화의 맥락 속에서 일어났다고 말한다(넷플릭스의 경우처럼 말이다).

농부들의 노동과 그들의 자원 투입이 이루어지는 '첫 번째 구간'에서는 디지털화를 빠르게 받아들이기 힘들다. 하지만 상품 진열대가 슈퍼마켓의 물리적으로 보이는 진열대에서 온라인 진열대로 이동하면서 첫 번째 구간의 디지털화도 진행되고 있다. 유니레버가 달러 셰이브 클럽Dollar Shave Club을 사들인 이유가 있다고 크리슈난은 말한다. 그들은 아마존의 공격에 무방비로 당하고만 있고 싶지 않았던 것이고, 소비자들에게 다가갈 자신만의 경로를 만들고 싶었던 것이다. 푸드 시스템의 각 단계에서도 이와 동일한 일이 발생하게 될 것이다.

그러나 크리슈난과 동료들은 아마존이 다른 기업들에게 가하는 생존 위협보다 더 큰 문제에 집중하고 있다. 비만율의 증가로 인해 군대에서 신체검사 기준을 낮춰야 했던 사실에 비춰 보았을 때 건강관리 부문의 지출과 국가 안보를 같은 맥락에서 바라보아야 한다는 문제다. 그들은 푸드 시스템이 더 저렴하게 칼로리를 생산하는 것에서 더 저렴하게 영양소를 생산하는 것으로 초점을 옮기도록 도울 수 있는 방법을 찾고 있다. 또한 자본주의가 버전 1.0의 시대보다 조금은 더 인간적인 모습으로 진화하는 것을 도울 수 있기를 바라고 있다. 자선사업과 사기업의 경계선이 너무 명확할 때는 자선사업을 하거나 개인 사업을 하거나 둘 중 하나를 선택해야만 했다. 하지만 세계의 푸드 시스템은 그 둘을 동시에 추구해야 한다. 인간의 기본적인 요구를 충족시키기 위해 완전히 재구축해야 하는 특별한 수익 기회인 것이다.

"그나마 아주 다행인 것은 신세대 사업가들은 그 둘을 동시에 추구하는 데 문제가 없다고 생각한다는 거예요. 그들은 마찰을 수용하죠."

크리슈난이 언급한 그 부분은 정말 신께 감사할 따름이다. 수많은 벤처 투자자는 더 큰 기업을 만들고자 하는 열망을 가지고 있으며, 그렇게 하는 방법 중 하나는 공급 사슬에서 잘 맞지 않는 기업들은 배제시키는 것이다. 문제는 그 투자자들 대부분이 결국 기대에 못 미치는 결과를 내고 만다는 것이다. 하지만 노력하지 않는다면 정말 큰 문제들을 해결하지 못할지도 모른다. 푸드 시스템의 다양한 영역들에 투자하고 그것들을 모두 하나로 연결해 주는 S2G 같은 조직이 없었더라면 필요한 변화를 일으키는 데 훨씬 많은 시간이 걸렸을 것이다.

빈곤 퇴치 과정의 마찰을 제거하는 '프로펠'과 '블루 리지 랩스'
아래로부터 세상 바꾸기

전형적인 정부 주도의 대형 프로그램보다 더 마찰이 많은 영역은 없을 것이다. 푸드 스탬프(식품 구입권)를 한번 생각해 보라. 가족들을 먹여 살리기 위해 매주 미국 차량관리국 앞에 줄을 서야 한다고 상상해 보라. 저소득층을 위한 정부 주도 프로그램을 21세기에 어울리는 형태로 탈바꿈시킴으로써 지미 첸은 시간을 절실히 필요로 하는 사람들에게 소중한 시간을 돌려주며 신의 뜻에 따라 일하고 있다. 또 해나 칼훈은 그녀가 만나는 모든 지미 첸을 지원하고 있다.

최첨단 기술 분야의 기관 투자가들이 요즘 가장 많이 받는 비난 중 하나는 그들이 지원하는 수많은 기업이 빈곤선 이하의 삶을 영위하고 있는 사람들이나 나머지 세계의 더 시급한 문제들은 제쳐 두고서 세계 엘리트 계급의 문제들을 해결하는 데 골몰하고 있다는 것이다. 그것은 이를테면 동영상 다운로드 속도를 더 높일 수 있는 방법이나 20초 내로 택시를 잡는 법 등과 같은 문제들이다.

하지만 대다수의 기업들이 그렇다 하더라도 전부 다 그런 것은 아니다. 그 예로 블루 리지 랩스Blue Ridge Labs의 공동 창업자 겸 상무이사인 해나 칼훈Hannah Calhoon이 있다. 블루 리지 랩스는 기술을 통해 빈곤을

퇴치하는 새로운 길을 모색하고 있는 로빈 후드 재단의 활동을 주도하고 있다. 칼훈과 블루 리지 랩스의 동료들은 오로지 뉴욕의 저소득층 시민들이 직면해 있는 문제들을 해결해 주는 벤처 기업들을 육성하는 일에 집중하고 있다.

칼훈이 블루 리지 랩스와 인연을 맺게 된 것은 돌이켜 보면 만날 수밖에 없는 필연이었다. 하버드 대학교 졸업생이었던 그녀는 보스턴 컨설팅 그룹에서 첫 직장 생활을 시작했고, 그 기업 내의 세계 보건 개발팀에서 재단과 구호단체, 국제 비정부기구들과 주로 함께 일했다. 그러던 중 그녀는 곧 아무리 선의로 일을 한다 할지라도 지리적·사회적·문화적으로 자신과 다른 세계에 살고 있는 사람들을 위해 개발 해법을 찾고 있다면 어느 순간 형편없는 상품 설계를 하는 오류를 범하게 된다는 사실을 깨달았다. 2014년 그녀는 지역에 더 많은 도움을 줄 수 있는 일을 찾겠다는 각오로 컨설팅 업계를 떠났다. 뉴욕 블루 리지 재단(블루 리지 랩스의 전신)에서 단기 자원봉사 일을 시작한 그녀는 전무이사가 뉴욕시에서 일하게 되어 그 자리가 공석이 되자 재단을 맡아 운영해 달라는 제안을 받았다. 아울러 재단이 나아갈 새로운 방향에 대해서도 관계자들을 설득해야 했다.

그녀가 재단 활동을 본격적으로 시작하면서 상정한 전제는, 만약 우리가 소득이 높은 사람들이 생활 속에서 더 많은 시간을 확보하도록 돕는 데 사용했던 지렛대를 이미 투잡을 뛰고 세 명의 자녀를 키우고 있는, 5분의 시간이 절실한 사람들을 위해 사용한다면, 기술이 저소득 사회에 변화를 가져올 수 있는 놀라운 동력이 될 수 있다는 것이었다. 칼훈이 말했다. "저희는 왜 그런 플랫폼이 존재하지 않았는지 자문해 봤어요. 세탁을 위한 우버는 다섯 개의 버전이 존재하면서 아이를 긴급하게 돌봐야 하는데 육아 도우미를 구하지 못하고 있는 싱글맘을 도와주는 플랫폼은 왜 하나도 없는 걸까요?"

그녀는 스타트업의 세계에도 더 중요하고 큰 문제를 해결하는 데 도움이 되고자 하는 수많은 열정적인 사람들이 있다는 사실을 직관적으로 알고 있었다고 말한다. 그러나 그와 동시에 기술력과 자본력을 갖추고 새로운 사업을 시작하고자 하는 사람들이 관련된 문제를 경험해 본 적이 없거나 심지어 관련된 문제로 힘들어하는 사람들을 접해 보지도 못한 경우도 많았다. 이것이 바로 블루 리지 랩스가 필요한 이유다. 기술 기업을 창업하고자 하는 정말 재능 있는 사람들이 자신과 다른 처지에 놓여 있는 사람들을 돕기 위해 새로운 상품 및 서비스에 대한 아이디어를 찾아내는 지역사회 중심의 사업을 펼칠 수 있도록 다리를 만들고 길을 안내하는 것이 블루 리지 랩스가 하고 있는 역할이다.

칼훈은 말한다. "저소득층의 사람들도 똑같은 사람입니다. 그들도 상품과 서비스에 대해 똑같은 요구를 가지고 있습니다. 가끔은 약간 다른 환경적 제약이 있기 때문에 약간 다른 종류의 상품과 서비스가 필요할 때도 있지만 말이죠. 스마트폰은 있으나 데이터 요금제를 사용하지 않는 사람이 꽤 많아요. 그래서 상품 개발 팀이 애플리케이션을 개발한다면 사람들이 와이파이에 연결되어 있을 때만 다운로드되는 애플리케이션을 만들거나, 그게 아니라면 건물에 광대역 통신망이 연결되어 있지 않은 경우 애플리케이션을 어떻게 사용하게 할 것인지 창조적으로 고민해야 합니다. 혹은 영어를 사용하지 않고 왓츠앱WhatsApp을 통해 주로 의사소통하는 노동자들을 위한 플랫폼을 만드는 경우에도 다른 방식의 고민이 필요합니다. 그런 것들은 서로 다른 설계 제약들을 고려한 다른 형태의 문제 해결법일 뿐이에요. 불가능한 것은 없으며 약간의 창조성이 요구될 뿐이죠."

그들은 2014년 여름 세 개의 벤처 기업과 함께 최초로 12주 과정의 수업을 운영했다.

첫 번째는 앨리스 파이낸셜이라는 기업으로, 이들은 시간제 노동자들의 세전 복리후생비를 되찾아 주고 있다. 시간제 노동자들이 세전 복리후생비를 사용하면 회사의 급여 시스템에서 자동으로 빠져나가게 되어 있는 신용카드나 직불카드로 청구되도록 되어 있다. 이 애플리케이션은 고용주의 주머니에서 더 이상 돈을 내놓도록 요구하지 않고도 시간제 노동자들에게 세전 복리후생비를 챙겨 줌으로써 그 혜택을 모두 합산했을 때 시간당 급여가 1달러 인상되는 효과를 제공하고 있다.

두 번째 기업은 옌코Yenko라는 플랫폼으로, 대학의 정보 시스템을 활용해 학생들이 재정 지원을 받을 수 있는 자격을 스스로 포기하려고 할 때 지속적이면서도 적극적으로 개입함으로써 학생들을 돕고 있다. 지역 대학의 학생들이 의존하고 있는 장학금이나 대출의 대다수는 학생들이 특정 평점 이상을 취득하고 정해진 학점 이상을 이수해야 신청 자격이 주어진다. 따라서 이 애플리케이션은 학생들이 그 기준선에 미달되었을 때 그 사실을 인식시켜 주는 역할을 한다.

세 번째는 정부가 발행하는 푸드 스탬프를 관리하고 다양한 할인 쿠폰을 공급해 주는 프로펠Propel이라는 모바일 뱅킹 애플리케이션이다. 링크드인과 페이스북에서 근무한 경력이 있는 창업자 지미 첸Jimmy Chen은 소비자 서비스 소프트웨어보다 더 중요한 일에 자신의 시간과 기술을 쏟고 싶다는 생각을 하게 되었다. 그는 빈곤 퇴치에 앞장서기를 열망하고 있다.

더 구체적으로 이야기하자면, 첸은 미국에서 푸드 스탬프를 이용하고 있는 4,000만 명의 사람들이 그 혜택을 최대한 활용할 수 있도록 도울 수 있기를 원했다. 그가 브루클린에 있는 푸드 스탬프 사무실에 방문해 100여 명이 사회복지사를 만나기 위해 줄을 서 있는 광경을 바라보고 있던 바로 그때 섬광과 같이 아이디어가 떠올랐다. 이는 결코 하드웨어적인 문제라고 볼 수 없었으며 소프트웨어적인 문제였다(푸드 스탬프 수혜자의 75퍼센트가 스마트폰을 보유하고 있다). 그래서 프로펠은 푸드 스탬프 신청을 용이하게 해 주는 웹사이트를 구축하는 것으로 사업을 시작하게 된 것이다.

푸드 스탬프의 혜택은 EBT라 불리는 직불카드에 예치되어 있다. 사용자들에게 불편한 점이 무엇인지 직접 물어본 첸과 동료들은 EBT 사용자들이 전화를 걸어 잔액을 확인해야 하는 번거로움이 있다는 사실을 알게 되었다. EBT 카드가 매년 700억 달러 규모의 금융 거래에 사용되고 있음에도 불구하고 확인 과정을 위한 소프트웨어적인 솔루션은 존재하지 않았다. 그것은 단순히 귀찮은 일이 아니라 불안 요소이기도 했다. EBT 카드에 잔액이 충분하지 않으면 전체 식품 구입이 취소되며, 당신이 그 사실을 알아채기도 전에 계산대 점원은 (모든 고객 앞에서) 관리자에게 푸드 스탬프 이용 고객에게 문제가 있음을 알릴 것이다. 그래서 이런 문제를 해소하기 위해 프로펠의 직원들은 '프레시 EBT'라는 스마트폰 애플리케이션을 개발했다. 앱을 열기만 하면 잔액과 거래 내역을 바로 확인할 수 있고 쇼핑 목록도 만들 수 있으며, 푸드 스탬프를 받는 식료품점과 농산물 시장의 위치도 확인할 수 있다.

2016년 1월 '프레시 EBT'를 출시했는데, 2019년 초 기준으로 50개 주 전역에 걸쳐 이 애플리케이션을 매달 한 번 이상 이용하는 사람의 수가 200만 명을 넘어섰다. 이 앱은 안드로이드 스마트폰에서 가장 인기 있는 금융 앱 중 하나가 되었다. 그때부터 그들은 쿠폰 공급자들과 식료품 체인들뿐만 아니라 식품과 관련되어 있지 않은, 이를테면 난방과 휴대폰 개통 같은 서비스 공급업자들과도 파트너십을 맺기 시작했다. 최종적인 일은 리프트Lyft 나 홈 디포Home Depot, 레드 랍스터Red Lobster 같은 크고 작은 고용주들과의 파트너십을 통해 사용자들이 일자리 구하는 것을 돕는 것이다. "저희는 앱 이용자들과 신뢰할 수 있는 디지털 관계를 구축했어요. 그건 아주 어려운 일입니다"라고 첸은 말한다.

첸의 일차적 목표는 미국에서의 빈곤 퇴치에 의미 있는 영향력을 행사하는 것이다. 그렇다면 그다음 목표는 무엇일까? 실리콘밸리에서 어떤 기업이 투자를 유치하기에 유리한지에 대한 인식을 바꾸고, 스타트업들이 투자자들에게 높은 투자 수익을 안겨 주는 동시에 사회적으로도 선한 영향을 미치겠다는 열망을 키우는 것이 가능함을 보여 주는 것이다.

푸드 스탬프는 시작일 뿐이다. 저소득 가정을 위해 '수용적 금융' 상품을 출시하려고 하다가 높은 이용자 유치 비용 때문에 사업을 접을 수밖에 없었던 스타트업은 무수히 많았다. 하지만 프로펠에는 그런 문제가 없다. 낮은 이용자 유치 비용과 높은 충성도를 실현하고 있기 때문이다. 실제로 매일, 매주, 매달 주기로 프로펠의 앱을 이용하고 있는 수백만 명의 이용자가 그 증거라고 할 수 있다. 그 플랫폼을 기반으로 첸이 할 수 있는 일은 아주 많다. 앤드리슨 호로위츠Andreessen Horowitz는 프로펠의 투자 기업이다. 특히 앤드리슨 호로위츠의 금융 기술 부문에서 투자하고 있다. 그것은 그들이 프로펠을 자선 기업으로 보기보다는 매력적인 금융 서비스로서의 전망이 있는 기업으로 보고 있다는 뜻이다.

블루 리지 재단은 결국 없어졌고, 2016년 블루 리지 랩스는 로빈 후드 재단의 소유가 되었다. 2018년 말 기준으로 블루 리지 랩스의 포트폴리오에는 20개의 벤처 기업이 올라가 있었다. 거대한 계획에 비하면 적은 수지만 아주 훌륭한 시작이다. 칼훈은 말한다. "저는 우리가 저소득 가정들이 직면해 있는 문제들을 다루는 사업도 가능하다는 것을 보여 주었다고 생각합니다. 비용이 많이 들지 않으면서도 생존할 수 있는 비즈니스 모델이 가능하며 벤처 기업들과 같이 성장할 수도 있다는 걸 보여 준 거죠. 그와 동시에 대부분의 벤처 투자 기업들은 어떤 식으로든 패턴 인식을 이용하려고 하는데요. 시스템 차원의 변화를 가져오기 위해 필요한 것은 우리 벤처 기업들 중 하나가 그 패턴의 시발이 되는 것이죠." 같은 날 그녀는 동료 중 한 명이 벤처 투자 기업에게 전화 한 통을 받았는데 그들은 저소득 시장을 겨냥한 소비자 상품을 찾고 있다면서 블루 리지 랩스가 생각하는 이 시장의 경향에 대해 이야기를 나누고 싶어 했다고 말했다. "하지만 이 시장은 여전히 발전의 초기 단계에 있습니다. 그래서 이 분야에서 아주 성공한 기업이 몇 개 탄생한다면 관계된 모든 사람에게 아주 큰 힘이 될 겁니다."

창작자들과 고객을 연결하는 '민티드'
카드 회사가 아니라 디자인 커뮤니티입니다!

예술은 집단정신의 자양분이 된다. 예술을 창조하는 대가로 사회는 예술가가 되고자 하는 사람들에게(심지어 인정받는 예술가들에게도) 보통 먹고살기에도 턱없이 부족한 아주 적은 돈으로 보상할 뿐이다. 마리엄 나피시의 민티드는 창조적인 커뮤니티가 대중에게 다가가 그들의 재능을 보여 주고 그 과정에서 약간의 수입도 벌어들일 수 있는, 마찰 없는 방법을 고안해 냈다.

2019년 2월 뉴미디어 매체 〈액시오스Axios〉에 게재된 한 기사는 벤처 투자 분야가 여전히 남성 중심적임을 여실히 보여 주었다. 미국 벤처 투자 기업들의 의사결정권자들 중 겨우 9.65퍼센트만이 여성이다. 이 비율은 그나마 2016년에는 5.7퍼센트, 2017년에는 7퍼센트, 2018년에는 8.95퍼센트로 점차 증가해 왔다. 앤드리슨 호로위츠, 벤치마크 Benchmark, 레드포인트 벤처스Redpoint Ventures, 유니언 스퀘어 벤처스Union Square Ventures 등 소수의 기업들은 최초로 여성 무한 책임 사원을 영입하기도 했다. 그러나 2018년에는 증원된 의사결정권자 자리의 19퍼센트만이 여성에게 돌아갔다.

마리엄 나피시Mariam Naficy는 1991년 윌리엄스 칼리지를 졸업한 후 야심 있는 학부 졸업생들이 아주 선망하는 일자리인 뉴욕 골드만 삭스 투자은행 부문의 애널리스트로 취직했다. 하지만 월스트리트는 그녀가 장기적으로 전망을 가지고 있었던 곳이 아니었다. 그래서 1990년대 중반에 그녀는 샌프란시스코로 이사해, 처음에는 경영 컨설팅 업체에서 일하고 그다음에는 식품 관련 스타트업에서 일했다.

뜻하지 않게 그녀가 근무한 회사의 사장이 그녀에게 스탠퍼드 경영대학원 입학을 권유했다. 나피시는 훌륭한 사업가는 경영학 석사 학위 과정을 졸업할 필요가 없다는 생각을 가지고 있던 터였다. 그녀는 졸업 후 기업으로 다시 돌아갈 생각을 하지 않고 있었다. 그러나 그녀가 졸업한 때는 운이 좋은 타이밍이었다. 1998년 그녀가 졸업한 시기에는 벤처 투자자들이 좋은 스타트업 아이디어를 가진 MBA 졸업생들에게 돈을 그야말로 쏟아붓고 있었다. 그래서 그녀와 그녀의 사업 파트너는 두 사람 모두 경영 경험이 없음에도 불구하고 온라인 화장품 사업인 이브 닷컴Eve.com을 창업하기 위해 2,600만 달러를 투자받는 데 성공했다.

이때는 세포라Sephora가 등장하기 전이었다. 그리고 행운은 그들의 편이 되어 주었다. 창업한 첫해에 그들은 1,000만 달러의 매출을 달성하고 200만 명의 고객을 끌어들이는 데 성공했다. 나피시의 말에 따르면, 그들은 성공하기 위해 자신들을 마케팅했을 뿐이라고 한다. "저희는 TV 광고, 지면 광고, 광고판 등 모든 수단을 동원해 미친 듯이 광고했어요. 광고비를 너무 많이 써서 〈보그Vogue〉가 저희를 백악관에서 열리는 클린턴 부부와의 파티에 데리고 갈 정도였죠."

2000년 1월에는 명품 대기업에서 8,800만 달러에 회사를 인수하겠다는 제안을 해 오기도 했지만 이브닷컴의 대표 후원사인 아이디어랩 Idealab이 그것을 저지했다. 나피시는 오히려 아이디어랩에게 회사 인수를 요구했고, 그 결과 2000년 4월 1억 1,000만 달러에 이브닷컴을 매각했다. 그리고 2주 후 주가는 폭락했다. 다시 한번 나피시의 타이밍은 절묘했던 것이다. 그녀는 합병 당시에는 사실상 아이디어랩에 남아서 일했다. 그러나 그해 10월 경기 침체로 인해 아이디어랩에서 그녀의 퇴사를 원했다. 나피시는 잔여 자산을 LVMH에 100만 달러에 매각하는 계약을 중개했다. 돌아보면 자신의 회사를 지켜 내지 못한 것이 후회스럽기도 했다. 하지만 그녀는 어쩔 줄 몰라 방황했던 20대의 자신을 용서해 주기로 했다. "한 노련한 투자은행가가 제게 닷컴 붕괴를 경험한 후 너무 보호주의적으로 변하지 않도록 주의해야 한다고 말해 줬어요. 그때부터 줄곧 그러기 위해 노력하고 있죠."

그녀가 자신의 다음 스타트업인 민티드닷컴Minted.com에 대해 이야기하려고 할 때, 한 무리의 6학년 소녀들이 핼러윈데이 귀신의 집 놀이를 하느라 비명을 질러댔다. 우리는 그들이 조용해질 때까지 잠깐 기다려야 했다. 나피시는 이번엔 회사 사무실을 집 근처로 옮기는 등 많은 변화를 주었던 것이다.

2007년으로 거슬러 올라가 이야기하자면, 민티드를 처음 시작할 당시 계획은 예쁜 브랜드 팬시 제품들을 판매할 생각이었다. 하지만 그 계획은 성공하지 못했다. 그래서 그녀는 사업 방향을 약간 틀어 민티드 웹 사이트에서 디자인 경연 대회를 열어 수상자들의 작품을 판매했다. 그렇게 함으로써 어려움을 겪고 있는 창작자들을 도울 수 있을 뿐만 아니라 라이프스타일 비즈니스 사업을 비교적 독립적으로 꾸려 나갈 수 있는 계획도 세우게 되었다. 이브닷컴을 운영할 때처럼 투자를 유치하기 위해 많은 시간을 소비하고 싶지 않았다. 그래서 이번에는 에인절 펀딩으로 250만 달러를 지원받아 사업을 시작했다.

그 효과는 오래가지 못했다. 얼마 지나지 않아 자금이 바닥날 상황이었다. 친구들과 가족들에게 투자받은 돈을 갚아야 한다는 생각에 그녀는 회사를 살리기 위해 기관 투자자에게 210만 달러의 시리즈 A 투자를 받기로 했다. 그로부터 2주 후 리먼 브러더스가 파산했다.

잇따른 경기 침체로 상황은 상당히 안 좋아졌다. 하지만 나피시는 자신의 타이밍이 어쨌든 한 번 더 운이 좋길 바랐다. 어떻게 그럴 수 있을까? 나피시는 말한다. "어떤 경우에는 경기 침체기에 아주 좋은 기회를 얻게 되기도 하죠. 사람들은 더 이상 비싼 브랜드의 제품을 구입하려 하지 않았어요. 부분적으로는 그럴 수 있는 경제적 사정이 안 되어서였고, 한편으로는 아웃사이더와 새로운 브랜드를 접하고 싶어 했죠. 브랜드들은 더 큰 의미를 찾으려고 하는 소비자의 열망을 따라 움직이기 시작했어요." 나피시는 그동안 독립적으로 일해 왔지만 이번엔 과감한 결단으로 대학을 갓 졸업한 20대 직원 여러 명을 채용해 민티드가 향후 나아가야 할 길을 모색해 보기로 했다. "우리 회사의 젊은 동료들 덕분에 저는 밀레니얼 세대의 사고방식에 무의식적으로 완전히 빠져들게 됐어요."

2008년 말 나피시는 결혼식 청첩장에서 기념일 카드로 중점 사업을 전환했다. 그녀는 인터넷을 통해 디자인을 공모했고 시장의 반응은 아주 좋았다. 심지어 시즌이 끝나기 전에 마케팅 비용을 줄이기까지 했다. 주문량이 감당할 수 있는 선을 넘어섰기 때문이었다.

"그때 저희는 단순히 카드 회사를 운영하는 것이 아니라 디자인 커뮤니티를 구축하고 있는 것이라는 사실을 깨달았죠. 말하자면 수익을 좇으려다가 종교를 발견하게 된 거예요." 나피시의 말처럼, 그들은 (디자인 교육을 받은 적이 없고 창의적인 직업을 가지고 있지 않지만, 독학으로 디자인 활동을 하는) 아마추어 디자이너들이 자신이 정말 좋아하는 일을 하면서 살아갈 수 있게 스스로 변화하도록 돕는 방법을 우연히 발견하게 된 것이었다.

연이어 추진한 아트 프린트 사업도 성공적이었다. 나피시는 2011년 사업 확장을 위해 550만 달러의 시리즈 B 투자를 한 번 더 받게 되었다. "민티드는 단순한 라이프스타일 기업이 아니라는 사실을 깨닫게 됐어요. 저희는 그것보다 훨씬 큰 플랫폼을 지향합니다. 디자인을 생산할 수 있는 커뮤니티죠."

이후 투자 자금은 상상을 초월하는 수준으로 상승했다.

2013년 10월, 시리즈 C 투자 : 410만 달러

2014년 10월, 시리즈 D 투자 : 380만 달러

2018년 12월, 시리즈 E 투자 : 2억 800만 달러

마지막으로 받은 투자에서는 회사 주식을 매각해 약 2억 5,000만 달러의 투자를 받았고, 약 9,000만 달러만 회사 경영에 투입되었다. 나피시는 또 한 번 해낸 것이다.

"조직의 생리에 맞는 계획을 세우는 것이 중요합니다. '이 조직의 정체성은 무엇일까? 어느 정도 규모의 지원을 받는 것이 적당할까? 어떤 전략이 적합하지?' 같은 고민을 해야 해요. 어느새 자신이 애초에 생각한 것과 아주 다른 모델이 되어 있을 수도 있지만 말이죠."

그러는 사이 고객 맞춤 프린팅 업계의 경쟁 업체(셔터플라이)가 가장 중요한 크리스마스 시즌을 몇 주 앞두고 주요 자재 공급 업체를 인수해 민티드를 따돌리려 했고, 연이어 민티드에도 인수 제안을 했다(그들이 암시하고 있었던 위협은 만약 민티드가 매각하지 않는다면 거래하던 공급 업체와는 영원히 작별이라는 뜻이었으리라). 그러나 민티드 팀은 크리스마스 시즌에 맞춰 제때 새로운 공급 업체를 급히 물색하는 데 성공했고 인수 제안은 거절했다. "그들은 저희 회사에 결코 계속 자재를 공급할 마음이 없었어요. 하지만 죽지 않는 한 더 강해지는 거잖아요, 그렇지 않나요? 일종의 스포츠 경기처럼 여기려고 노력합니다. 그러지 않으면 많이 힘들어지니까요……" 나피시의 말이다.

뱁슨 칼리지 창업학과 명예교수 '패티 그린'
평등한 일터를 위하여

패티 그린은 성 평등 문제를 해결하는 데 평생을 바쳐 일해 왔다. 그녀는 우리의 감정에만 호소하는 것이 아니라, 남성이 여성보다 더 우월하지 않다는 사실을 증명해 주는 반박 불가한 결론을 담고 있는 데이터를 가지고 호소한다.

미국 경제에서 여성의 역할에 관한 문제에 대해 조언을 듣고자 한다면 패티 그린Patti Greene만 한 적임자를 찾기는 어려울 것이다. 그녀는 2017년부터 2019년 초까지 미국 노동부 여성국 국장을 역임했다.

그 전에는 뱁슨 칼리지의 창업학과 교수로 재직했다. 패티 그린은 골드만 삭스에서 주관하는 '1만 개 소기업 구제 계획'의 국내 학계 책임자이자 '1만 명 여성 사업가 프로그램'의 글로벌 학계 책임자였다. 이 여성 프로그램은 전 세계의 여성 기업인들에게 경영 교육과 멘토링, 네트워킹과 자본에 대한 접근 기회 등을 제공함으로써 경제 성장을 촉진하는 글로벌 계획이다. 그녀는 또한 여성 비즈니스 연구 센터의 소장을 맡기도 했다. 직장 여성들, 특히 여성 사업가들에 대해 이야기하고자 한다면 그린 교수를 만나 봐야 할 것이다.

그녀는 우리가 잊기 쉬운 사실을 상기시켜 준다. 만약 직원을 500명 이상 둔 기업을 '대기업'이라고 칭한다는 정의를 적용한다면, 미국에서는 단 1퍼센트의 기업만이 대기업이다. 소기업의 80퍼센트는 아예 직원이 한 명도 없고 창업주만 있다. 그리고 직원을 고용하는 소기업의 89퍼센트는 급여를 지급하는 직원 수가 20명 이하다. 그린은 말한다. "노동력이 대기업과 소기업 사이에 양극화되어 있어요. 하지만 평균적으로 봤을 때 우리는 소기업 경제죠."

그녀는 또한 대다수의 소기업이 벤처 투자자들의 투자를 받고 있는 높은 기술력의 고성장 기업이 아니라고 말한다. 사람들 사이의 대화 내용은 바뀌었다. "창업을 공개적으로 축하하는 분위기가 훨씬 많아졌어요. 그리고 점점 더 많은 사람이 자신을 소기업 소유주가 아니라 창업자로 여기기 시작했어요. 이는 지난 10년간 일어난 아주 분명한 변화죠."

이는 분명 언어 표현상의 변화다. 더 많은 사람들이 자신을 창립자라고 부르기도 한다. 하지만 그린은 그것이 정체성의 변화를 드러내 준다고 말한다. 그들이 어떤 종류의 사업을 하고 있든 혁신과 성장에 중점을 두는 경우가 더 많아졌다는 뜻이기도 하다.

혁신이란 무엇인가? 단순히 새롭거나 더 향상된 상품이나 서비스를 혁신이라고 부르지는 않는다. 혁신은 새롭게 형성된 시장과 새로운 공급자, 무언가를 하는 새로운 방식을 뜻하기도 한다. 뱁슨 칼리지에서는 가치 있는 무언가를 창조하기 위해 기회를 알아보고 자원을 조직적으로 활용하고 리더십을 발휘하는 능력을 '창업 정신'이라고 정의한다.

그린은 이렇게 말한다. "당신의 팀에서 사업을 시작하기 위해 반드시 필요한 세 가지가 있어요. 그 업계를 잘 이해하고 있어야 하며, 처음부터 다시 시작하는 것처럼 사고하는 법을 알아야 해요. 그리고 실제로 조직을 운영하는 방법을 알고 있어야 합니다."

여성 사업가에 관해 이야기할 때면 그린은 골드만 삭스 재단의 이사장이었던 디나 파월Dina Powell에게 들은, 골드만 삭스 '1만 명 여성 사업가 프로그램' 초창기에 있었던 일화를 예로 들곤 한다. 이 프로그램이 아직 '검토 중'이었을 때 파월은 동료들에게 사업을 시작하는 여성들뿐만 아니라 사업을 경영하고 있는 1만 명의 여성들과도 함께 일하고 싶다고 말했다. 사람들은 그녀에게 기준을 너무 높게 잡았다고 말했다. 개발도상국에서는 그 정도 단계에 올라 있는 1만 명의 여성을 찾아내기가 불가능할 것이라는 말이었다. 하지만 그녀는 꽤 쉽게 그들을 찾아냈다. "그로 인해 전 세계의 여성 소유 기업들이 무엇을 할 수 있는지에 대한 우리의 인식과 이해가 바뀔 것입니다"라고 그린은 말한다.

'1만 명 여성 사업가 프로그램'에서 그린이 참여한 마지막 프로젝트는 잠비아에서 금융인들이 여성 기업가들을 교육할 수 있도록 훈련시키는 것이었다. 이번에도 똑같은 일이 발생했다. 금융인들은 그들의 마음속에 여성 사업가에 대한 정형화된 이미지를 가지고 있었다. 그러나 막상 여성 사업가들이 나타나자 정형화된 이미지와 현실의 차이는 놀라우리만치 컸다.

남성들이 여성들보다 사업을 더 크게 키우는 경향이 있다는, 종종 인용되는 통계 조사는 어떤가? 그린은 말한다. "그런 질문은 정말 식상해요. 미국 시간 사용 설문조사 데이터를 보면, 여성이 사업가라 할지라도 가사와 육아 활동에 더 많은 시간을 쓰고 있다는 사실을 알 수 있을 거예요. 만약 그들이 일주일에 하루를 자신을 위해 사용할 수 있다면 사업에서 얼마나 더 많은 일을 할 수 있을지 한번 생각해 보세요. 여성들이 사업을 경영하는 와중에 또 달리 무슨 일들을 해야 하는지에 대해 논점에서 벗어난 대화를 해야 한다는 사실이 피곤하네요."

여성이 기업에서 높은 직위에 있는 경우 그 기업이 더 높은 성과를 낸다는 연구 결과는 점점 더 많이 나오고 있다. 벤처 투자 업계에서도 투자 기업이나 창업팀에 여성들이 소속되어 있는 경우 사업은 더 번창한다. 한마디로 정리하자면, 다양성을 존중하는 회사가 더 성공한다는 것이다.

2019년에는 그 문제에 대해 그리 논란이 될 만한 사건은 없었다. 그래도 이 부분은 짚고 넘어가야 할 것이다. 그린은 임원진에 여성이 없는 기업들과 의사결정 과정에서 여성이 제외되는 투자 기업들, 여성을 배제한 창업 팀 등은 사업적으로 부정행위를 저지르고 있는 것이라고 생각한다. 연구 결과는 기업들이 다양성을 인정한다면 더 나은 결과를 기대할 수 있다는 것을 분명히 보여 주고 있다. 그런데도 그 길을 선택하지 않는다면 그 기업들은 회사 자원을 남용하고 있는 것이다. "그건 엄연한 부정행위로 볼 수 있어요. 특히 다른 누군가의 돈으로 사업을 운영하면서 일을 진행해 나가는 데 최선이 아닌 것을 의도적으로 선택한다면 그건 두말할 나위 없는 부정행위인 것이죠."

그럼 어떻게 해야 할까? 그린은 말한다. "여성의 자리를 제도적으로 보장받을 수 있는 유일한 방법은 그들의 돈주머니를 건드리는 것입니다. 애석하게도 많은 사람이 돈 외에는 관심이 없으니까요."

슬프게도 성별에 따른 급여 차이는 여전히 존재한다. 글라스도어 Glassdoor(해당 회사 직원의 익명 리뷰를 기반으로 직장 및 상사를 평가하는 사이트-옮긴이)에서 진행한 최근 조사에 따르면, 남성들이 1달러를 받을 때 여성들은 79센트를 받고 있는 것으로 나타났다. 하지만 동일한 직위와 고용주, 지역의 노동자들을 대상으로 조건을 조정해서 비교해 본 결과, 그 차이는 4.9퍼센트로 줄어들었다. 남성들이 1달러를 받을 때 여성들은 95.1센트를 받고 있는 것이다.

그러나 좋은 소식도 있다. "과거에 여성 실업률이 이렇게 낮았던 마지막 기록은 캐서린 존슨Katherine Johnson이 NASA에 채용된 해였어요. 이것이 이제는 제가 가장 좋아하는 통계 기록이 되었죠." 아프리카계 미국인 여성 수학자였던 존슨은 1953년에 NASA에 채용되었다. 시간이 흐르면서 더 나아지는 것도 있음이 분명하다.

지속 가능 개발 목표 투자 플랫폼 '얼라인17'
이제 우리는 모두 기술 전문가다!

조지 가이너 베나데트는 전 세계적으로 진행 중인 지속 가능성 이니셔티브의 자금 격차에서 마찰을 제거하고 있다. 하지만 나는 그저 그녀와 친하게 지내고 싶은 마음이 앞선다.

이 책을 집필하기로 결정한 가장 큰 이유 중 하나는 우리 아이들을 교육하는 대신 우리 자신을 교육하자는 것이었다. 나는 두 아이가 있는데 다 열다섯 살이 채 되지 않았다. 그리고 더프의 딸은 열한 살이다. 알다시피 세계는 너무도 빠르게 변화하고 있다. 이런 상황에서는 부모로서의 역할이 모든 육아 활동에서 시작해 그 이상으로까지 확장되어야 한다. 우리 아이들이 변화의 방향을 결정할 차례가 됐을 때 번영을 위한 결정을 내리도록 그들을 이끌 수 있어야 하는 것이다. 그러기 위해서는 먼저 현재 벌어지고 있는 끊임없는 변화를 제대로 이해해야 한다.

이 책에 등장하는 모든 사람은 어느 때보다도 미래가 불확실한 지금,

성공하기 위해 필요한 것이 무엇인지 모범적인 사례를 보여 준다. 마찰을 아주 싫어하는 이 사업가들은 어떤 일들이 저절로 발생하도록 내버려 두기보다는 그 일들이 일어나도록 만든다. 그들 중 특히 한 사람은 우리 아이들이 본받았으면 하는 삶의 전략을 채택하고 있다. 그 이름은 바로 조지 베나데트Georgie Benardete이다.

처음 듣는 이름인가? 그녀의 남자친구인 데이브 핸리가 우리에게 그녀를 만나 보라고 소개하기 전에는 우리 역시 그랬다. 어쨌든 그래서 우리는 그녀를 만나게 되었다.

베나데트는 유엔의 지속 가능 개발 목표Sustainable Development Goals 17을 추진하는 데 필요한 파트너십을 강화하기 위해 만들어진 투자 플랫폼 얼라인Align 17을 이끌고 있는 핵심 인물이다. 더 구체적으로 말하자면, 얼라인17이라는 플랫폼을 통해 지속 가능 개발 목표의 '자금 부족분'을 매우기 위해서 고액 순자산 보유자와 패밀리 오피스(초고액 자산가들이 자기 자산 운용을 위해 설립한 자산 운용사–옮긴이)를 접촉하는 일을 한다. 부족한 자금을 채우기 위해서는 수조 달러의 추가 투자가 필요하기 때문이다.

베나데트는 금융 방면의 직업을 가질 생각은 별로 없었다. 그녀는 칠레에서 태어나 정부 지원의 공공주택에서 유년시절을 보냈다. 칠레 정부의 공무원이었던 그녀의 아버지는 가난한 사람들의 어려움을 이해하기 위해서는 그들과 함께 살아야 한다는 강한 신념을 가지고 있었다. 그녀의 어머니는 과거에 수녀였다. 다시 말해서 그녀는 '영적 사회 정의'를 실천할 유전자를 타고난 것이었다.

처음에 그녀는 외교 분야 일을 통해 자신의 사명을 달성하고 싶었다. 그래서 조지타운 대학교에서 외교학을 전공했다. 그녀는 교사, 정치인, 변호사를 배출한 집안에서 자랐기 때문에, 미국 해외 민간투자 공사Overseas Private Investment Corporation에서 인턴으로 일하며 투자 금융 전문가라는 사람을 만나기 전에는 투자은행이 무엇인지 전혀 모르고 있었다. 그러나 그 만남은 그녀에게 행운이었다. 그로 인해 그녀는 세상을 바꿀 수 있는 금융의 힘을 깨닫게 되었다. 또한 금융이 마술과도 같다는 사실도 알게 되었다. 일례로, 금융 전문가가 상사에게 제출한 안이 통과되지 않자 그는 약간 수정한 다른 안을 가지고 돌아왔다. 그녀는 이렇게 회상했다. "속으로 저는 '그가 하는 일을 나도 하고 싶다'고 생각했어요. 그는 제 눈앞에서 마술을 펼치고 있었어요. 말 그대로 현실을 바꾸고 있었죠."

즉시 그녀는 대학 선택 과목들을 모두 경영학 관련 수업으로 바꿨다. 이것만 봐도 베나데트의 참지 못하는 성격을 알 수 있다. 그녀는 뭔가를 성취하고자 할 때 몹시 조급해진다. 뿐만 아니라 늘 배우는 자세를 유지하며 살아간다. 새로운 것을 마주쳤을 때에는 그것이 어떤 의미를 담고 있는지 알아내기 위해 노력해야 한다.

베나데트는 무언가를 모를 때 모른다는 사실을 인정하는 것을 부끄러워해 본 적이 없다. "요즘 세상에서는 모르는 것이 있다는 사실을 편안하게 받아들여야 합니다"라고 그녀는 말한다. 그리고 의도적인 명상과 훈련을 통해 자아를 통제하려고 노력해야 한다. 그녀는 또한 서로 연결된 지성의 힘을 믿으며, 우리 주변에 난무하는 패거리적 사고방식은 우리가 속해 있는 세상을 대표하는 사고방식으로 바뀌어야 한다고 생각한다. "저희 팀 사람들은 얼마 전 우리 조직은 다양성이 부족해서 백인 미국 남성을 채용해야 한다는 농담을 주고받기도 했죠."

앞에서 하던 이야기를 다시 이어서 하자면, 투자 금융 전문가를 만나고 난 뒤 그녀의 외교학 전공은 무용지물이 되고 말았다. 그녀는 JP모건에 입사했다. 그러나 그때 공교롭게도 그녀는 가구 회사를 경영하는 한 터키 사업가와 사랑에 빠지게 되었다. 그 결과 자연스럽게 금융은 뒷전이 되었고 가구 제조와 수출이 그녀의 주된 관심사로 떠올랐다. 그리고 어느새 푸에르토리코와 워싱턴 DC에 매장을 오픈하게 되었다. 그녀는 금융 전문가의 금융적 시각을 통해서가 아니라 실제로 매장을 운영하면서 사업을 운영하는 법을 배우게 되었다. 물론 어떤 면에서는 재미도 있었다. 하지만 그 시기에 깨달은 교훈을 물어보면, 그녀가 첫 번째로 꼽는 것은 '다시는 소매업은 하지 않겠다'는 것이었다.

그 후 그녀는 런던으로 이사해 아들을 낳았고, 이는 그녀가 환경주의와 재접속하는 계기가 되었다. 그녀는 독일로 가 태양에너지를 공부한 후 앨 고어의 기후 프로젝트에 참여했다. "그 일을 하면서 저는 당연하다는 듯이 세상에 도움 되는 일을 하려고 노력하는 사람들을 만나게 되었어요. 저와 같은 종족의 사람들을 찾은 거였죠"라고 그녀는 말한다.

아마도 그녀가 속한 종족들 중 하나가 맞을 것이다. 2011년 베나데트와 그녀의 당시 남편은 수동적 투자자가 되겠다는 생각으로 숍 마이 레이블Shop My Label이라는 소셜 커머스 패션 기업에 투자했다. 그러나 스타트업들이 살아남기 힘든 시장 환경에서 더 경험적인 접근이 필수적이라고 판단해 뉴욕으로의 이사를 결정했다. 뉴욕에서 그녀는 제휴 마케팅 모델을 숍빔Shopbeam이라는 다른 방식으로 바꾸면서 사업 방향을 전환하게 되었고, 그 후에는 현재 오처드 마일Orchard Mile로 알려져 있는 온라인 패션 마켓을 론칭했다. 그 과정에서 그녀는 투자자(숍 마이 레이블)에서 전략가(숍빔)로 변신하고, 전략가에서 공동 창업자(오처드 마일)로 또 한 번 변신한 것이다.

얼라인17은 그 전에 그녀가 해 온 모든 일의 총체라 할 수 있다. 그녀의 금융 지식과 세상에 대한 열정, 사업 전환에 대한 이해, 그리고 기술의 힘을 인정하는 태도 등이 어우러져 그 기반을 이루고 있다. 그녀는 얼라인17을 그녀의 '이키가이ikigai'라 여긴다. 이키가이는 열정, 사명, 전문성, 천직을 모두 충족시키는 '존재의 이유'를 발견해야 한다는 뜻으로, 일본어에서 유래한 개념이다.

얼라인17의 사업을 완수하기 위해 왜 정부 기관이 아닌 고액 순자산 보유자와 함께 일하는 것일까? 베나데트는 제네바에서 한 개인 투자자 3세를 만나면서 그렇게 하기로 결심했다고 한다. "그는 저를 바라보며 '당신과 같은 금융 전문가들은 오로지 숫자에만 신경 쓰죠. 하지만 우리는 더 큰 것을 신경 쓴답니다'라고 말하더군요." 그래서 그녀는 개인 고액 자산 투자자들에 대해 더 알아보게 되었고, 그들이 정말 자신들이 가치 있다고 생각하는 일에 투자하기를 열망한다는 것을 확신하게 되었다.

얼라인17은 스위스 거대 금융사인 UBS를 중개 파트너로 두고 있으며, 베나데트는 사업적 위험을 떠안아 주는 그들의 공로에 감사하고 있다. UBS의 개인 자산 관리 책임자, 회계 컨설팅 기업 프라이스워터하우스 쿠퍼스PwC 글로벌 회장, 세계 최고의 로펌 중 하나인 링클레이터스Linklaters의 글로벌 CEO 또한 얼라인17의 파트너다. 2018년 얼라인17이 다보스 포럼에서 소개된 후, 그다음 해에는 얼라인17 플랫폼의 투자 프로젝트를 진행하기에 바빴다. 그 결과 9명의 개별 투자자로부터 3,500만 달러의 투자를 받기도 했다. 얼라인17의 첫 번째 거물 의뢰인은 미국에서 가장 영향력 있는 투자가 중 한 사람인 제임스 소런슨James Sorenson이었다.

"그런데 제가 2018년 6월까지 자력으로 경영했다는 말씀은 드렸나요?" 그녀가 물었다. '아니요, 조지. 말하지 않았어요.' 하지만 우리는 그런 사실에 놀라지 않았다.

초창기에 이루어진 거래 중 하나로, 한 파트너는 산림녹화와 지역 살림을 위해 정상 제거 채굴(산 전체를 위에서부터 깎아 내리면서 석탄을 채굴하는 방식-옮긴이)을 하기로 되어 있는 미국 애팔래치아 지역의 토지를 매입했다. 그들은 향후 환경보호와 토지관리 사업을 위해 과거 석탄 채굴 노동자들을 재훈련하고 있다. 이는 넓은 의미에서 지역 살림과 기후변화 대응에 이바지하고자 하는 지속 가능 개발 목표와도 맞아떨어지는 활동이다.

고액 자산 투자자들에게 상업적으로 수익성 있는 다양한 기회들을 제공하는 것도 베나데트가 얼라인17 플랫폼을 통해 이루고자 하는 목표 중 하나다. 그렇게 함으로써 그녀는 그들에게 이를테면 헤지펀드 투자에는 없는 일종의 중개소 역할을 하고자 하는 것이다. 두 개의 태양열 프로젝트가 있다고 가정해 보자. 하나는 멕시코에서 진행 중이고 다른 하나는 아프리카에서 진행 중이다. 어느 쪽에 투자하겠는가? 베나데트라면 항상 금전적 수치를 기준으로 판단하지는 않을 것이다. "아마도 그들은 어린 시절에 사파리 공원에 가 본 기억을 떠올리며 아프리카에 애착을 느껴서 그곳에 투자하려고 할지도 몰라요"라고 그녀는 말한다. 얼라인17은 고객들이 스스로 선택하도록 해 비금전적인 형태의 '보상'을 선사한다.

"저는 저희 투자자들에게 그들이 바라는 세상을 만드는 데 투자할 기회를 주고 싶어요." 그녀는 얼라인17의 사무소를 미국이 아닌 영국에 둠으로써 자신의 신념을 직접 행동으로 보여 주고 있다. "미국의 시스템은 자선 활동과 영리 활동을 구분하는 방식에서 모순점을 보이고 있어요. 사람들은 환경을 망가뜨리면서 큰 재산을 벌어들이고 난 뒤 센트럴 파크에 100만 달러를 기부하고는 찬사를 받죠. 하지만 세상을 그렇게 양분하는 것은 바람직하지 못해요."

베나데트는 자신의 투철한 시각에 대해 혹은 그녀가 자신의 전부를 이 일에 걸고 있다는 사실에 대해 굳이 변명하려 하지 않는다. "감정을 느낄 수 있다는 것은 좋은 거예요, 그렇죠? 감정을 느끼지 못한다면 우리는 로봇일 테니까요. 우리는 그 중요한 감정에 관한 일을 하고 있는 것이죠. 당신은 화를 낼 수 있지만, 그 분노를 건설적인 목적을 위해 사용하시나요, 아니면 파괴적인 목적을 위해 사용하시나요? 그것이 감정의 연료가 됩니다. 그것이 마술을 일으키는 에너지가 되죠. 훌륭한 기업가들은 그 에너지를 뭔가 새로운 것을 창조하는 에너지로 전환합니다."

사람들은 요즘 기술이라고 하면 우리 모두가 '윈윈' 할 수 있는 방향으로 세계를 재편성하는 기술을 생각하기보다는 아마존과 애플을 떠올린다. 우리가 이제는 모두 기술 전문가라는 명제를 말하자 베나데트는 전적으로 동의했다. 일부 사람들은 기술이 결국 우리 모두를 파괴할 것이라고 생각하지만 베나데트는 찬성하지 않는다.

"꼭 그렇지만은 않을 거예요. 그건 선택의 문제죠. 그리고 아마 우리는 우리 모두가 원하는 미래를 선택하게 될 거예요."

결론

아마존, 애플, 페이스북, 구글은 인간이 기능하는 방식 자체를 바꿨다. 따라서 당신이 사업을 시작하려고 하거나 진행 중인 사업을 정비하거나 혹은 인생을 점검하고자 한다면 그 변화의 숨은 의미를 이해하고 '마찰 없음'의 원칙을 현재 하고 있는 일에 적용해야 할 것이다. 그렇게 할 수 없다면 짐을 싸서 집으로 돌아가는 편이 나을 것이다. 왜냐하면 당신은 아날로그형 인간이기 때문이다.

이 책에서 소개한 기업들의 이야기에서 나는 특별히 의욕적인 집단이 어떻게 기술을 이용해 기업과 고객 경험, 그리고 전체 시스템을 점검해 고객들의 삶에서 마찰을 제거했는지를 집중적으로 조명했다. 그들은 우리가 비용을 절약하고 시간을 되돌려 받을 수 있도록 돕고 있으며, 어쩌면 가장 큰 즐거움을 우리 삶에 가져다주려고 노력하고 있다. 더 구체적으로 이야기하자면, 그들은 우리가 지금까지 만들어진 운동복 중 가장 훌륭한 운동복을 입고 성적 만족감을 최대한 느끼며 냄비에 신선하고 영양가 많은 재료들을 넣은 다음 버튼을 누르고 앉아서 만찬을 즐길 수 있기를 바란다.

우리 모두는 결정 알고리즘의 중심부에서 마찰을 제거할 필요가 있다. 그러기 위해서는 무엇을 해야만 할까? 누가 그 일을 가장 빨리 가장 저렴한 비용으로 가장 잘할까? 누가 우리에게 가장 많은 시간을 되돌려 줄까? 당신은 바로 그럴 수 있는 말 위에 올라타기를 원할 것이다.

그리고 그것이 마찰을 없애고자 하는 전체 프로젝트에서 얻게 되는 가장 중요한 깨달음이다. 가장 마찰 없이 운영되는 기업이 가장 마찰 없는 고객 경험을 제공함으로써 승자가 될 것이다. 그들은 보상을 받게 될 것이고, 고객을 얻게 될 것이다.

과거부터 현재까지 우리는 각 개인의 고유한 요구에 따라 가격, 선택, 속도라는 세 가지 요소를 종합적으로 고려해서 구매 결정을 내려 왔다. 이제는 네 번째 요소를 추가해야 한다. 바로 '마찰 없는 경험'이다. 2020년에는 시장 규칙이 바뀌었다. 당신이 세계에서 가장 훌륭한 아이디어나 상품, 혹은 서비스를 가지고 있다 할지라도 그것을 구매하거나 사용하는 데 어려움이 있다면 사람들은 다른 것을 구매하거나 사용할 것이다.

이것이 인터넷과 아마존, 그리고 이 책에서 소개한 선구자적 기업들이 우리가 그것을 원하게끔 훈련한 결과다. 고객들이 당신의 생태계에서 언제라도 쉽게 거래할 수 있도록 만들지 못한다면 당신의 사업은 그 것으로 끝난 것이다.

이는 정말 큰 변화다. 20년 전의 상황을 생각해 보면 고객 마찰을 줄이는 일이 대부분의 기업들이 필요하다고 생각한 요소가 아니었음을 알 수 있을 것이다. 항공사가 고객(혹은 비행기를 탄 모든 승객)을 함부로 대하고 그 사실을 감출 수도 있었다. 그러나 그런 시절은 이미 지나갔다. 시장에서 권력을 쥐고 있는 기업들은 무엇을 원하든 대체적으로 손에 넣을 수 있었다. 더구나 그것을 우리에게서 받아갔다. 하지만 오늘날은 고객이 정말 왕이다.

내가 이 책을 집필하면서 또 무엇을 깨달았는지 궁금한가? 이 질문에는 매우 개인적인 차원에서 답해 보겠다.

X세대와 Y세대로 태어난 사람들, 즉 1965~1994년에 태어난 이들은 소위 '낀 세대'다. 우리는 인생의 전반부를 마찰로 가득 채워진 채 보냈다. 식료품을 사고 싶을 때 우리는 식료품점으로 달려갔다. 선물을 사야 할 때는 상점에 가서 마음에 드는 물건을 찾아서 그것이 재고가 있기를 바라야 했다. 이런 일들이 우리 일상에서 일주일에 몇 시간씩을 차지했다. 휴가를 가고 싶다면 여행사에 알아보거나 모든 호텔을 다 조사해 보고 전화로 렌터카 회사 등도 알아봐야 했다. 그리고 인생의 후반기에는 완전히 반대편 세상으로 넘어갔다. 지금은 위의 모든 일을 앉은 자리에서 일어나지 않고도 몇 분 만에 할 수 있다.

선진국에서 태어난 Z세대와 디지털 원주민(컴퓨터, 인터넷, 휴대전화 등의 디지털 기술을 태어나면서부터 접하고 자유자재로 사용하면서 성장한 세대-옮긴이)은 그런 종류의 마찰을 겪을 필요가 없었다. 그들은 옛날의 상거래가 어떤 형태였는지 관심조차 없다. 그들은 상점에 직접 가서 물건을 둘러보는 것에 대해 잘 모른다. 우리 아이들은 끊임없는 마찰의 근원이 존재했던 사실조차 알지 못한다.

디인사이드에서 우리가 주 대상 고객으로 여기는 세대는 이제 모든 것에서 마찰이 없는 것을 기대한다. 그리고 구세대인 우리조차 이제는 그런 추세에 휩쓸려 가고 있어(반대편의 생활 방식으로 넘어가고 있어) 우리도 그런 생활 방식을 이해할 수 있게 되어 가고 있다. 여기서 한 가지 사실을 깨달아야 한다. 인간이 완전한 마찰 상태에서 마찰 없음으로 얼마나 빠르게 옮아 갈 수 있는지, 인간이 얼마나 쉽게 변화할 수 있는지 생각하면 놀라울 따름이다. 그리고 그것이 내가 이 책을 집필하게 된 이유다. 내 직감으로는 마찰을 제거하는 것이 다가올 미래에 사업에서 혹은 인생에서 성공하기를 원한다면 가장 중요하게 고려해야 할 사항 중 하나가 될 것이다.

요즈음에는 누구나 불필요한 마찰을 참아야 하는 상황에 놓이고 싶어 하지 않는다. 스트레스를 유발하고 예상 시간보다 더 많은 시간이 걸리며 아마도 짜증나게 만들기 때문이다. 누가 그것을 원하겠는가?

만약 당신이 우리 세대에 속해 있다면 내 경험이 어떤 형태로든 도움이 되길 바란다. 그런 상황은 어린아이들을 둔 부모들에게도 똑같이 적용된다. 우리 모두는 우리 아이들에게 가장 좋은 것을 주고 싶어 한다. 나는 이 책이 당신이 그들에게 앞으로 펼쳐질 길이 어떨지에 대해 몇 가지 지침을 주는 데 도움이 되기를 희망한다. 반대로 당신이 디지털 원주민이라면 우리에게 그 길을 보여 준 당신께 감사하고 싶다. 당신이 요구하는 마찰 없는 생활과 그것이 우리에게 되돌려 주는 시간은 당신이 나타나기 전에는 우리가 미처 몰랐던 삶을 보여 주었다. 예전에는 마찰을 참지 못하면 인내심이 없는 사람으로 낙인찍히곤 했다. 하지만 인생은 짧다. 그리고 우리는 우리의 시간을 너무 많이 앗아 가는 이들에게 우리의 시간을 넘겨주기를 그만두어야 한다.

드웰스튜디오는 가장 잘나갈 때 정말 성공적이었다. 하지만 내가 그 결과로 모든 문제를 해결했다고 결론지었다면 대형 실수가 될 뻔했다. 눈 깜짝할 사이에(약 10년의 기간 동안) 모든 것이 변했기 때문이다. 사업을 경영하면서 부딪히는 문제들에 대해 내가 '정답'이라고 믿었던 거의 대부분의 것들은 이제 쓰레기통에 버려졌다. 그리고 모든 것은 계속해서 변할 것이다. 점점 더 빠른 속도로 말이다.

오해는 하지 마시라. 물론 시간의 시험을 견뎌 내야 하는 것들도 있다. 훌륭한 고객 서비스와 강력한 브랜드와 훌륭한 디자인의 중요성 같은 것들이 바로 그렇다. 우리 모두는 여전히 그것들을 원하지만 완전히 다른 방식으로 원한다.

내가 마찰 제거의 영향력에 대해 우려하는 한 가지는, 우리가 현재의 순간을 냉철히 고려하지 못하고 쓸데없이 빠른 수단만을 택할 위험성이 있다는 것이다. 그 이유는 무엇일까? 마찰을 제거하면 속도가 빨라지기 때문이다. 삶의 모든 부분에서 마찰을 제거할수록 삶의 모든 부분에서 속도가 빨라질 것이다. 하지만 그것은 어디까지나 우리의 수명 내에서 그렇다. 과학은 우리의 삶을 연장하는 것을 돕고 있지만, 모든 사람은 결국 결승선에 다가가고 있다. 그리고 당신은 모든 순간을 단지 그 다음 순간을 더 좋게 만들기 위한 과정으로서만 빨리 소모해 버리면서 결승선에 도달하기를 원치 않는다.

그렇다면 미래를 준비하기 위해 무엇을 할 수 있을까? 운동화 끈을 단단히 동여매라. 나는 더프와 조이의 태도가 바람직하다고 본다. '항상 궁금해하라.' 마찰이 없는 시대는 우리에게 모든 시간을 되돌려 주었다. 그리고 내면과 마음, 인생을 확장하는 것보다 그 시간을 더 잘 활용할 수 있는 방법은 없다.

디지털 원주민들에게 하고 싶은 조언이라면? 자격을 얻겠다거나 다른 이들이 당신을 얼마나 쿨하게 생각하는지와 같은 자아중심적인 생각을 강화하지 마라. 그런 것들은 표면적인 문제일 뿐이다. '나는 누구일까?', '내가 하는 일들의 목적은 무엇일까?'와 같이 몇 가지 중요한 질문을 스스로에게 던져 보라. 그리고 밖으로 나가서 당신의 인생을 만끽하라. 거기서 마찰을 줄이고 되돌려 받은 시간을 뭔가 특별한 일을 하는 데 사용하라. 그 시간을 페이스북이나 인스타그램을 하는 데 모두 사용하지 마라. 마찰을 줄이고 시간을 되돌려 받고 그 시간을 이용해 당신의 꿈과 열정을 위해, 다른 사람들을 위해, 그리고 우리 모두가 살고 있는 이 지구를 위해 사랑을 전파하라.

감사의 말씀

이 책을 집필하는 데 18개월의 시간이 걸렸다. 조금 재수 없게 들리겠지만 우리는 그 1년 반 동안 다음 18년간 지속될 혁명에 대해 집중적으로 조명했다고 생각한다.

하퍼 비즈니스의 홀리스 하임바우치Hollis Heimbouch에게 감사드린다. 홀리스는 더프의 책을 출판해 준 적이 있고, 검증되지 않은 우리 팀을 기꺼이 믿어 주었다. 우리는 매우 다른 스타일의 두 사람이지만 결국 우리가 구하는 것을 찾을 것이라고 믿어 주고, 이 원고를 출판할 수 있도록 모든 질문을 받아 준 점도 홀리스에게 감사드린다. "홀리스, 당신은 우리가 가장 좋아하는 명언인 '항상 궁금해하라'를 실천하고 있는 완벽한 본보기예요. 또한 뛰어난 편집자이죠."

헤더 서머빌Heather Summerville 또한 이 책에 큰 도움을 주었다. 가장 우선적으로 그녀의 편집자로서의 크고 작은 소중한 제안들은 집필 과정에서 올바른 방향으로 나아갈 수 있도록 도와주었다. 헤더는 이 지구상에서 가장 조직적인 인물이고 하나로 엮기 어려운 이 프로젝트가 중간에 무산되지 않도록 우리를 단단히 붙들어 주었다. "감사해요, 헤더. 당신이 아니었다면 이 일을 완성할 수 없었을 거예요."

그 외에도 우리에게 이 책과 관련해 의견을 주신 모든 분에게(최종 원고를 미처 보지 못한 분들을 포함해) 고마움을 전하고 싶다. 시간을 내주셔서 감사드리며 그 시간이 헛되지 않다고 느끼기를 진심으로 바란다.

디인사이드의 창업 공신들에게도 감사하고 싶다. 브릿 번, 대니엘 월리시, 아이비 장, 샘 리엘, 린지 슈미트, 제시카 야콥슨, 에이미 게틀러, 앨런 리우, 그리고 그 밖에 전 세계에 퍼져 있는, 매일 우리와 함께 일하는 분들에게도 감사의 마음을 전하고 싶다. 이 조직은 나를 겸손해지게 만들었다. 디인사이드는 나보다 더 똑똑하고 나은 사람들을 주변에 두는 것이 '마찰 없이' CEO가 되는 유일한 길임을 내게 가르쳐 주었다.

마지막으로 이 작업을 용이하게 이끌어 준 더프에게 감사해야겠다. 더프는 간결하고 유창한 문장으로 개념을 정확히 설명할 줄 안다. 그는 비즈니스에 관한 나의 생각을 헤밍웨이처럼 표현해 준다. 또한 이 작업을 가능한 한 재미있고 내면을 확장할 수 있는 글쓰기의 모험이 될 수 있도록 만들어 주기도 했다. 더프가 전하고 싶은 말은, 조이에게 조이로 존재해 준 것에 감사한다고 한다. 하지만 그는 항상 그녀에게 감사하고 있다.

크리스티안 르미유

2020년 1월

마찰 없음

초판 1쇄 인쇄 2022년 5월 15일
초판 1쇄 발행 2022년 5월 20일

지은이 | 크리스티안 르미유·더프 맥도널드
옮긴이 | 강성실

펴낸이 | 정상우
편집주간 | 주정림
교정교열 | 이숙
디자인 | 석운디자인
펴낸곳 | (주)라이팅하우스
출판신고 | 제2014-000184호(2012년 5월 23일)
주소 | 서울시 마포구 잔다리로 109 이지스빌딩 302호
주문전화 | 070-7542-8070 팩스 | 0505-116-8965
이메일 | book@writinghouse.co.kr
홈페이지 | www.writinghouse.co.kr

한국어출판권 ⓒ 라이팅하우스, 2022
ISBN 979-11-978743-0-7   (03320)